博雅煮酒论史书系

LISHI DE BOYI

# 历史的博弈

## 帝道与臣道的较量

◎欧阳悟道 编著

中国华侨出版社

**图书在版编目（CIP）数据**

历史的博弈：帝道与臣道的较量/欧阳悟道编著.
—北京：中国华侨出版社，2012.6 （2021.2重印）
ISBN 978-7-5113-2373-6

Ⅰ.①历… Ⅱ.①欧… Ⅲ.①政治斗争－中国－
古代－通俗读物 Ⅳ.①D691-49

中国版本图书馆 CIP 数据核字（2012）第 086838 号

● **历史的博弈：帝道与臣道的较量**

编　　著／欧阳悟道
策　　划／周耿茜
**责任编辑**／棠　静
**责任校对**／志　刚
**装帧设计**／玩瞳装帧
经　　销／全国新华书店
开　　本／710×1000　1/16　印张 18　字数 270 千字
印　　刷／三河市嵩川印刷有限公司
版　　次／2012年10月第1版　　2021年2月第2次印刷
书　　号／ISBN 978-7-5113-2373-6
定　　价／48.00 元

中国华侨出版社　北京市朝阳区静安里 26 号通成达大厦 3 层　邮编：100028
**法律顾问：陈鹰律师事务所**
编辑部：(010)64443056　64443979
发行部：(010)64443051　传真：(010)64439708
网　　址：www.oveaschin.com
E-mail：oveaschin@ sina.com

# 目　录

## 上篇　帝道：驾驭阁臣之术

他们是开国的皇帝，是一个王朝的奠基者。他们用强权治理国家，用铁腕驾驭臣下。他们与大臣是一种既相互依存又相互利用的关系，君为臣做主，臣为君服务，君道与臣道，在此间形成一种特殊的关系。而对于帝王来说，其中的首要一点，就是树立威信。

## 第二章　文治武功，开创盛世 / 052

  俗话说，创业难，守业更难。他们不是开疆拓土打江山的帝王，但却充分发挥其文治武功的威力，让臣下为其出力和卖命。他们是将江山守成做得最好的一代帝王，从而开创了一代盛世。

历史的博弈
帝道与臣道的较量

## 第三章　嗜血的皇冠，皇帝也疯狂 / 079

历史上不乏雄才大略、文治武功的英明君主，也更不缺少昏聩愚昧的糊涂皇帝，他们通过非常手段夺取皇位，本来就名不正言不顺，为了封天下人之口，他们唯有大肆杀戮，于是，历史在他们的屠杀中变得腥风血雨。

## 第四章　悲鸣与惩罚，僭号称尊无善果 / 132

　　历史上有许多宗姓篡位的事例，也有不少非宗姓篡位的例子。那些非宗姓的篡位，因为他们夺取帝位更加名不正言不顺，所以他们的统治也就更加无情，对臣下更加苛刻，对人民也更加残暴。

# 下篇 臣道：为臣事君之鉴

## 第五章 同室操戈，举兵问鼎帝王梦 / 154

对于同姓江山，那些不安分的藩王们莫不想染指。于是，地方上的割据藩王们同室操戈，举兵问鼎帝王之位。但由于他们兴的是不义之师，行的是不端之事，因而不得人心，最终的事实证明，他们的举动不过是黄粱一梦。

## 第六章　权倾天下，风流总被雨打风吹去 / 187

权臣作为中国历史上非常重要的政治力量，在数千年的文明长河中书写了绚丽多彩的篇章。历史上有很多权臣，他们总是希望通过自己的力量来改变历史的进程，他们位高权重，他们忠心事国，但由于专权太过，最终不免身败名裂。

历史的博弈
帝道与臣道的较量

## 第七章 浴血功臣：兔死狗烹，鸟尽弓藏 / 239

对于皇帝们来说，开疆拓土、攻城拔寨，少不了大臣将士们的浴血奋战。然后一旦政权到手，江山稳固，皇帝们就开始怀疑起那些曾经为他们拼死效命的功臣们来，功臣们的遭遇可谓凄惨。

# 第八章　窃弄权柄：阉寺恶盈伏天诛 / 256

历史上，宦官当权大多都导致亡国或者是朝政腐败。当一个王国的最高领导者或者领导阶层开始堕落，那么由于对群臣的不信任和对宦官的放纵，宦官就会逐渐掌握实权或者干涉朝政，大臣和宦官的争权也就开始了，于是更加速了国家的破灭。应该说，宦官只是"催化剂"，单凭一个宦官阶层是不可能推倒一个封建王朝的，只有出现了内部斗争和外部威胁，王朝的中枢才可能损坏。毕竟，宦官的权力只有统治者才能给予，他们是不可能依靠自己的力量夺取权力的。

历史的博弈
帝道与臣道的较量

# 上 篇
# 帝道：驾驭阁臣之术

中国历代帝王都主张大权独揽，实行君主集权，他们认为不如此，不足以驾驭群臣。《四库全书总目学部法家类提要·无厚篇》曾形象地道出了君王驭臣的重要意义：政治权力，好比君王的车马；权威，好比君王的鞭子；臣僚，好比君王的马匹；人民，好比君王马车的轮子。政治稳固了，则车马就安稳；权威形成了，只要一挥鞭子车就动了；臣僚顺从旨意就算是良马；人民听从指挥，则轮子就转得快了。作为国君，如果做不到这些，必有覆车、断鞭、马奔、轮飞的危险。《周礼》中提出了以八种权柄驾驭臣子，即所谓"八术"——一是封官加爵，用给他尊贵来驾驭他；二是赐予利禄，用给他财富来驾驭他；三是给他奖励，用对他的恩宠来驾驭他；四是给他设置车马，驾驭他们的行为；五是让他生存发展，用福寿来驾驭他；六是剥夺他们的权力财富，用贫困来制约他；七是废弃罢免他的官职，用惩罚来控制他；八是诛杀他们，用以惩罚他们犯下的罪恶。这"八术"的中心思想，就是主张君主要牢牢掌握生死予夺大权。

# 第一章　雄才大略，开国问鼎

他们是开国的皇帝，是一个王朝的奠基者。他们用强权治理国家，用铁腕驾驭臣下。他们与大臣是一种既相互依存又相互利用的关系，君为臣做主，臣为君服务，君道与臣道，在此间形成一种特殊的关系。而对于帝王来说，其中的首要一点，就是树立威信。

## 嬴政：历史上第一暴君

秦始皇嬴政是在一个很偶然的情况下登上历史舞台的，可以说，没有吕不韦，就没有他秦始皇。因此他在自己的力量还不强大的时候，只能任由吕不韦飞扬跋扈。等到他的根基牢固了的时候，他就要收回自己的权力了。

### 在吕不韦的帮助下坐上秦王宝座

嬴政出生于公元前259年赵国的邯郸。在他出生之前，正值曾祖父秦昭王在位。秦昭王采取"远交近攻"的兼并策略，大举进攻韩、魏两国，而与赵国联盟。秦赵结盟之后，为了互信，秦国派子楚到赵国，作为人质。

子楚是秦昭王的孙子，太子安国君之子。他的母亲夏姬，安国君并不宠爱。子楚又不是长子，所以被作为人质送到赵国邯郸。流落异国他乡的子楚，心情郁郁寡欢。不过一代巨贾吕不韦改变了他的命运。

卫国的吕不韦是一个善于投机的商人，由于善于经营，成为当时巨贾。一次，他在邯郸见到子楚，并了解到他的身世，认为奇货可居。吕不韦知道子楚不得志，然而安国君宠爱的华阳夫人又无子。吕不韦便打定主意，要让华阳夫人过继子楚为子，以后在太子安国君即位后，子楚也就自然地成为太子了，届时自己就能够利用这些特殊的政治资本赚尽天下的财富。

于是，子楚在吕不韦的大力资助下广交宾客，获得了不少谋士的辅助。吕不韦带着奇珍异宝，拜访了华阳夫人的姐姐，说了子楚的贤德和聪明。他还说子楚是一个胸怀远大抱负的人，日夜思念安国君和华阳夫人，常常是到深夜还在流泪，不能成眠。华阳夫人的姐姐把子楚的厚礼和问候转呈给华阳夫人。华阳夫人听了之后，喜不胜收，对子楚逐渐有了好感。

吕不韦接着又鼓动华阳夫人的姐姐去游说华阳夫人，劝说她把敬重华阳夫人、德才兼备的子楚作为自己的儿子，并立为储君，以后即使在安国君死了也能保住自己的地位。这正中华阳夫人下怀。自此，华阳夫人时时在安国君面前为子楚说好话。不久，安国君与华阳夫人刻符为信，约定立子楚为未来的储君。

安国君和华阳夫人给子楚送去大批钱财，并任命吕不韦作为老师扶助子楚。从此，子楚名声日盛，誉满诸侯。吕不韦也常常住在邯郸，和子楚一起广交天下有识之士。

一次，子楚到吕不韦家中宴饮，看到了吕不韦的侍姬赵姬，非常喜欢。吕不韦就把她送给了子楚。公元前259年，赵姬在赵都邯郸生下一子，因出生地为赵国，故以赵为姓，起名赵正，因为是生在正月，所以名字叫正。不久，赵正归秦，改父姓嬴名政，他就是以后独步天下的秦始皇。

赵正出生当年，秦国和赵国由盟友变成了仇敌。第二年，赵国在长平遭秦军围攻时想杀死子楚，结果子楚在吕不韦的帮助下，重金贿赂了守城门的官员，逃出了邯郸。赵正和母亲在外祖母家的掩护下，逃过了这次大劫难。

公元前251年，秦昭王去世。太子安国君继位，是为秦孝文王。华阳夫人被尊为王后，子楚为太子。此时秦赵已经修好，赵国把赵姬母子送回秦国。秦孝文王在位时间仅一年，就去世了。子楚继承王位，即庄襄王。庄襄王即位后，因吕不韦拥戴有功，即封其为相国，加文信侯，赏赐洛阳十万户作为他的食邑。庄襄王在位三年后死去。公元前246年，年仅13岁的嬴政便登上了秦王的宝座，由于年幼，政事由吕不韦和赵太后执掌。

## 在挑衅面前不动声色

嬴政继承秦国王位后，相国吕不韦的权势进一步扩大，并且取得作为国君长者的"仲父"尊号，家仆上万，财力雄厚，成为秦国首屈一指、炙手可热的人物。同时，吕不韦不断招揽门客，让他们集中编纂著书，最后编写成了著名的《吕氏春秋》，内容包罗万象，涉及面很广，在当时影响很大。

赵太后原为吕不韦之姬，现在虽然地位尊贵，但子楚已死，所以两人旧情复萌，时常私通。此时，嬴政已经长大，渐知人事。吕不韦害怕隐私暴露，引来杀身之祸，就为自己找了替身嫪毐假充宦官，进入太后宫中，侍奉太后。嫪毐深得太后宠爱，所掌政务悉由其决断。他与朝中官员互相结交，不少重要官员如卫尉竭、内史肆等都充当其党羽，成为秦国仅次于吕不韦的又一股政治势力。这样，在嬴政的身边有了两个对他政权构成威胁的人，一个是吕不韦，一个就是嫪毐。少年嬴政虽然年幼但聪颖过人，其对吕党、后党所作所为亦有耳闻，但其颇有城府，喜怒不形于色，表面上看来，嬴政对吕党、后党置若罔闻，其实时刻在关注着他们的活动动向，伺机铲除。

公元前239年，嬴政年满21岁。按秦国制度，国君满22岁就要加冠亲政。吕不韦、嫪毐两人分别向嬴政弄权示威。严峻的考验第一次摆在了嬴政面前。面对吕党和后党两集团的嚣张气焰，胸怀大志的嬴政在挑衅面前不动声色，在加强对吕党、后党监视的情况下积极准备应对突发事件。成竹在胸的嬴政若无其事地按计划举行了加冠礼。嫪毐蓄谋暴乱，结果被早有防备的嬴政平息，嫪毐被活捉，处以车裂酷刑，诛灭三族。他的同党被诛杀的有二十多人，牵连的达四千多家。赵太后和嫪毐所生的两个私生子也被"襄扑"（装入布袋摔死），赵太后则被软禁别宫。后来，经过群臣的劝说，嬴政才亲自把母亲赵太后接回咸阳。

此时，嬴政早已深感吕氏集团对秦国君权的巨大威胁，打算乘嫪毐案件一并清除吕氏集团。但是吕不韦辅佐先王继位的卓著功勋众所周知，并在秦国拥有很深的基础，党羽势力遍布国中，小不忍则乱大谋，因而嬴政暂时忍住了除掉吕不韦的念头。

除掉嫪毐的第二年，嬴政首先免掉了吕不韦的相国之位，将其势力集团赶出咸阳。吕不韦被迫回到自己的封地洛阳。两年后，嬴政为了避免吕不韦和其他六国串通作乱，派人给吕不韦送去绝命书，信曰："汝对秦有何之功，却能封土洛阳，食邑十万？汝与秦有何亲缘，却得到仲父之称？"然后驱逐吕不韦往西蜀，吕不韦知道自己大限已到，自尽。

## 亲赴王翦家中谢罪请其灭楚

公元前238年嬴政开始亲政，在清除国内的威胁之后，就开始着手统一六国的事业。在他手下，有一批很有才干的文臣武将，文臣有谋士李斯和尉缭，善于间谍活动的姚贾和顿弱，武将则有蒙恬、蒙武、王翦和王贲。

战国七雄中，北方的燕国实力弱小，自燕昭王以后再也没有出现过有作为的君主，韩、赵、魏三晋之国在连年的战争中不断内耗，已经失去了东方大国的地位，当时具有统一力量的主要有三个国家——齐、楚、秦。齐国经济发达，土地肥沃，但是国君不思进取，只求自保；楚国幅员辽阔，军事力量强大，但是内部缺乏团结；秦国地处西陲，不断向西拓展，和西北少数民族作战，同时和东方六国竞争，军事力量得到较大发展，到嬴政继承王位时，秦国无论在经济力量上、军事力量上，还是地理形势上，都具备了统一六国的条件。

秦王嬴政采用尉缭提出的一统战略：即笼络燕齐，稳住楚魏，消灭韩赵，然后各个击破。在这种战略方针指导下，一场空前的统一战争拉开了序幕。

公元前229年，秦王嬴政起兵大举攻赵，大将王翦率军由上党出井陉，将军杨端和由河内进攻赵都邯郸。赵国派大将李牧迎战，双方互有胜负，陷入僵局，相持一年之久。后来，秦军使用反间计，赵王自毁长城，杀掉了赵军统帅李牧。由于临阵易将，赵军士气受挫，失去了相持能力。公元前228年，王翦向赵国发起总攻，秦军很快攻占了邯郸，俘虏了志大无谋的赵王迁，赵国太子嘉率残部逃到代，赵国基本灭亡。

在攻赵的同时，秦军兵压燕境。燕国无力抵抗，太子丹企图以刺杀秦王的办法挽回败局。公元前227年，燕太子丹派荆轲以进献燕国地图为名，谋刺秦王嬴政，结果刺杀失败，荆轲被杀。秦王嬴政以此为借口，派王翦率兵攻打燕国，秦军在易水大败燕军。次年十月，王翦攻陷燕国都城蓟，燕王喜与太子丹率残部向辽东逃跑，骁将李信率军奔袭，燕军被击溃，燕王喜杀掉太子丹向秦国谢罪，燕国苟延残喘，名存实亡。

在灭掉韩、赵，重创燕国以后，北方大部分地区已为秦国占有。公元前225年，秦将王贲率军出关中，东进攻魏，迅速包围魏都大梁。秦军久攻不下，最后引黄河水灌溃城墙，魏国国君出城投降，魏国灭亡。

在秦军攻取燕都之后，秦国就把进攻目标转向楚国。公元前226年，秦王嬴政问诸将攻楚需要多少兵力，老将王翦认为楚国地广兵强，必须有60万军队才能伐楚，而骁将李信则说只用20万军队就能攻下楚国。秦王以为王翦因年老怯战，没有听取他的意见，派李信和蒙武率20万大军，乘楚国内讧之机，分兵两路进攻楚国。公元前225年，李信率一军进攻平舆，蒙武率一军攻打寝，均击败楚军，会师城父。楚王派将军项燕率军抵抗。项燕乘秦军轻敌无备，在城父发起突然袭击，大败秦军，李信带残兵逃回。秦王嬴政认识到楚虽已衰弱，但毕竟地广人众，仍具有一定实力，非轻易可灭。他亲赴频阳王翦家向其谢罪，敦请其统兵出征，并按其要求调军60万归其指挥。公元前224年，王翦和蒙武率领60万大军再攻楚国。攻占平舆后，楚王征调全国兵力，由项燕率领与秦军决战。王翦采取了坚壁自守、避免决战、养精蓄锐、伺机出击的作战方针。楚军多次挑战，终不肯出。王翦与士兵共同生活，并关心其饮食、起居，注意其劳逸结合，同时开展投石和跳远运动，以提高士兵的体力及战斗技能。楚军求战不得，日久斗志松懈，项燕只好率军东撤。王翦抓住战机，挑选精兵在前，实施追击，在蕲南大败楚军，杀死项燕。秦军乘势攻取了楚国的许多城邑。公元前223年，王翦、蒙武率领秦军继续向楚国纵深进攻，一举攻破楚都寿春，俘楚王负刍，楚国灭亡。王翦继续进军江南，占领楚国全部土地。秦在楚地设立楚郡，不久，又分为九江郡、长河郡和会稽郡。

五国灭亡后，只剩下东方的齐国和燕赵的一些残余势力。公元前222年，秦将王贲率军歼灭了辽东燕军，俘虏燕王喜，回师途中又在代北俘获赵国余部代王嘉，然后由燕地乘虚直逼齐国。齐王建在秦灭其他五国的时候不予援助，此时完全孤立，才慌忙在西线集结精锐军队，准备抵抗。公元前221年，秦军避开两线齐军主力，从北面直插齐国都城临淄。在秦国大兵压境的形势下，齐王建不战而降，齐国灭亡。至此，秦王嬴政前后用了10年时间消灭了六国，使华夏重归一统。

在统一六国的战争中，秦国在战争中的战略战术运用得恰到好处。秦王嬴政在位时期，继承历代秦王发展农业和军队的政策，国力富强，有足够的人力物力供应战争，在战略上处于进攻态势，势如破竹，摧枯拉朽，相继灭掉诸国。在战术上，秦国执行了由近及远、先弱后强的方针，首先灭掉了毗邻的力量相对较弱的韩赵，然后中央突破，攻燕灭魏，解除了北方的后顾之忧。最后消灭两翼的强敌齐楚，这种战术运用是符合实际情况的。在具体战役中，秦国运用策略正确，如在灭韩赵的战争中，根据具体情况，不是完全机械地按"先取韩以恐他国"的既定方针，而是机动灵活，赵有机可乘则先攻赵，韩可攻则灭韩。灭楚战役是在检讨了攻楚失策后，根据楚国实力集中优势兵力攻楚而取胜的。攻打齐国则是避实就虚，出奇制胜。

## 灭百家思想，行法家之术

为了钳制全国的舆论与宣传，秦始皇实行了文化专制，以稳定政权。他采取了李斯的建议，"焚书坑儒"，巩固皇权。

公元前221年，六国的遗老遗少和贵族不满秦朝的统治，引经据典谈论朝廷政事，虽然秦朝法令严酷，但是并不能遏制方士儒生借经典评论时政。尤其是儒生们，他们借用兴办私学的名义，公然评论国家得失，攻击秦廷。大量的舆论宣传，直指新政权，秦始皇认为这样会威胁政权的安定，必须找办法解决这种局面。

公元前213年，秦始皇因为开辟了岭南疆域，打败了侵扰北方的匈奴，在咸阳大设酒宴来庆贺胜利。不仅文武官员全部出席，还邀请了几十位有名望的博士参加。在宴会进行中，博士周青臣举杯祝酒，称颂秦始皇平定天下后，把分裂的诸侯国改为郡县，没有战争之患，自古以来，没有谁能比得上。

周青臣的一番颂扬之语触怒了一些满脑子旧思想的博士们。有一个叫淳于越的博士，原是齐国人。他公开批评周青臣是阿谀逢迎，并且走上前去对秦始皇说："陛下！史书上记载，商、周两个朝代的君王传了一千多年，他们分封子弟功臣做诸侯，像众星拱月那样捍卫中央朝廷，那个制度本来就很好。如今陛下统一了中原，皇族子弟却没有地位和实权。将来万一出了像早年齐国那样谋篡王位的乱臣田常，那又怎么办？谁又能挽救得了那种局面呢？我听先师说，事情不按老规矩办而想长治久安，根本就不可能。陛下不要听信那些奉承之言，还是重新考虑分封子弟为好！"

这时候，丞相李斯出来反对，指责淳于越是"愚儒"。他对秦始皇说："古今时代不同，决不能把古代的制度拿到今天来施行。现在天下已经安定，法令已经统一，但是有一批读书人不学习现行的法令制度，总是死抱住老一套的东西不肯放弃，对国家大事滥发议论，在百姓中制造混乱。如果不加禁止，会影响朝廷的威信，造成社稷不稳。我建议：除博士官藏书和秦国史书以外，所有的《诗》、《书》、百家言论和史书一律烧掉，杜绝混乱思想的根源。"秦始皇采用了李斯的主张，立刻下了一道命令：除了医药、种树一类书籍以外，凡是有私藏《诗》、《书》、百家言论的书籍，一概交出来烧掉。以后要是再私下谈论这类书，判死罪；谁要是以古非今的，满门抄斩；禁止私学，愿学法令的，"以吏为师"。

焚书的命令发布以后，各郡各县的官吏不敢怠慢。他们派出许多士兵和差役，挨家挨户收缴书籍，并焚之以熊熊烈火。这使中国历史文化遭受了一次浩劫。

焚书的第二年，有两个方士卢生和侯生，得到秦始皇的信任，为秦始皇炼制所谓的"不死之药"。可他们却在背后议论秦始皇的不是。秦始皇得知这个情况后，派人去抓，卢生和侯生却早已逃之夭夭了。秦始皇大为恼火，再一查，发现咸阳还有一些儒生也在议论自己，于是决定狠狠地惩

历史的博弈
帝道与臣道的较量

治他们。

不久，秦始皇下了一道命令，叫御史大夫去查办那些在背后诽谤自己的儒生和方士。被抓去的儒生和方士禁不起拷打，为了给自己开脱，就东拉西扯地供出一大批人来，总计有近500个儒生和方士涉嫌诽谤。秦始皇一怒之下，也不详细审问、查证核实，全给他们定了死罪，派人在咸阳郊外挖了一个大坑，这些人无一幸免，都给活埋了。这就是历史上的"焚书坑儒"。

焚书坑儒，是秦始皇在思想领域内推行封建专制主义的产物，目的是想统一思想，实行文化专制主义，巩固秦王朝的统治。但是事实上，焚书对我国古代文化典籍造成了巨大摧残和破坏。而坑儒则造成统治阶级内部的关系破裂，削弱了秦王朝的统治基础。尽管焚书坑儒对于巩固国家统一、消除割据意识起到了一定的作用，但是秦始皇采取这种野蛮的、残酷的手段，无疑是对中国古代文化一次极为严重的摧残。

秦始皇统一六国之后，曾仿照齐、鲁等国的制度，设置了博士官职。这些人都是当时各个学派的知名人士，没有行政实权而可以议论政治，但是可以收藏图书，教授诗书，举办私学，招收弟子，传授学问，有的博士官的弟子多达100多人。在秦王朝都城咸阳的孔孟一派的儒生队伍不断扩大，成为当时文教机构中的一股重要力量。在进行焚书的同时，李斯就指出：不少儒生大都是通过"私学"来进行反动舆论宣传的。焚书之后，书籍没有了，但这些儒生人还在，思想还在，如果让他们继续举办私学，那么他们就会继续以古非今，伪言诽谤，大造反动舆论。因此，必须把教育大权收上来，严禁私学，任何人不得以任何方式私办教育。教育只能由官方举办。

李斯在焚书的建议中表明，禁止传授《诗》、《书》、百家思想，所有的官办学校，必须"以吏为师"，以法令为教材，不得随意讲授其他内容。

秦始皇禁办私学，规定官办教育，对于控制舆论、宣传统一思想无疑起到了重要作用。但这种文化专制，更多的是对中国古代教育的一种破坏。

秦始皇在兼并六国时，每灭一国，就命人把该国宫殿绘制图样，在咸阳仿造。他到处建造离宫别院，仅首都咸阳四周 200 公里内就有宫殿 270 座，关中有行宫 300 座，关外 400 多座。

在秦始皇修建的众多宫殿中，规模最大的当数阿房宫。阿房宫究竟有多大，今人已难以考证。

封建帝王生前都要为自己"百年"之后的归宿做规划，秦始皇也不例外。他刚即位，就开始在骊山为自己修造坟墓。

阿房宫和骊山墓两项宏大工程，即征用了精壮劳力 140 余万人。加上北筑长城，南戍五岭，修驰道，造离宫，以及其他兵役杂役，常年动用民力达 300 余万。丁男全被征发服役，部分丁女也裹入服役队伍。同时，人民还要将收获物的 2/3 缴作赋税，沉重的兵役徭役压得人民喘不过气来。秦王朝的横征暴敛，使得海内虚耗，民穷财尽。

秦自孝公以来奉行法家学说，法家急法尚刑。秦始皇推崇法家，用刑残酷，杀人如麻，使秦国的残暴统治达到高峰。为了防止人民的反抗，他除了下令收缴、销毁民间兵器外，还规定一人犯死罪，亲族一起处死，叫做"族诛"；一家犯法，邻里同罪，叫做"连坐"。人民随时都会被指控犯法，被罚做苦役，或者斩脚、割鼻、处死。百姓动不动就被官吏判为犯法，甚至会招来杀身之祸。大批无辜者被罗入刑徒去服苦役，路上行人半数都是囚犯，长城脚下、阿房宫中、骊山墓旁以及五岭路上，处处如此。秦国已经不是昔日的秦国，它已经是一座巨大的人间地狱，百姓生活在恐怖之中。秦始皇的残暴统治，引起了社会的普遍不满。一直对秦恨之入骨的六国贵族首先行动起来，他们多次派人入宫暗杀秦始皇。广大百姓刚刚脱离战争之苦，但秦的暴政又引起了他们对故国的怀念，纷纷诅咒秦始皇早死，秦朝很快就灭亡了。

## 刘邦：以弱势赢取天下，以策略稳固江山

出身布衣，却在群雄逐鹿中独占鳌头，逼迫一代枭雄西楚霸王自刎江边；刘邦以弱势起家，在鸿门宴中巧妙脱身，并在随后的战争中消除了最

大的敌人。在建立政权之后，为了家天下，他与大臣进行了许多斗争。他除韩信，斩英布，分藩地，封诸王。他是一个精明的政治领袖，一个富有神秘色彩的帝王……

## 先入关中接受秦国的玺印

公元前209年，由于秦始皇的残暴统治，民怨沸腾，以陈胜、吴广为首的被征发戍卒在大泽乡起义，这是中国历史上第一次农民起义。与此同时，社会上各种政治势力也借机起义，全国各地燃起了反秦的烈火。

陈胜、吴广攻占了陈之后，建立了"张楚"政权，和秦朝公开对立。这时，沛县的县令也想响应起义，以便自己继续掌握沛县这个地方。萧何和曹参当时都是县令手下的主要官吏，他们建议县令将本县流亡在外的刘邦等人召集回来，一来可以增加力量，二来也可以杜绝后患。县令觉得有理，便让刘邦的妹夫樊哙去把刘邦找回来。可等到刘邦带着聚集的几百号人马赶回沛县，县令却又后悔了，他害怕刘邦回来后，自己不好控制局面，危及自己在沛县的地位，弄不好还会被刘邦所杀，等于是引狼入室。所以，他命令将城门关闭，还准备捉拿推荐刘邦的萧何和曹参。萧何和曹参闻讯赶忙逃到了城外，并写信射进城中，鼓动城中的百姓起来杀掉出尔反尔的县令，大家一起捍卫自己的家乡。众多百姓对平时就不太体恤他们的县令非常不满，杀了县令后开城门迎进刘邦，又推举他为沛公。刘邦便顺从民意，设祭坛，自称赤帝的儿子，领导民众举起了反秦大旗。刘邦在攻打胡陵、方舆后，即回驻守丰邑。

在刘邦起兵的同时，秦末农民战争中还有一支强大的力量，这就是原来楚国贵族的后代项羽及其叔叔项梁。他们在吴中起兵，兵力很快达到了近万人。同时，其他被秦国灭掉的六国贵族后裔们也纷纷起兵，加入了灭秦的行列。

公元前208年，陈胜手下大将周章率军攻打到戏水，被章邯打败又退回去了。燕、赵、齐、魏各国都自立为王。项梁、项羽在吴县起兵，秦朝泗川郡监名叫平的率兵包围了丰邑。两天之后，刘邦率众出城与秦军交战，打败了秦军。刘邦命雍齿守卫丰邑，自己率领部队到薛县去。泗川郡守壮在薛县被打败，逃到戚县，刘邦的左司马曹无伤抓获泗川郡守壮并杀了他。

刘邦把军队撤到亢父，一直到方舆，没有发生战斗。陈胜派魏国人周市来夺取土地。周市派人告诉雍齿说："丰邑，是过去魏国国都迁来的地方。现在魏国已经平定了几十座城。你如果归降魏国，魏国就封你为侯驻守丰邑。如果不归降，我就要屠戮丰邑。"雍齿本来就不愿意归属于刘邦，如今魏国来招降，立刻就反叛了刘邦，为魏国守卫丰邑。刘邦带兵攻打丰邑，没有攻下。刘邦生病了，退兵回到沛县。刘邦怨恨雍齿和丰邑的子弟背叛他，又听说东阳县的宁君、秦嘉景驹做了代理王，驻守在留县，于是前去投奔他，想向他借兵去攻打丰邑。这时候秦朝将领章邯正在追击陈胜的军队，章邯的部将司马仁带兵向北平定楚地。

刘邦领兵向西，和司马仁在萧县西交战，战事不利，就退回来收集兵卒聚集在留县，然后带兵攻打砀县，攻了三天就攻下来了。于是刘邦收集砀县的兵卒，共得到五六千人，攻打下邑。攻下下邑后，退兵驻扎在丰邑。听说项梁在薛县，就带着一百多随从骑兵前去见项梁。项梁又给刘邦增加了五千人，将领十人。刘邦回来后，又带兵去攻打丰邑。

刘邦跟从项梁一个多月，项羽已经攻下襄城回来了。项梁把各路将领全部召到薛，听说陈胜被车夫庄贾所杀，因而立楚怀王的孙子熊心为楚王，建都盱眙。项梁号称武信君。过了几个月，向北攻打亢父，援救东阿，击败了秦军。齐国军队回去了，只剩下楚军单独追击败逃之敌。军队驻扎在濮阳县东边和秦军交战，打败了秦军。

秦军重新振作，守住濮阳，在城周围引水坚守。楚军撤兵去攻打定陶，没有攻下。刘邦和项羽向西夺取土地，到了雍丘城下，和秦军交战，大败秦军，斩杀李由。又返回攻打外黄，没有攻下。

项梁两次打败秦军，露出骄傲的神色。宋义进谏，项梁不听。秦朝给章邯增派了军队，趁着黑夜袭击项梁军队。为了防止喧哗，让士兵口里都衔着一根木棍，结果在定陶打败了项梁的军队，项梁战死。这时，刘邦和项羽正在攻打陈留，听说项梁已死，就带兵和吕臣一起向东进军。吕臣的军队驻扎在彭城的东面，项羽的军队驻扎在彭城的西面，刘邦的军队驻扎在砀县。章邯打败了项梁的军队之后，就以为楚地的军队不值得担忧，于是渡过黄河，向北进攻赵国，大败赵军。正当这个时候，赵歇立为赵王，秦将王离在巨鹿城包围了赵歇的军队，这就是所谓的河北军。

公元前 207 年，楚怀王看到项梁军已被打败，害怕了，就把都城从盱眙迁到彭城，把吕臣、项羽的军队合在一起由他亲自率领。任命刘邦为砀郡太守，封为武安侯，统率砀郡的部队；封项羽为长安侯，号称鲁公；吕臣担任司徒，他的父亲吕青担任令君。

赵国几次请求援救，怀王就任命宋义为上将军，项羽为次将，范增为末将，向北进兵救赵。命令刘邦向西攻取土地，进军关中。楚怀王和诸将相约，谁先进入函谷关平定关中，就让谁在关中做王。

公元前 206 年八月，刘邦攻入武关，向咸阳逼近。秦相赵高派属下去杀秦二世，二世愿意逊位求为万户侯，赵高属下不许；二世再次求为咸阳平民，赵高属下仍然不许，二世只好自杀。二世死后，赵高派人向刘邦求和，被刘邦拒绝。同年九月，赵高准备拥立秦王子婴即位，企图加以控制，子婴深知赵高包藏祸心，因此在即位的那一天故意不去，赵高只好亲自去请，子婴设下埋伏，将他诛灭。同时派兵在峣关抵挡刘邦。刘邦率军绕过峣关向咸阳进攻，大破秦军。十月，刘邦即进抵咸阳东郊灞上。秦王子婴被迫乘坐素车白马，用带子系着颈，捧着玺印向刘邦投降。至此，秦王朝灭亡。

## 鸿门脱险，伺机谋取关中

十月，刘邦攻入咸阳后，以"关中王"自居，准备好好享受一番。樊哙提醒刘邦安于享乐就将重蹈秦的覆辙，他却不以为然。张良又再一次进谏说："秦王朝的统治残暴无道，所以你才能进入关中。你若想为天下除去残暴，自己首先就必须以朴素为资。现在刚刚入秦，却安于享乐，这并非大丈夫所为。况且，'忠言逆耳利于行，良药苦口利于病'。樊哙讲的话虽不合你意，但为了坐稳天下，希望你还是听从他的劝告。"于是，刘邦听从了张良、樊哙等人的建议，"乃封秦重宝财物府库，还军灞上"。刘邦到达灞上之后，便召集当地的名士，和他们约法三章：杀人者死，伤人及盗抵罪。其他秦朝的苛刻法律一律废除，这些举措顺乎民心。

刘邦的军队驻扎在灞上，没能跟项羽相见。刘邦的左司马曹无伤就派人去告诉项羽说："刘邦想占领关中称王，让子婴做自己的国相，把所有的珍珠宝器都归为自己所有。"项羽听了非常生气地说："明天用酒肉犒劳士兵，要让他们打败刘邦的军队。"这时项羽的军队有 40 万人，驻扎在新丰县鸿门；刘邦的军队有 10 万人，驻扎在灞上。范增劝告项羽说："刘邦在关东时，贪图财物，爱好美女。现在进入关中，财物一点都不要，妇女一个也不亲近，这表明他的志向不小。我叫人去看过他那里的云气，都是龙虎形状，成为五彩的颜色，这是天子的云气啊。你赶快攻打他，不要失掉时机！"

楚军中的项伯是项羽的叔父，平时和留侯张良友好。项伯就连夜骑马赶到刘邦军中，私下会见了张良，想叫张良和他一起离开刘邦，说："不跟我走将会被杀。"张良说："我奉韩王之命护送沛公入关，沛公现在有急难，我逃跑离开是不讲道义的，我不能不告诉他。"张良就进去把情况详细地告诉刘邦。刘邦大吃一惊，说："怎样应付这件事呢？"张良说："谁替大王献出这个计策的？"刘邦回答说："浅陋无知的人劝我说：'把守住函谷关，不要让诸侯进来，秦国所有的地盘都可以由你称王了。'所以我听信了他的话。"张良说："大王的军队能够抵挡住项王的军队吗？"刘邦沉默一会儿说："本来就不如人家，现在该怎么办呢？"张良说："请让我去告诉项伯，说沛公不敢背叛项王。"刘邦说："你怎么和项伯有交情的？"张良说："在秦朝的时候，项伯和我有交往，项伯杀了人，我救了他；现在有了紧急的情况，所以他来告诉我。"刘邦说："他和你的年龄，谁大谁小？"张良说："他比我大。"刘邦说："你替我把他请进来，我得用对待兄长的礼节待他。"张良出去，邀请项伯。项伯立即进来见刘邦。刘邦就奉上一杯酒为项伯祝福，并约定为亲家，说："我进入关中，极小的财物都不敢沾染，登记官吏，封存了收藏财物的府库，以等待将军的到来。所以派遣官兵去把守函谷关的原因，是为了防备其他盗贼的进出和意外变故。日日夜夜盼望着将军的到来，怎么敢反叛呢！希望你对项王详细地说明，我是不敢忘恩负义的。"项伯答应了，跟刘邦说："明天你不能不早些来亲自向项王谢罪。"刘邦说："好。"于是项伯又连夜离开，回到项羽军营里，把刘邦的话报告项王，还趁机说："刘邦不先攻破关中，你怎么轻易就能进来呢？现在人家有大功你却要打人家，这是不仁义的。不如趁机友好地款待他。"项王答应了。

刘邦第二天带领一百多人马来见项羽，到达鸿门，谢罪说："我和将军合力攻打秦国，将军在黄河以北作战。我在黄河以南作战，然而自己没有料想到能够先入关攻破秦国，能够在这里再看到将军您。现在有小人散布流言，使将军和我有了隔阂……"项羽说："这是你的左司马曹无伤说的。不然的话，我怎么会这样呢？"项羽当天就留刘邦同他饮酒。项羽、项伯面向东而坐；范增面向南而坐；刘邦面向北而坐；张良面向西陪坐。范增多次使眼色给项羽，举起他所佩带的玉玦向项羽示意多次，项羽默默地没有反应。范增站起来，出去召来项庄，对项庄说："大王的为人心肠太软，不忍下手。你进去上前祝酒，祝酒完了，请求舞剑助兴，顺便把刘邦击倒在座位上，杀掉他。不然的话，你们都将被他所俘虏！"项庄就进去祝酒。祝酒完了，说："大王和沛公饮酒，军营里没有什么可以用来娱乐的，请让我舞剑助兴吧。"项羽说："好。"项庄就拔出剑舞起来。项伯也拔出剑舞起来，并常常用自己的身体掩护刘邦，项庄始终得不到机会刺杀刘邦。

张良到军门外去见樊哙。樊哙问："今天的事情怎样？"张良说："非常危急！现在项庄拔剑起舞，他的用意在沛公身上。"樊哙说："请让我进去，和他们拼命！"樊哙就带着剑拿着盾牌进入军门。拿武器守卫军门的士兵想要阻止不让他进去。樊哙侧举盾牌一撞，卫士跌倒在地上。樊哙揭开帷幕面向西站立，瞪眼看着项羽，头发直竖起来，眼眶都要裂开了。项羽手握剑柄跪直身子说："这人是干什么的？"张良说："他是沛公的卫士樊哙。"项羽说："壮士！赏他一杯酒。"左右的人就给他一大杯酒。樊哙拜谢，立起，站着一口气把酒喝了。项羽说："赏给他一只猪腿。"左右的人就给了他一只半生的猪腿。樊哙把盾牌反扣在地上，把猪腿放在盾牌上，拔出剑切着吃起来。项羽说："壮士！能再喝吗？"樊哙说："我死尚且不怕，一杯酒又哪里值得推辞！秦王有像虎狼一样凶狠的心肠，杀人唯恐不能杀尽，处罚人唯恐不能用尽酷刑，因此天下老百姓都背叛了他。怀王曾经和诸将领约定：先打败秦军进入咸阳者为王，可沛公入关后一丝一毫都不敢占有动用，封存了宫室，退军驻扎在灞上，以等待大王到来，特意派遣将士把守函谷关，是为了防备其他盗贼的出入和发生意外的事变。这样劳苦功高，没有封侯的赏赐，反而听信小人谗言，要杀有功劳的人，这是步灭亡的秦国的后尘啊！我自己认为大王不应该采取这样的做法。"项羽无话可答，说："坐吧。"樊哙便挨着张良坐下。

坐了一会儿，刘邦起身上厕所，准备逃走。

刘邦对樊哙说："刚才出来没有告辞，这怎么办呢？"樊哙说："做大事情不必顾虑细枝末节，讲大礼不必讲究小的礼让。现在人家如同切肉的刀和砧板，我们是鱼和肉，为什么还要告辞呢？"刘邦叫张良留下向项羽辞谢。张良问道："大王来时带些什么礼物？"刘邦说："我拿了一对白玉璧，准备献给项王；一对玉酒杯，要送给范增。正赶上他们发怒，不敢献上去，你替我献了吧。"张良说："遵命。"鸿门灞上，相隔四十里。刘邦丢下随从与樊哙、夏侯婴、靳强、纪信等人一起，顺着骊山脚下，取道芷阳，抄小路逃走。刘邦行前对张良说："从这条路到我军营不过20里罢了。请你估计我到了军营，再进去见项王。"

张良估计刘邦已经回到军中，才进去辞谢，说："沛公不能多喝酒，已经醉了，不能前来告辞。谨叫我奉上白玉璧一对，敬献给大王；玉杯一对，敬献给大将军。"项羽说："沛公在哪里？"张良说："听说大王有意责备他，他已离开鸿门，回到了军中。"项羽就接受了白玉璧，放到座位上。范增接过玉杯，丢在地上，拔出剑砍碎了它，说："唉！这小子不值得和他共谋大业！夺走项王天下的一定是沛公。我们这些人就要被他俘虏了！"

鸿门宴后，项羽即率兵西屠咸阳，杀秦王子婴，烧秦宫室，掳掠财物妇女，然后东归。因楚怀王坚持誓言——"先入关者王"，逆了项羽的心思，公元前206年二月，项羽凭借其在军事上的压倒优势，裂土分封18个诸侯王，恢复封建割据。他自立为西楚霸王，定都彭城（今江苏徐州市）。封刘邦为汉中王，并将关中分为三部；秦降将章邯、司马欣、董翳分别封王，企图通过他们控制关中，将刘邦困锁在闭塞地区。刘邦采纳萧何的建议，确定了收取巴、蜀，还定三秦，东向以争天下的方略。四月往汉中就任。途中烧毁所过栈道，防止诸侯军偷袭，并借此表示无东向之意，以麻痹项羽。

## 以"为义帝报仇"号召攻楚

五月，未获项羽封王的田荣于齐地起兵反楚，自立为齐王，项羽发兵击齐。刘邦乘项羽无暇西顾和三秦王立足未稳之机，准备夺取天下。令萧何收取巴、蜀租赋补给军队，以韩信为大将、曹参为前锋统兵数万，积极部署东进。八月，汉军潜出故道，袭击雍地，进围章邯军于废丘。同时分兵攻取陇西、北地、亡郡，迫降塞王司马欣、翟王董翳，迅速还定三秦，袭占关中大部地区；随后，命部将薛欧出武关向楚地进军，被楚军阻于阳夏。

项羽在两面受敌的情势下，采取先齐后汉方针，继续攻齐，因此主力被牵制在齐地。刘邦再度抓住战机，一面巩固关中，一面扩张势力，亲自率军由函谷关出陕县东进。迫降河南王申阳、韩王郑昌；魏王豹率军归附，继而俘虏殷王司马门，迅速占领了今河南及山西中、南部广大地区，造成东进的有利态势。

刘邦乘齐、楚两军胶着之际，在洛阳接受董公以项羽杀害楚怀王为口实，以"为义帝报仇讨逆"为政治号召，联络各地诸侯王，率联军56万攻楚，一举袭占楚都彭城。项羽留部将继续击齐，自率精兵3万疾驰南下，乘刘邦陶醉于胜利、毫无戒备之际，以少胜多，大败汉军，收复彭城。刘邦仅率数十骑突出重围，逃回荥阳。此役，汉军被歼数十万，元气大伤。

刘邦战败，诸侯纷纷背汉向楚。刘邦为摆脱被动局面，争取英布，重用韩信、彭越，从各方面联合反楚力量。军事上，则利用荥阳、成皋有利地形，分兵扼守险要，以争取时间，发展自己，待机再战。五月，刘邦得到萧何征集的关中兵员补充，并与韩信军会合，在荥阳以东击退追击的楚军，于荥阳、成皋一线与楚军形成对峙。

汉高祖三年（公元前204年），楚军数次切断汉军运粮通道，荥阳危急。刘邦谋士陈平施反间计，使项羽对力主急攻荥阳的主要谋臣范增产生怀疑，迫其怒而离去。四月，楚军攻势更紧。刘邦求和，被项羽拒绝。只得命韩王信、周苛等留守荥阳，以将军纪信假扮汉王出荥阳东门诈降，吸引楚军注意力，自己乘机率数十骑出荥阳西门，逃往关中。项羽攻占成皋。

刘邦接受谋士辕生建议，率军出武关至宛、叶。项羽急于寻汉军主力决战，引兵南下。刘邦坚壁不与楚军交锋。是时，活动于梁地的彭越袭占楚后方重镇下邳，断楚军粮道，直接威胁楚都彭城，项羽回军击彭越。刘邦乘机北上，收复成皋。

六月，项羽击败彭越后，立即对荥阳、成皋发动第二次攻势，杀汉将周苛、枞公，俘韩王信，再占荥阳、成皋。刘邦败至黄河北岸，以韩信军加强正面防御，深沟高垒阻击楚军于巩和小修武。为摆脱被动局面，刘邦以韩信开辟北方战场，并遣刘贾、卢绾率部从白马津渡过黄河，深入楚后方配合彭越军先后攻占睢阳等17座城池，切断楚军粮道，迫项羽再次回师东击彭越。刘邦用激将法诱使留守成皋的楚将曹咎出战，击破楚军，复夺成皋，进至广武，并夺得敖仓积粟以充军用。

项羽收复后方17城后，再度回师成皋，与汉军对峙于广武。项羽欲与刘邦决战。刘邦坚守不战，且在阵前历数项羽十大罪状，挫其锐气。双方对峙数月。为解除侧翼威胁，八月，刘邦遣韩信突袭安邑，大破守军。鉴于黄河以北代、赵、燕三国和占有今山东大部的齐国的向背直接关系到楚汉战争全局，刘邦采纳韩信"北举燕、赵，东击齐，南绝楚之粮道，西与大王会于荥阳"，对楚实施战略包围的建议，在坚持对楚正面作战的同时，给韩信增兵3万，命其率军东进，开辟北方战场。

闰九月，韩信率军在阏与俘代相夏说，灭代。即以俘获之精兵，补充在荥阳对楚作战的刘邦军，支援正面战场作战。汉高祖三年（公元前204年）十月，韩信攻赵至太行山八大隘口之一的井陉口，背水设阵，诱敌出战；出奇兵袭占赵军壁垒，拔旗易帜，大破赵军，生擒赵王歇。

灭赵后，韩信采纳原赵国谋臣李左车建议，休整兵马，安抚民众，摆出欲强攻燕国之势，再派使臣向燕王陈述利害，遂不战而降燕。齐王田广为阻止韩信军东进，屯兵历下（今山东济南市西）。刘邦遣郦食其游说田广。田广欲降汉，撤去历下守军。

汉高祖四年（公元前 203 年）六月，刘邦回返关中，引水攻破废丘，消灭章邯，尽占关中。随之采取立太子、赦罪人、立法令、设县邑，加强边塞守备等措施，以建立稳固的后方基地。八月，又回到荥阳前线。

九月，韩信乘齐无备，袭破历下，进占齐都临淄（今山东淄博市东北临淄故城）。田广向楚求救。项羽遣龙且率兵号称 20 万救援齐国。十一月，韩信与齐、楚联军战于潍水（今山东潍河）。韩信乘夜以沙袋在上游将河水堵截，天明诱敌进攻。齐、楚联军渡水进击时，汉军掘开沙袋放水，将联军冲成两段。韩信乘其半渡发起攻击，大败齐楚联军，俘齐王田广，尽占齐地，直接威胁楚都彭城。彭越游动作战于楚后方，致楚军补给困难。项羽在腹背受敌、兵疲食穷的情况下，被迫与汉议和，划鸿沟（古运河，位于今河南荥阳东）为界，东归楚，西属汉，还用盛大典礼将刘太公及吕雉送还。

同年十月，项羽遵约东撤，刘邦亦欲西返。张良、陈平认为"汉有天下大半，而诸侯皆附之。楚兵罢食尽，此天亡楚之时也"，建议"不如因其机而遂取之"。刘邦遂背约，向楚军突然发起战略追击，并约集韩信、彭越南下合围楚军。

汉高祖五年（公元前 202 年）十月，刘邦追击楚军至固陵（今河南太康南），因韩信、彭越按兵不动，未如期会师，遭楚军反击，大败，被迫坚壁自守。刘邦从张良计，分别给韩、彭割地封王。十二月，刘邦调集韩信、彭越、英布、刘贾等各路大军 40 万人，将 10 万楚军包围于垓下。楚军兵少食尽，屡战不胜。夜闻楚歌四起，军心瓦解。项羽在大帐中和虞姬相对悲歌，真可谓英雄气短，儿女情长。最后虞姬拔剑自刎，项羽率领八百骑兵趁夜突围。第二天早晨，汉军才发现项羽已经突围而去，刘邦命令灌婴率骑兵火速追击。项羽在渡过淮河后，身边只剩下了一百人，到达阴陵时，因为迷路走入大泽之中。从大泽出来后，项羽向东撤退，在东城被灌婴的骑兵追上。项羽的随从只有二十八人，和汉军激战三次，杀伤几百汉军后，项羽最后横剑自刎。至此，楚汉战争以项羽的失败而结束。

## 天下安定，剪除异姓王

刘邦虽然做了皇帝，但他从未对自己皇位的安危掉以轻心。在享受的同时，他也采取种种措施来巩固皇权。

他日夜放心不下的就是在各地的异姓王。这些异姓王手里都有兵将，有的与刘邦不是一条心。第二就是其他将领为功劳大小和赏赐的多少争斗不休，如果安抚不当，就会投奔那些异姓王作乱。还有原先六国贵族的后代也不能掉以轻心。在中央，丞相的权力对他这个皇帝也构成了威胁。

正是因为刘邦政权依然存在威胁，所以他就开始着手杀掉一些对自己不利的人物。刘邦最先动手的对象是韩信。公元前201年，即高祖六年，朝中有人告发韩信谋反。刘邦当时半信半疑，他问诸将如何是好，诸将说："赶快发兵杀了他。"陈平却认为楚国兵精，韩信又善于用兵，如果发兵攻之，无异于自己挑起战端且不利，不如假装巡狩云梦，通知各个异姓王到陈县会面，韩信必定也会前来谒见，到那时，就可以轻而易举地把他抓起来。高祖照计实行。韩信一到陈县，立即被高祖逮捕。韩信大喊冤枉，他说："果然像人们说的那样：'狡兔死，走狗烹；飞鸟尽，良弓藏；敌国破，谋臣亡。'天下已经安定，将领已经没用了，本来就该给烹了。"高祖见状便说："有人告你谋反。"说完就把韩信捆绑起来，押上囚车。到了洛阳，因查无实据，高祖又赦免了韩信，降为淮阴侯。经过这件事，韩信对刘邦的戒备心更强，也更加怀恨刘邦了。

公元前200年，韩信密谋让陈豨在外地起兵造反，引得高祖亲自率兵平叛，自己在都城发兵袭击吕后和太子。不料被人告密，吕后采用萧何的计策，把他骗入宫中逮捕，然后于长乐宫的钟室处死。

这样，经过几年不懈的努力，刘邦只留下长沙王吴芮作为点缀，其余的异姓王都被除去了。汉高祖在剪除异姓王的同时，也不忘妥当地解决安置中小将领的问题。公元前201年，他分封萧何等大功臣二十多人后，由于中小将领很多人都争功不决，暂没有行封。有一次，高祖在洛阳南宫望见很多将领坐在沙地上窃窃私语，就问张良："他们都在议论什么呢？"张良说："陛下，他们是在谋反。"高祖百思不得其解地说："天下已经安定，

历史的博弈
帝道与臣道的较量

为什么还要谋反？"张良解释说："他们是怕你不能尽封，还怕你记仇杀掉他们。"高祖问怎么办，张良则问他平生最恨而又人所共知的人是谁。高祖便说是雍齿，并说曾想把他杀掉，但是他功劳多。张良便说："现在应赶快封雍齿为侯，大家看到雍齿都能先受封，自然人人安心，不会忧虑了。"不久，高祖大摆宴席，封雍齿为什方侯，并催促丞相、御史赶快"定功行封"。这一招果然很灵。酒后，众多将领高兴地说："雍齿还能封侯，我们肯定也都能封侯了。"

对于六国的残余贵族，汉高祖也同样没有忘记要消除他们。

公元前 198 年，他接受娄敬的建议，并命令娄敬把六国的残余贵族和各地的一些名门豪族十几万人都迁到了关中。这样一来，既便于高祖对他们进行控制，也使他们丧失了当地的社会基础。

### 即位后强化皇权

为了进一步稳固统治，高祖即位后还极力强化皇权。这是因为当时封建专制秩序刚刚建立，不少人仍然保持着战国以来那种"士无常君，国无定臣"的旧观念。故此，必须从礼仪规制和观念道德上加以引导、整肃。

刘邦为了表示孝顺，每隔五天就去拜见一次太公。太公习以为常，可是他的属官却认为这不符合礼法，就对太公说："天无二日，国无二王。皇帝虽然是您的儿子，但是他的地位在万人之上；您虽然是他父亲，但改变不了你是臣子的事实。怎么能让皇帝拜见臣子呢？这样，皇帝的威信都没有了。"于是高祖再来拜见太公时，太公就手持扫帚出门迎着退行，不再让高祖拜见。高祖看到大惊，赶快下车去扶着父亲。太公说："你是皇帝，怎么能为我乱了天下礼法！"高祖知道是太公的属官所劝后，对属官能够明白自己的心意很欣赏，就赐给他们黄金 500 斤，然后下诏尊太公为太上皇。以后，他可以名正言顺地拜见太上皇，又借机宣扬了皇帝的至高无上。

季布和丁公两人是异父同母兄弟，楚汉战争时，他们都是项羽手下的大将。季布曾率兵几次把高祖打得很狼狈，手下一点不留情。丁公也曾率兵追击过高祖，但还是把他放了。高祖称帝后，想起季布给自己的难堪，就下令捉拿季布。但他考虑到自己也正需要忠臣来巩固统治，于是就改变初衷，下令赦免季布，拜季布为郎中。丁公听说季布都能赦免拜官，自己曾对高祖有恩，如果去见高祖肯定更会受到重赏，于是他就去谒见高祖。但他万万没有想到，高祖却把他抓了起来，对群臣说："丁公作为项王的臣子不忠，以致项王失去了天下。"接着就把他杀了，在军中示威，并对群臣说："请诸位都不要像丁公那样！"

除了引导、整合，汉高祖也采取铁腕手段打击权臣，巩固皇权。刘邦感到相权太重，对皇权已构成威胁。公元前195年，高祖平定英布叛乱回到长安不久，萧何对他建议说："长安地方狭小，而上林苑中空地很多，已经废弃。希望陛下能下令允许百姓进去耕作，不要把它变成了养兽的场所。"高祖听了大怒，认为对萧何下手的机会来了，于是，说他是受了商贾的贿赂，才来为他们请求开放上林苑的。因而不顾多年交情，下令把萧何逮捕，关进监狱。过了几天有人问他相国犯了什么大罪。高祖解释说："我听说李斯做秦始皇的相国，有功都归于秦始皇，有坏事都算在自己头上。现在相国不仅接受商贾的许多贿赂，还请求开放我的上林苑，讨好百姓。所以我把他关进监狱治罪。"通过整治萧何，高祖打击了相权，进一步提高了皇帝的权威。

公元前196年，刘邦平定英布叛乱时被流矢射中，在回长安的路上开始发病，回到长安后病情已经很严重。吕后找来太医，刘邦问他自己的病情如何，太医说能治。刘邦听了太医的口气，知道自己不会活得太久了，就对太医说："我出身百姓，手提三尺剑得到天下，此乃天命。现在天要我死，就是神医扁鹊来了也没有用！"说完赏赐太医50金打发他走了。吕后看着弥留中的刘邦，问他死后人事的安排："萧相国死后，由谁来接替呢？"刘邦说曹参。吕后问曹参之后又由谁接替，刘邦说："王陵可以在曹参之后接任，但王陵智谋不足，可以由陈平辅佐。陈平虽然有智谋，但不能断大事。周勃虽然不擅言谈，但为人忠厚，日后安定刘氏江山为国立功的肯定是他，用他做太尉吧。"吕后又追问多年之后怎么办，刘邦有气无力地说："以后的事就不知道了。"刘邦死于公元前195年，葬于长陵，谥号为高皇帝，庙号是高祖。

# 李渊：被动地登上帝位，被动地退下帝位

李渊最初是隋朝的边将，当时为了稳住突厥，他不惜委曲求全。后来的起兵也是迫不得已的事。为了建立盛大的唐朝，他将割据势力一个一个消灭掉。而最后，围绕皇位而展开的你死我活的争夺战，他却无能为力，只能睁一只眼闭一只眼，因为，这时的历史，已经不在他的把握之中了……

## 为稳住突厥，不惜委曲求全

李渊祖籍陇西成纪，祖父李虎，是后魏左仆射，封陇西郡公，官至太尉，成为著名的八柱国之一，位极尊贵，死后被追封唐国公。父亲李昞，袭封唐国公，北周时任安州总管、柱国大将军。公元566年，李渊出生于长安，不久世袭唐国公。

青年李渊，倜傥豁达，任性真率，宽仁容众，在当时的人们心目中有很高的威望。李渊的妻子窦氏，是京兆平陵人，父亲窦毅在北周是上柱国，母亲是北周武帝的姐姐襄阳长公主，所以窦氏就是武帝的外甥女。窦氏从小就很聪明伶俐，深受武帝喜爱，被留在宫中。武帝当时的皇后是突厥女，是不得已与其成婚的，对此很不满意。窦氏却劝说舅舅隐忍，保持与突厥的婚姻可以消除北方的威胁，然后全力对付南陈和北齐。

在杨坚取代北周时，窦氏说："我恨自己不是男子，无法为舅舅家扫除祸患。"吓得父亲赶紧捂住她的嘴："不要胡说！这是灭门之罪！"

窦毅认为自己的女儿不是等闲之辈，在选女婿时想了一个办法：让人在门屏上画了两只孔雀，凡是两箭各射中一只孔雀眼睛的，就招为女婿。前边有几十人都没有射中，轮到李渊之时，两箭都射中孔雀的眼睛。窦毅十分高兴，便把女儿嫁给了李渊。

隋初，李渊为荥阳、楼烦二郡太守，不久，又被任命为殿内少监。公元613年，升为卫尉少卿。这一年，杨广发动了侵略高句丽的战争，李渊

受命在怀远镇负责督运粮草。当时，民不堪苦，怨声沸腾，大贵族杨玄感利用人民的不满情绪，起兵反隋。李渊飞书奏闻，杨广命李渊镇守弘化郡兼知关右诸军事，以备御杨玄感。杨玄感兵败，李渊留守如故。在这期间，李渊广积恩德，结纳豪杰。

公元617年，李渊被任命担任太原留守。太原是军事重镇，不仅兵源充沛，而且饷粮丰厚，军粮可供10年之用，因此李渊十分高兴，意欲在太原发展自己的势力，以图大举。

李渊刚到太原之初，有"历山飞"农民起义军结营于太原之南，上党、西河、京都道路都被断绝。李渊出兵击败义军，巩固了自己在太原的统治地位。晋阳一带的官僚、地主、豪绅也纷纷投靠李渊。李渊又命次子李世民在晋阳密招豪杰，倾财赈施，广泛结纳贤能之士。其长子李建成也在河东暗中交结英俊，发展势力，而此时的杨广又远在江都，沉湎酒色，鞭长莫及。李渊在太原韬光养晦等待时机。

隋炀帝杨广即位后就大兴土木，建东都、修长城、开运河、筑驰道，弄得民不聊生。隋朝末年，其残暴的统治使得阶级矛盾更加尖锐。

杨广好大喜功，巡游江南，北上榆林，以夸耀自己的武力；出兵边塞，侵略高句丽，以显耀自己的威风。结果徭役深重，战争频繁，社会生产遭到严重破坏，人民生活痛苦不堪。广大群众无法生活下去，不得不铤而走险，以武力反抗隋炀帝杨广的残暴统治。

公元611年，各地农民起义风起云涌，有的隋军将领也割据一方。天下沸腾，群雄割据，全国有一百多支反隋大军。

在反隋斗争中起义军逐渐走向联合，形成了以李密、翟让领导的瓦岗军，杜伏威领导的江淮起义军，窦建德领导的河北起义军三支主要力量。在农民起义的冲击下，隋炀帝杨广的统治已岌岌可危，处在风雨飘摇之中。

在农民起义风起云涌的同时，隋朝内部也分崩离析。李渊目睹动荡不安的天下局势，从中看到了举兵起事的时机。

公元617年二月，马邑人刘武周起兵，杀太守王仁恭，自称天子，国号定阳。李渊遂以讨伐刘武周为名，积极募兵。李渊以维护隋朝统治者的身份出现，所以远近的武装纷纷云集，不几天就有近万人成为李渊直接控制的军队。

李渊的行动，引起忠于隋炀帝的副留守王威和高君雅的怀疑。公元617年五月十四日的夜里，李渊命李世民在晋阳宫城外埋下伏兵。第二天早晨，李渊和王威、高君雅议事。刘文静领开阳府的司马刘政会到庭中，说有密状给李渊。李渊便让他交上来，但刘政会却不交，说要告的是副留守，只有李渊才能看。李渊假装吃惊地说："怎么会有这种事？"李渊看后便对大家说："王威、高君雅要勾结突厥入侵。"于是命人逮捕了他们二人。第二天，果然有突厥兵几万人围攻太原，人们都信以为真了。李渊趁机将王威和高君雅二人处死。

杀掉王威和高君雅消除了内患之后，李渊便和将士严密防守，对付突厥。他命裴寂和刘文静坚守城防，同时又将城门洞开，城墙上也不树旗帜，守城士兵不许张望、喧哗。这使突厥军队不明底细，不敢入城。李渊又在夜里派兵出城，早晨改道进城，使突厥误以为是援兵到达。突厥军队不敢恋战，只好退兵。突厥兵虽然退去了，但难保不再来，为了从根本上解决问题，李渊给突厥可汗送去书信："若能从我，不侵百姓，征伐所得，子女玉帛，皆可汗有之。"为了稳住突厥，李渊委曲求全地用了臣下的语气，这样做也是为了给南下用兵扫除后顾之忧。事实证明，李渊对付突厥的策略收到了预期的效果。

公元617年七月，李渊率军三万誓师，正式起兵。在发布的伐隋檄文里斥责隋炀帝杨广听信谗言，杀害忠良，穷兵黩武，致使民怨沸腾。

李渊在太原起兵之后，便以进军关中拿下长安为最终目标。西进的第一个障碍便是西河郡。李建成和李世民兄弟仅用了九天便得胜而归，使得李渊喜出望外。

然后，李渊建立了自己的军事和政权机构：设置大将军府，自称大将军。长子李建成为陇西公、左领军大都督，统领左三军。李世民为敦煌公、右领军大都督，统领右三军。裴寂和刘文静为长史司马。

李渊起兵后第二战是决战霍邑。在霍邑的西北有个贾胡堡，是霍邑的门户，但守卫霍邑的宋老生却没有派兵把守，李渊由此断定宋老生是个无能之辈。

李渊害怕宋老生守城不出，打成持久战对自己不利。李世民却认为可以挑战引他出来决战。于是李渊让两个儿子领几十名骑兵近城观察，自己将部队分成十几队，从城东南到西南，摆出一副安营攻城的架势。宋老生果然中计，以为李渊要攻城，便领兵三万出战。李渊领兵假装后退，让李建成和李世民领兵抢占了东门和南门，切断了宋老生的退路。在交战中李渊又散布宋老生已经战死的谣言，动摇了军心。隋军大败，宋老生在被守军用绳子往城墙上提时，被李渊的军队杀死。李渊顺利占领了霍邑。

此后，李渊便听从了李世民直接入关中的建议，分兵攻打长安。在招降长安失败后，李渊下令攻城，占领之后又下令禁止掳掠百姓，受到百姓们的夹道欢迎。公元617年十一月，李渊拥立隋代王杨侑为帝，即隋恭帝，改元义宁，尊在江都的隋炀帝为太上皇，李渊为大丞相，封唐王，以武德殿为丞相府，李世民为秦王。这实际是以后称帝的一个过渡。

到公元618年五月，隋炀帝杨广的右屯卫将军宇文化及在江都发动兵变，勒死了隋炀帝杨广。然后立隋秦王杨浩为帝，自己做大丞相。随后领兵十万北上，但被李密打败，宇文化及败走魏县，毒死杨浩，自己称帝，建立许国。第二年，过了皇帝瘾的宇文化及在聊城被窦建德杀死。隋炀帝杨广一死，李渊便废掉隋恭帝，在公元618年杨侑被迫禅位，李渊在李世民等人的要求下，自称帝，建立唐朝，改年号为武德，定都长安。

## 剪除割据势力

李渊称帝长安时，许多地方还在分裂之中，许多隋将割据称雄，农民起义军亦称霸一方，全国处在四分五裂的状态。李渊在长安安定之后便开始了长达10年的统一战争。

薛举曾是隋朝金城郡的豪绅，公元617年，先称西秦霸王，后来又称皇帝，占据了陇西全境，兵力有十多万人。薛举起兵也想取代隋朝，自己做皇帝。李世民第一次出击将薛举打败，但第二次却失利。薛举想一举攻下长安，却在这时病死。他的儿子薛仁杲继续威胁长安，李渊命李世民为元帅再次出征，这次将薛仁杲彻底击溃，薛仁杲也投降了唐朝，陇西也收归唐朝。

平了薛举父子之后，李渊又开始对付割据河西的李轨。在李渊建立唐朝之际，李轨称帝。开始时，李轨还能宽容待人，注意分化隋朝官吏，壮大自己的势力，但后来他逐渐开始猜疑众将，内部矛盾激化，这给李渊提供了机会。

公元618年，李渊为了进攻薛举，曾派人和李轨联系，李轨非常高兴，主动让弟弟到长安做人质，李渊封李轨为凉王。但册封使节到达时，李轨的下属对是否接受产生分歧，李轨没有听信部下的话，又不肯屈居李渊之下，便对李渊自称"大凉皇帝臣轨"。虽然用了"臣"，但李渊并不领情，他不能允许还有一个皇帝的存在，于是加紧了对李轨的行动。

李渊派安兴贵去劝说李轨，安兴贵是李轨户部尚书安修仁的哥哥。李轨听了安兴贵的劝说后，没有改变主意，反而说安兴贵是为了报答李渊的恩情才来劝说他的。安兴贵害怕李轨加害自己，便和哥哥一起谋划，最后发动兵变，俘虏了李轨。河西于是平定。

刘武周也是李渊的一个劲敌，他起兵较早，和突厥勾结。但由于起兵时李渊便采取了联合突厥的策略，所以，刘武周对李渊也没有构成大的威胁。公元619年，刘武周联合突厥南下占领了并州，唐朝的并州总管、齐王李元吉无力抵抗，弃城而逃。李渊先派裴寂出击，结果大败而归。李渊这时想放弃这个地区，遭到李世民的反对。最后李世民领兵出征，用坚壁清野消耗对方的战术，全面击溃了刘武周的部队，刘武周逃到突厥，后来被杀。唐朝又恢复了原来在河东地区的统治。消灭周围的三个劲敌之后，李渊便把注意力投向了中原。

在中原的主要对手是王世充，他原是隋朝的江都通守，隋炀帝杨广被杀之后，他拥立杨侗为帝，又打败瓦岗军，除了李密和部分军队外，其余的都被王世充收编。到公元619年，王世充踢开杨侗，自己称帝，建立郑国，定都洛阳。

李渊派李世民东征王世充，最后将王世充包围在了洛阳的一座孤城里。王世充向北边的窦建德求援，结果，窦建德被李世民击败成了阶下囚。王世充绝望之下只好献城投降。至此，李渊统一了黄河流域地区。但窦建德在押送到长安后却被李渊杀死了，其部将刘黑闼又举兵反唐。不到半年就又恢复了原来窦建德的领地。

李世民又奉命征讨，和刘黑闼所部两万人激战，从中午到黄昏不分胜负。李世民便命唐军决堤水攻，刘黑闼败退投奔突厥，然后又卷土重来。李渊命李元吉征讨，被刘黑闼击败。太子李建成又亲自出征，他采纳了谋士魏征的策略，安抚民心，最终瓦解了刘黑闼的部下，刘黑闼最后败退时被杀。河北和山东地区终于平定。

在隋朝末年，萧铣趁乱割据在江陵一带。他占领的地区非常广阔，南到交趾，北到汉水，西达三峡，东及九江。萧铣和其他割据者一样只是想偏安一地。萧铣是原来南朝梁宣帝的曾孙，祖父萧岩在梁被隋灭时逃到了陈朝。后来，陈朝也被隋攻灭，萧岩被押到长安斩首。在隋炀帝杨广时，因为萧铣和隋炀帝的皇后萧氏同是南朝梁的后裔，所以被任为罗县令。隋末各地起义不断，萧铣被地方将校推为首领，割据反隋，他声称要恢复梁的疆土。隋炀帝杨广死后，一些隋朝的将领也投靠了他，其地盘不断扩大，成了南方最大的割据势力。

李渊在派李世民东征王世充南下的同时，命大将李靖领兵南下攻取长江中游的萧铣。萧铣这时为了控制众将夺其兵权，竟说要罢兵经营农业，导致自己和部将矛盾加深，许多将领离他而去。面对富有军事韬略的李靖的大举进攻，萧铣虽然由于部将的离去力量有所削弱，但也只得硬着头皮应战。李靖出奇制胜，在长江水涨萧铣认为他不能用兵时，李靖却说服众将趁机进军，大败萧铣军。萧铣最后听从了中书侍郎岑文本的劝告，投降了唐军。李靖也以仁义回报，对曾经进行抵抗的萧铣将士不予治罪，这一举措也加快了其他州县的归顺步伐。后来，萧铣原来的领地全部归入唐朝版图。

杜伏威割据江淮一带，他占据历阳，自称总管。在唐军围攻洛阳时，李渊派人招降他，杜伏威便投降了唐朝，被李渊封为吴王。等刘黑闼因兵败被杀后，杜伏威让属将辅公石留下统领兵将，自己请求入朝，留在了长安，等于是做了人质。几年后，辅公石称帝起兵反唐，李渊将杜伏威杀死，派大将李靖前去讨伐。不久，辅公石被当地武装抓获，送唐军营中处死，江淮地区得以平定。

李渊称帝后，百废待举。他一面组织力量进行统一全国的战争，一面注意加强政权建设。唐朝前期的政治、经济、军事制度，在李渊时期基本上初具规模。

在政治体制方面，李渊继承了隋制，又有一些发展。唐朝中央建立的政治体制概括地说是三省六部二十四司。三省是尚书省、中书省和门下省。尚书省掌管全国政令，是命令的执行机关。下属共有六部，即吏、户、礼、兵、刑、工。每部又分四司来作为办事机关。礼部掌管官吏的选用、考核与奖惩。户部掌户籍和赋税。吏部掌礼仪和科举。兵部掌军事。刑部掌刑狱。工部掌土木工程。中书省负责皇帝诏书的起草，是决策机关。门下省则审核中书省起草的诏书，不合适的驳回修改。监察机关是御史台，职责是监督、弹劾文武百官。地方的政权机构由州、县两级组成。即长官分别是刺史和县令。刺史每年要巡查各县，考核官员政绩，还负责举荐人才。县令要负责一县的各种事务，官很小，却是最繁忙的官员。县以下是乡、里。

唐朝赋役制度主要是均田制和租庸调制。均田制：丁男授田一顷，包括口分田八十亩，永业田二十亩。老男、笃疾、残疾的人授口分田四十亩，寡妻妾授口分田三十亩。对于贵族田地也有限制：从亲王到公侯伯子男，授田数从一百顷到五顷。在职的官员从一品到九品，授田数从三十顷到二顷。此外，各级的官员还有职分田，用地租补充，作为俸禄的一部分。均田制对土地的买卖也做了限制，官僚和贵族的永业田和赐田可以买卖，百姓在贫穷无力办理丧事时可以卖永业田，从人多地少往人少地多地区搬迁时也可以出卖永业田。实施均田制之后，又实行了租庸调制：受田的农民，每丁每年要交粟二石，这是租。每年交绢二丈、绵三两，或者交布二丈五尺，麻三斤，这是调。每丁每年服役二十天，不服役可以折算为每天绢三尺，这是庸。假如官府额外加了役期，加够十五天则免调，加三十天免租调。每年的加役最多三十天。唐朝的租庸调制与隋朝相比，用庸代替服役的条件放宽了很多，更有利于农民从事农业生产。

## 对皇位争夺战睁只眼闭只眼

公元 619 年，李渊听信裴寂的谗言，错杀大将刘文静。刘文静最早参与李渊晋阳起兵之谋，在唐朝建立与开国过程中，南征北战，屡立战功。李渊称帝后，大封功臣，刘文静对自己位在裴寂之下甚感不平，遂与裴寂发生矛盾。有一天，刘文静酒后口出怨言，裴寂等乘机陷害，说刘文静欲反朝廷，李渊竟信其言，杀死刘文静。李渊赏罚不明，加深了臣子内部的矛盾和斗争。

在李渊统治后期，他广纳妃嫔，安于后宫享乐。有的妃子挑拨李建成和李世民之间的关系时，李渊却不及早有效地制止，反而听信谗言，致使兄弟之间兵戎相见。随着统一战争的顺利进行，李渊的思想开始松懈下来，安于享乐，对政治事务不再关心，这直接导致了皇储问题的产生。

李渊想让几个儿子和睦相处，但又在立皇太子的问题上没有明确的主意，使得兄弟相争不已。在刘武周大举南下，攻陷太原威胁长安的时候，李渊亲自为儿子李世民送行，还许诺得胜回来后立他为太子。但李世民回来之后，李渊又反悔，并听信后妃们的求情，保留了李建成的太子之位。这直接导致了兄弟之间的不和，成了激烈争夺太子之位的导火线。

太子李建成和秦王李世民为了争夺皇位，早就开始了你死我活的明争暗斗。公元 626 年夏，突厥犯边，李建成向李渊推荐齐王李元吉为出征元帅，想借此把秦王府的精兵和骁将掌握在自己手中，然后除掉秦王。不料这一密谋被李世民得知。在这紧急关头，李世民先发制人，密告太子、齐王淫乱后宫，李渊决定次日诘问。次日，李世民在玄武门设下伏兵。当太子、齐王途经玄武门时，李世民及部下将其杀死，并让心腹尉迟敬德带甲入宫报告李渊。此时李渊正和大臣萧瑀、裴寂坐在一只小龙船上，荡漾在南海池中，他见尉迟敬德全身武装立在岸边，十分惊骇。尉迟敬德说，太子和齐王造反，秦王已把他们处死，特派自己前来保驾，李渊听后惊得目瞪口呆。旁边的萧瑀等赶忙劝李渊把国事都托付给秦王，尉迟敬德也敦促李渊下诏，令诸军悉受秦王节制，以便制止东宫和齐王府军队的骚乱。李渊无奈，只好写下诏书，命令所有军队悉听秦王处置，并诏立李世民为太子。此时，全国局势基本上已被李世民所控制，李渊无奈，表示愿早些退位。公元626年八月，李世民正式登上皇帝位，从此李渊徙居太安宫，过着太上皇的生活。

李渊当了太上皇后，自知权力已被李世民掌握，自己心灰意懒，也就不再干预政事。李世民对李渊表面上也以隆礼相敬，尽量满足他的享乐需要，并在长安城东北修建大明宫，作为李渊的养老享乐之所。李渊也明白李世民的用意，也就知趣而退，居于大明宫安乐度日。

公元635年五月，李渊病死，时年71岁。谥号"神尧大圣大光孝皇帝"，庙号"高祖"，葬于献陵。

李渊的一生，基本上是在马背上度过的，经过无数次血与火的洗礼，终成一代开国帝王，建立了大唐帝国。在政权建设方面，李渊为唐太宗奠定了坚实的基础，此外，在总结隋朝灭亡的教训和纳谏方面李渊也给儿子作出了榜样。他在总结隋朝用人方面的过失后说：隋末之所以无道，是因为上下互相蒙蔽，皇上不知改正错误，臣子不思为国尽忠，最终使国家危难。他处变不惊，运筹帷幄，计谋超绝，在平定乱世时重用武将，守成治国依靠文臣，使他们各尽其才。在政治体制方面，李渊在继承隋制的基础上又进行了一些发展。而且李渊时期的租庸调制与隋朝的税赋制度相比，用庸代替服役的条件放宽了很多，这样更有利于农民从事农业生产。在隋朝末年，炀帝无道，随意破坏法制，致使用法混乱。李渊占领长安之后，与百姓约法十二条，除了杀人、叛逆处死外，其他苛刻刑律全部废除。李渊在文化教育方面也做了一些有效的工作。在唐朝，中国古代的教育制度基本定型，后来东亚和东南亚国家学习中国文化主要是学习唐朝的文化，包括学校的教育内容。

唐高祖在诸多方面都给唐太宗开创了新局面，所以贞观之治的取得，不应该忽视李渊的重要作用。

## 赵匡胤：运用计谋加强中央集权

　　"陈桥兵变，黄袍加身"，赵匡胤兵不血刃登上帝位，不仅统一了大半个中国，而且治国有方。为了弱枝强干，他杯酒释兵权，并派京、朝文官任地方知县、知州等，但最终他还是猝死于烛影斧声之中，给历史也给自己留下了一个无解的悬案。

## "我们愿意听你的"

赵匡胤出生于贫苦之家，在他幼年时，父亲赵弘殷曾经一度携带妻儿外出逃难。少年时代，赵匡胤不仅书读得好，而且在习武方面也表现出过人之处。几年下来，他已是一个弓马娴熟、小有名气的骑手了。

公元945年，赵匡胤结婚成家。成家之后，他毅然离家外出，决心闯荡出一番事业。赵匡胤先是去投奔父亲几位先前的好友。但世态炎凉，他不但没有从这些有权有势的前辈那里得到关怀和帮助，反而遭了不少的白眼和冷遇。在外面流浪了两年，赵匡胤虽没有干成什么大事，但却磨炼了意志和性格，眼界也变得开阔了。

公元950年，赵匡胤来到河北邺都，投军于后汉枢密使郭威的手下，做了一名普通士兵。次年，郭威发动兵变，灭掉了后汉，建立起后周王朝。赵匡胤因战功被提拔为禁军东西班行首，负责宫廷禁卫。

公元954年，周太祖郭威病逝，柴荣即位称帝，即周世宗。周世宗的即位，为赵匡胤施展才华和抱负创造了极好的条件。一方面是因为赵匡胤是周世宗称帝前的亲信将领，自然会受到重用；另一方面，也是最重要的一点，因为周世宗是一个顺应历史趋势的英明君主，他后来所积极从事的统一中国的事业，为赵匡胤等一班有才华的文武大臣提供了用武之地。

周世宗即位后，赵匡胤随之被调到中央禁军任重要职务。同年二月，北汉对后周发动进攻，赵匡胤随周世宗前往迎敌。双方部队在高平相遇，遂展开激战。战斗开始不久，北汉军队就占了上风，后周大将樊爱能、何徽畏敌如虎，一见阵势不好，竟临阵逃脱，一时间后周军队阵脚大乱，情形十分危急。此时的赵匡胤却很冷静，在他的建议下，周世宗将身边的禁军分为两部，一部由张永德指挥，抢占制高点，居高临下，以密集的箭矢压住敌人的进攻；另一支由赵匡胤亲自率领，从左翼直扑敌阵。北汉军队抵挡不住这突如其来的冲击，纷纷败退，后周军队终于转败为胜。

赵匡胤以高平之战的出色表现，受到了周世宗的进一步赏识。战后，他不但被破格提拔为殿前都虞候，成为后周禁军的高级将领，而且还被委以整顿禁军的重任。在赵匡胤亲自主持下，后周禁军完成了汰除老弱、调选精壮和组建殿前司诸军的工作。

赵匡胤利用主持整顿的机会，开始在军队中形成自己的势力。他将罗彦环、郭延斌、田重进、潘美、米信、张琼、王彦升等自己麾下的"委心"之人安排在殿前司诸军任中基层将领，同时又以自己高级将领的身份主动与其他中高级将领交结，并同其中的石守信、王审琦、韩重赟、李继勋、刘庆义、刘守忠、刘廷让、王政忠、杨光义高级将领结拜为义社十兄弟，形成一个以赵匡胤为核心的势力圈子。

从公元956年到958年，周世宗对南唐前后发起过3次进攻，逼迫南唐将江北15州的土地割让给后周。在整个战役中，赵匡胤表现得最为突出，被提升为忠武军节度使兼殿前都指挥使。

自南唐战役以后，赵匡胤不仅注重在军队中交结武将，也开始对文人比较重视了。赵普、王仁赡、楚昭辅、李处耘等人都是在这前后被他招致在麾下成为心腹幕僚的。除此之外，赵匡胤自己也开始留意研读经史，一改从前那种不喜读书的草莽作风。

公元959年六月，周世宗去世。年仅7岁的独生子柴宗训即位。后周王朝随即出现"主少国疑"的局面，一时间人心惶惶，谣言四起，一些忠于后周的官吏，马上就敏锐地意识到动乱的根源是出在赵匡胤那里，指出赵匡胤不应再执掌禁军，甚至有的人主张先发制人，及早将赵匡胤杀掉。

赵匡胤及其麾下心腹文武也在加紧活动。一个很明显的事实是，在周世宗去世后的半年里，禁军高级将领的安排，发生了对赵匡胤绝对有利的变动：整个殿前司系统的所有高级将领的职务均由赵匡胤的亲信担任。

经过近半年的部署准备，赵匡胤觉得可以选择一个适当的机会动手了。公元960年正月初一，后周君臣正在朝贺新年，突然接到辽和北汉联兵入侵的战报。柴宗训征求了宰相范质、王溥的同意后，令赵匡胤率领禁军前往迎敌。

出发后，前进中的后周部队，突然接到命令，在离京城汴梁东北五十多里的陈桥驿驻扎下来。将校们一个个神情严肃、紧张，街上岗哨林立，一队队士兵穿梭般地来往巡行，气氛显得非同寻常。

不久，很快就有人在军队中宣传开了："主上年幼，未能亲政，我们这些人出生入死为国家打仗，他能知道吗？""有道理，我们的点检为人仗义，英武盖世，不如先拥戴点检为天子，然后再北征！""对，咱们一块找点检去！"顿时，群情激昂，有人带头呼喊着、叫嚷着，围住了点检赵匡胤的大帐。

当时，天刚蒙蒙亮，赵匡胤被呼喊声吵醒。他披衣走出大帐，见一群将校个个手执兵器，列队于帐前，他们齐声喊道："诸将无主，愿拥戴点检为天子！"赵匡胤还没来得及开口，已被群兵簇拥到厅堂。这时，有人把一件早已预备好的黄袍罩在赵匡胤的身上，然后众人口呼"万岁"，拜跪于地上。赵匡胤还想再推辞，参与其谋的赵普上前说道："主帅素来爱兵如子，此次拥立如不应允，这些将校兵士将会落个大逆不道的罪名，死无葬身之地，主帅还是应允了吧！""对！应允了吧！"全体将校齐声呼喊着。见此情景，赵匡胤装得无可奈何地说："你们立我为天子，必须听我的命令，否则我不应允！"将士们异口同声地说："我们愿意听你的！"

"那好，现在我宣布两条纪律：第一，返回京城，不得抢掠，扰乱百姓；第二，少帝和太后都是我所侍奉的，公卿大臣都是我的平辈，你们不能伤害他们，以往改朝换代，都要大杀大抢，你们不能这样，如有违反，格杀勿论！"

当天下午，赵匡胤率领部队返回汴梁。京城中早有人接应，文武百官列于殿前，欢迎新皇帝登基。因为赵匡胤所领的军队驻扎地为宋州，于是改国号为宋。至此，大宋王朝就在中国历史上出现了。

## 弱枝强干，杯酒释兵权

赵匡胤以和平的方式代周立宋，是他非常高明的地方，因为他要稳定局势，继承周世宗所未完成的内政改革和统一事业。赵匡胤一上台，立即开展了一系列轰轰烈烈的改革活动。

五代时期，是个动荡不定的时期，也是英雄辈出的时代。谁拥有强大的兵力，谁就可以实现他的野心。在大分裂的 50 多年间，军校拥立、弑君篡位、互相攻伐、战场厮杀的现象，从未间断过。赵匡胤也是靠着自己手里有一支强大的军队才登上帝位的。他当年作为一个军人，也参与过拥立周太祖郭威的行动。因此，他一上台，首先考虑的是如何控制手中握有重兵的将帅，防止兵变的发生，以便永保皇权。

赵匡胤登基后不久，召见谋臣赵普，向他问道："自从唐亡以来，几十年间，帝王换了八姓，战争不止，生灵涂炭，是什么原因呢？我想使天下战火永息，兵不再战，为国家作长久打算，应当怎么办？"赵普回答说："过去的动乱，只是由于方镇权势太重，君弱臣强。若想改变这种状况，也并不太难，只要削夺其兵权，管制他们的谷钱，收了他们的精兵，天下自然就会安定了。"赵普这一番话，使赵匡胤惊叹不已。赵匡胤很快又说道："卿言过重，这些弟兄跟随我多年，他们绝对不会背叛我，你太多虑了。"赵普又说："我并不是忧虑他们本人会背叛你，但万一他们手下的人要拥立，也由不得他们了。"赵匡胤听后，联想到自己亲身经历的那次兵将拥立的场面，顿觉不寒而栗。而且拥立自己的那些将帅和弟兄，有的是禁军的高级将领，掌握着全国最精锐的部队，如慕容延钊、韩令坤、石守信等人，还有的自恃拥立有功，已经出现不服管制的迹象。至此，赵匡胤终于下决心削弱他们的兵权。

公元 961 年秋天的一个晚上，明月当空，月光如水。赵匡胤准备了一席丰盛的晚宴，把石守信等几个手握重兵的军事将领请在一起，饮酒欢歌。酒过三巡之后，赵匡胤突然屏退左右，对石守信等人说："诸位爱卿，如果没有你们的帮助，我怎会有今天？因此，我对你们感恩不尽。不过这天子也并不是那么好做的，还不如节度使快乐些，从登基到现在，我还没睡过一个安稳觉。"石守信等人忙问缘由，赵匡胤说："这还不明白？我这个天子的位置，谁不想坐？"诸位将领听后大惊失色，慌忙地说："现在天命已定，谁还敢有异心？"太祖说："不对，你们虽然没有异心，怎奈你们的部下会有些贪图富贵的人，如果有一天，他们也把黄袍加在你们身上，难道还容许你说不做吗？"将领们听罢，一起跪倒顿首说："我们没有想到这些，请陛下指示一条明路。"赵匡胤说："人生就好像白驹过隙，转眼即逝。人们所追求的不过是多积金钱，吃喝玩乐，再替子孙们攒下些基业，让他们过上好日子罢了。你们何不放弃兵权，出守大藩，选买些好的田宅，替子孙们置备下百世产业，多置些歌儿舞女，天天饮酒作乐，这样过一辈子，岂不快哉！我还同你们结成儿女亲家，君臣之间，两无猜忌，上下相安，以终天年，这不是很好吗?"

众将领听罢，明白了皇帝的意图。第二天，他们一个个以各种理由提请上交兵权。赵匡胤表面装得很惋惜，内心却十分高兴，立即应允，对他们假作安慰一番，又送给他们每人大量的钱财，打发他们以节度使的名义出外镇守去了。只有石守信还暂时兼着侍卫都指挥使，但已没有什么实权。这就是历史上有名的"杯酒释兵权"。

石守信等一批掌握重兵的将领军职被解除之后，赵匡胤意识到如果不从军事机构上加以调整，还会有新的军事实力派产生。因此，他着手改组军事机构。北宋初年的禁兵，分隶殿前、侍卫两司。殿前都点检、侍卫亲军都指挥使，是最高的军事将领。赵匡胤夺得帝位，就是利用了殿前都点检这一重要职位。所以，在众将领提出辞职之后，一些重要的军职也随之撤消了。

到第二年石守信请解军职，赵匡胤又撤消了侍卫都指挥使这一职务。这样，形成了禁军由官职较低的殿前都指挥使、侍卫马军都指挥使、侍卫步军都指挥使分别统领的"三衙"制度。"两司三衙，分天下兵而领之"，改变了过去一人统领三军的局面。三衙权柄虽重，但只有带兵权，而没有调兵权。调兵大权归枢密院，枢密院虽可以调兵，而却没有带兵权。只有皇帝才可命令两院，执掌全部兵权。遇有战事，或者临时命将，或太祖自任主帅。战事结束，兵归宿卫，将还本职。两院互相牵制，皇帝一人从中驾驭，从制度上防止了军事实力派的产生。

"强干弱枝"，是宋太祖治军的另一个重要策略。强干是在兵力部署上，把重兵、精兵布防在京师。"弱枝"，就是削弱地方兵力，使地方部队无法同京师兵力相抗衡。为了加强禁军的力量，宋太祖对禁军进行了必要的整顿。他亲自检阅军队，骁勇的挑选为"上军"，老弱的淘汰为"剩员"。"剩员"编制，主要用来容纳那些已经失去战斗能力的老弱禁军，让他们去干看仓、守护、清洁等杂役。"去其冗弱"之后，禁军需要大量补充，宋太祖命各州长吏从当地挑选骁勇兵卒送到京城来，补充缺额。挑选的标准是琵琶腿、车轴身，高度适中，体力强健者。为了做好这一工作，他挑选一些"样兵"分送各州，后来又改用木棒，拿长短来分别等次。这样一来，各地的强兵锐卒，统统集中于京师，组成了强大的禁军队伍。

禁军除了在京师宿卫外，还要轮流外出戍守，即所谓"更戍法"。这样做一方面避免禁兵日久骄惰，让他们"南北番戍，以劳苦其身，远离其子，使习南北风土之异，而不得坐食于本营"。另一方面，可以造成"兵不知将、将不知兵"，"兵无常帅，帅无常兵"的局面。就是在一个城中驻扎的部队，宋太祖也十分注意"习其筋骨，以戒其骄惰"。驻扎在城东的部队，偏要让他们到城西仓库去取军粮；驻扎城西的部队，偏要让他们到城东仓库去领取军粮，城南城北也是这样。兵士们挑负着军粮，来回往往要走几十里路。通过这样的长期训练，禁军士兵个个身强体壮。

在全国军队的布防上，宋太祖是经过精心考虑的。当时全部兵士有22万，有10多万驻扎京师，10多万分驻扎各道。这样京师的兵力可以控制外道，防止外道发生兵变。而各道的兵力总和又同京师相等，又防止了京师驻军的骚乱。这样"内外相维"，互相牵制。在京师布兵也是这样，京城内有亲卫诸兵，城外是"诸营列峙相望"，城内的兵力和城外的兵力又基本相等，也形成互相牵制之势。这就有力地防止了军事将领祸乱中央的现象产生。

荒年养饥兵，是宋太祖在养兵方面的独创。宋初军队兵士的来源是向民间招募，尤为特殊的是宋太祖除了及时补充兵员外，遇有荒灾凶年，更是大量招募饥民当兵，宋太祖的这种做法使社会上的动乱因素大大减少，防止了饥民的反抗，从而稳定王朝的统治。这样的募兵制度，后来一直成为宋朝统治者的传统政策。

由于宋太祖在军事制度方面采取了以上措施，成功地防止了骄兵悍将对皇权的颠覆活动。大宋王朝历时几百年，与宋太祖采取的这一套治军方略是分不开的。

## "射死我，皇位也轮不到你"

宋太祖刚登基时，随行的仪仗较为简略，排在前面的是由禁军组成的"驾头"，随后是皇帝坐的步辇，步辇之后是擎着扇的方队。方队后面的公卿百官大多是后周旧臣，他们原本与现在端坐在步辇之上的"皇帝"乃比肩多年的同僚，但现在却跟在他的步辇之后做臣民，心中多少会有些不自在，所以仪仗队有些杂乱。

一次，当銮驾缓缓通过御街，跨上大溪桥时，有人放冷箭，箭紧擦着步辇飞了过去，射到了后面的折扇上，卫士大惊。宋太祖显得比卫士们镇定多了，他从步辇中探出身子，指着胸膛说："来射呀。"又笑道，"射死我，这皇位亦轮不到你！"这话不单单是讲给刺客听的，也是讲给步辇下面的一大批后周的旧臣听的。

宋太祖捷足先登夺得皇位，只不过使后周旧臣失去一次实现野心的机会，却没有打消他们的野心。他们有的在等待观望，希冀再起，准备与新王朝再来一番角逐。

面对这种隐患，宋太祖和赵普等人认为应采取以稳定京城、笼络后周旧臣为主的方针，以静制动。因为，"京城若乱，四方必转生变"，"都城人心不摇，则四方自然静谧"。

为此，宋太祖对后周旧臣实行了官位依旧、全部录用的政策。为了保证对后周旧臣笼络和收买的成功，对于那些恃势欺凌旧臣的新贵们，宋太祖则毫不留情地严加处罚。京城巡检王彦升，是当年兵变入城时的先锋，自恃拥立有功，横行不法。一天夜里，他以巡检为名，去敲宰相王溥的门，吓得王溥"惊悸而出"，结果王彦升被贬为唐州刺史。宋太祖的这些做法，稳定了后周旧臣的情绪，缓解了他们对新王朝的逆反心理，使他们能放心地为新王朝服务。

这一政策收到很好的效果后，宋太祖精神上的压力减轻了很多，行为上也有点放纵了。一段时间他沉湎于酒席之中，常有失态，有时还喝得大醉，但他及时克制了自己。紧接着发生的一件大事，使他对形势的认识变得清醒起来。

公元 961 年六月甲午，宋太祖的母亲皇太后杜氏因病去世。杜氏为人有胆有识，当年陈桥兵变时，有人听到消息后告诉她，她镇静地说："我儿素有大志，应当如此。"临终前夕，杜氏突然问一直在身旁侍奉汤药的宋太祖说："你可知道你为什么能做天子吗？"赵匡胤觉得现在不是讨论这一问题的时候，所以"呜咽不能对"，但太后偏要他回答，他只好应付道："这都是祖宗和太后积德积功的结果。"太后严厉地说："根本不是这么回事！你能做天子，那是因为周世宗死后继位的国君年幼的缘故。如果当时是一位成年人继位的话，你能当上天子吗？我想将来你传位时，就应当传位给你弟弟光义，立年长者为国君，是社稷之福呀！"

在太后逝世的第二年七月，赵匡胤的弟弟赵光义就以泰宁军节度使、大内都部署的身份被任命为开封府尹、同平章事。这是一个十分重要的任命，因为在五代时期，凡皇位的继承人都要封王任开封府尹，赵光义此时虽未封王，但其任开封府尹已经隐然有继位人的地位了。这不但是宋太祖贯彻太后临终遗命的一个重要步骤，更重要的是，宋太祖希望通过此举向他的大臣们表明，在未来的皇位交接中，是不会再出现后周那种"主少国疑"的局面了。

## 削弱相权，频繁调动官员

宋太祖在军事制度方面进行了一系列改革之后，在对如何驾驭群臣方面，也采取了一系列相应的政策以巩固皇权。

宰相在封建社会中央集权制的政府机构里，是一人之下而万人之上，统率百官，总掌政务，权倾朝野。相权过重，往往对皇权造成一种威胁。因此，历代帝王总是采取手段，削弱宰相的权力。

宋太祖赵匡胤在削弱相权方面有自己的高招，他设置副宰相削弱宰相职权。即在宰相之外，又设置一个参知政事，即相当于副宰相。开始时参知政事只是一个陪衬，并没有什么权力，不用押班知印，也不设政事堂。后来太祖见宰相赵普专权过重，开始给副相以押班、知印、升政事堂的权力，与宰相轮流充任，使副相地位大大提高。与此同时，宋太祖又采取灵活方式，降低宰相的待遇。在他刚登皇位时，宰相上殿奏事或商谈国事，太祖都要赐座献茶。后来宰相范质上殿奏事，太祖照例赐座，可开始奏事时，太祖说："我最近眼睛有些昏沉，请把奏章拿近来我看。"范质便离开自己座位，走近太祖。太祖暗中吩咐宦官，把宰相的座位撤去。从此以后宰相进见，也只能站着和皇帝说话了。

设置"二府"，分割宰相兵权。二府，指宰相府之外，又有一个枢密院，形成宰相府和枢密院两府牵制局面。在五代时期，枢密院的权力都在宰相之上，使宰相之外复有宰相。宋太祖时，将枢密院改为执掌调兵大权，凡军国机务、兵防、边备、戎马等政令，都由枢密使主持，和宰相对峙。太祖设制，每逢入朝奏事，两府错开，互不相见，各说各的。这样就使皇帝能在双方的奏情中对比分析，掌握实情。从此，分割了宰相的兵权。

设置"计相"，分割宰相的财权。旧制时，宰相统辖军、政、财权。宋太祖时，设三司使，夺其财权。三司原属旧制官职，负责盐铁、度支、户部，平衡全国的财政收支。太祖有意提高三司的地位，号称"计省"。由三司使主持三司政务，其地位仅次于宰相，人称"计相"。这样就剥夺了宰相的财权。

另外，宋太祖还采取"官职分离"、"名实不一"的方法干扰相权，使宰相无法行使统率百官的权力。如侍郎和给事中，并不负责本省的政务。司谏官，如果没有皇帝的特旨，也不能过问谏诤之事。连中央政府的三省主官，也只有奉旨才能行使本部的范围之权。即所谓"官无定员，员无专职"，至于仆射、尚书、丞、郎、员外，居其官而不知其职者，更是常有的事。在这一制度下，"官"、"职"和"差遣"是有明确区分的。"官"，是品位的一种名称，并无实际的权力，如中书令、尚书令，官位很高，但无权参与朝政。"职"，是具有某种权力的标记，某一职位，具有什么样的权力，但并无固定人员，无论你是什么"官"，只要让你担任此"职"，便具有此"职"的权力。"差遣"，指受到指派，某人可以行使何种职权，这就是具有了实际权力，可以"治内外之事"。如中书令、侍中都是"官"，只有带有上级的"差遣令"，方能担任宰相或行使其他实际权力。"差遣"的变动性很大，一个官员要随时听从"差遣"，接受新职。宋太祖就是通过这样的手段，来削弱宰相的权力的。

宋太祖在剥夺了重要军事将领的兵权之后，又运用赵普"削夺其权"、"制其钱谷"的策略，解决地方的藩镇遗患。

宋太祖逐步改由文臣代替军人执掌一州行政。文臣代替武将执掌一州政务，宋太祖也并不是很放心。专权之事，不可不防。因此，他任命的知州，前面往往加上"权知"二字，以使他们明白"名若不正，任若不久"，以堵塞他们专权的野心和地方势力的抬头。与此同时，在"知州"之外，另增置"通判"一职，这是赵匡胤在经过精心考虑后采取的一个重要措施，是他在削弱相权时采用的手段在地方政权中的继续应用。通判一职在本州中地位相当高，权力也很大，有权过问州中的一切政务，并可同知州分庭抗礼，奏言可以直接传达中央。有的通判往往以"监州"自居，说"我是朝廷派来监视你的"，以示权重于知州。后来有人告诉宋太祖，通判权力太重，不利于知州行使地方职权。太祖才又下令，没有知州与通判联名签署的政令，不能实行，这就使二者互相牵制，听命于中央。

县级机构中，在五代时期也多由军人把持。虽然军人任县令的不多，但由于节度使委派"镇将"，屯兵县里，这些"镇将"往往干涉地方政务，县令任免官吏，也往往要征求他们意见，每年利用征集军粮名义，在一县之中横征暴敛。"镇将"们利用掌管缉拿盗贼、阻止斗殴之权，肆意欺压百姓，以致形成了"事权旁落，县官失职"的局面。为了扭转这种状况，宋太祖令吏部选派强干官吏，分到各县担任县令，抑制地方军人的跋扈势力。同时又在每县设置"县尉"一职，专门负责一县之内盗贼、斗殴等事宜，"镇将"不得再行插手。从此，县令才真正成为一县之长，总管县境的民政，平决狱讼，催收租税，劝课农桑，使军人干预地方政务的现象得到有效的控制。

官员在一地任职过久，很容易产生官吏利用职权盘踞专擅的弊端。对此，宋太祖采取了"任若不久"的用官原则，规定州县一级和中央一些部门的官吏，一律任期三年。限期一满，立即另调他职，不得连任。特别是对于那些执掌司法大权的刑部、大理寺官员，任期要求更严，"期满日便与转官"。这是为防止司法官久任，出现受贿作歹、草菅人命的现象。

宋太祖这一用官原则，对于巩固中央集权来说，是一种有效的政治措施。

## 以严谨制度巩固统治

赵匡胤为了更好地巩固统治，常密派亲信分赴各地，巡缉窥伺各地官吏，制治于未乱之时。赵匡胤是依靠阴谋手段夺取后周政权的，因此，他十分惧怕反对势力也像他一样，秘密积蓄力量，推翻他的统治。其实，当时确实有一些军人实力派蠢蠢欲动，阴谋颠覆赵宋。为了防患于未然，宋太祖从登基之初，就大量派遣亲信军校，分赴全国各地，窥探有关各地官吏的情报。这种特务活动，曾使得众多官吏胆战心惊。例如驻真定的节度使郭崇，听说赵匡胤做了皇帝，非常愤懑，以致悲伤痛哭，被察探窥知，立即报与太祖。太祖立即派人前去查处，使郭崇未敢轻举妄动。驻在蒲州的杨承信，暗中准备武装暴动，太祖以送生日礼品的名义，派密使前去侦察。杨承信惧怕暴露，未敢起事。

对于居住京城的官吏，宋太祖防范更严。大街小巷，到处都布满密探，他们随时随地监视各级京官。除了派密探侦察各级官吏外，对占有重职的官员，宋太祖还经常亲自外出，改扮普通人装束，暗中巡察。他私访的对象，大多是旧勋功臣，看他们有无谋反之心。由于宋太祖设置了这一套严密的特务系统，他对各级文武官员的举动了如指掌，有力地巩固了皇帝集权。

宋太祖控制大臣，在制度上规定甚为严谨，但他为人宽宥，从不滥施刑罚，残杀大臣。即使有人犯罪很严重，也不忍心诛杀。如对待周室旧臣、藩镇降王，一律实行宽大政策。

宋太祖不仅对降王宽仁，对部将也同样宽仁。除了从制度上限制有功之臣的权限之外，多以金钱美女、田地宅院予以安抚。"杯酒释兵权"就是例子。有一小事，一次太祖在后苑挟弓弹雀，忽有大臣急事求见。宋太祖赶忙跑去，接过奏章一看，原来是件很普通的小事，便责怪大臣说："这桩事情，怎么能说是急事？"大臣反驳道："这同弹雀相比，当然是急事。"太祖大怒，拿起弹弓朝大臣嘴上捅去，将其门牙打下两颗。大臣一声不吭，捡起牙齿，放在怀里。太祖问："你还要告我不成？"那人说："不敢控告，自然有史官会记载的。"一个宦官劝太祖杀了这个顶撞皇上的大臣。太祖没有听信，沉思片刻，不但不杀，反而赐大臣一些金帛，给予慰劳。

赵普是宋太祖的重要幕僚，也是陈桥兵变的主谋，宋初任宰相，后因权重，太祖除了从制度上削弱他的权力之外，对其本人却处处袒护。一次有人控告赵普的不法行为，太祖听后竟对告状者破口大骂，并将其贬官。当然，在有时候太祖也有对臣属重处的，主要是对那些贪官污吏，他毫不手软。

宋太祖作为一个封建帝王，"宽仁"总是有限度的，那就是无论是旧臣、部属，其行为不能危及皇权，一旦触及了皇权统治，绝无"宽仁"可言。如对后周反抗宋政权的李重进予以诛杀。宋太祖控制朝臣，手中拿着两个武器：一是金钱、地位，二是屠刀，最终目的是为了巩固自己的统治。最能说明问题的是王全斌事件。王全斌因平蜀有功，受到太祖嘉奖。后来，他又因贪污钱财，引起了西川兵变，被判死罪。后来被赦，又恢复了他的节度使职。宋太祖还向他道歉说："朕因江左未平，怕南征众将不遵守纪律，委屈你几年，为朕立法，现已攻克金陵，还给你的节度使。"宋太祖深知"攻心为上"的政治策略，这比起那些以屠刀治理天下的暴君来说，确实高明多了。

# 朱元璋：君权改革难保江山万年

朱元璋是中国历史上一位出身微贱的皇帝，也是一个最富有传奇色彩的人物。他是一个从历史的夹缝中钻出来的英雄。他喜欢将军政大权全由自己一人独揽。在夺取政权的时候，他任人唯贤；在建立新政权之后，他对大臣们大行杀戮，其中的胡蓝狱更是骇人听闻。而这一切，只不过是在为他的朱氏王朝铺路。

## 军政大权由自己一人独揽

朱元璋登基之后，立即召集文武大臣商议朝政，探讨为什么强盛的元朝会灭亡，大明王朝的当务之急是什么，如何才能使大明政权长治久安。群臣各抒己见，朱元璋最后总结大家意见说："元朝统一海内，建国之初，政治还算清明，后来贵戚擅权，奸邪得宠，任用亲旧，结为朋党，内外官吏贪婪无耻，于是法度松弛，纪纲日坏，最终土崩瓦解，不可救药。现在大明创立之初，必须严肃法度，法度就是治理天下的根本。"朱元璋紧紧围绕着这些问题，颁布新法，在封建的政权机构、官吏制度、治民措施等方面进行了一系列的改革。

朱元璋首先从改革政权机构、官吏制度着手。登基之初，朱元璋基本上沿用了元朝的制度，在中央设中书省，有左、右丞相，统辖吏、户、礼、兵、刑、工六部；地方设行中书省，执掌地方军政事务。这是当时稳定社会的权宜之计。在政权逐渐稳定后，朱元璋筹划重建一套新的政权机构。最初的一段实践，也充分证明元制必改，否则遗患无穷。朱元璋经过认真的谋划后，决定采取先地方后中央的策略，对政权机构进行改革。

公元1376年，朱元璋为了避免重蹈元朝国家分裂的覆辙，将行中书省改为承宣布政使司，简称布政司，但习惯上仍称省。布政司设左、右布政使各一人，统管一省的民政、财政。布政使是朝廷派驻地方的使臣，负责宣布皇帝的政策、法令，必须事事完全秉承皇帝的旨意，否则，随时可以罢免。另外，又设提刑按察使司，负责一省境内的刑法犯罪之事，其长官为按察使。设都指挥使司，执掌军务，其长官为都指挥使。布政司、按察司、都指挥使司合称"三司"。三司互不统属，均属皇帝派出的机构，直接对皇帝负责，统属中央。这样，财政、行政和刑察、军务各自独立，互相牵制，大权收归中央，直接受中央控制。

省下设府，府设知府一人，掌一府之政。知府到任，多有皇帝亲赐给敕书，以加强权威。另设同知、通判，分管清匪、巡捕、农耕、水利、牧马等，还有推官，掌管刑名。与府同一级别的还有直隶州，即直接受省的领导，长官是知州，地位同知府平级。府下设县。县设知县一人，掌一县之政；设县丞一人，主管农、粮、马事；设主簿一人，负责巡捕、盗贼之事。这种改革，使元朝设置的路、府、州、县简化为三级，更便于统治。

经过省一级的改革，地方的民政、财政、军事、政法等控制大权，全都集中到了中央。中书省的职权越来越大，有时竟同皇帝发生冲突。这使朱元璋认识到：中央机构的改革也势在必行。早在登基之初，就有人给朱元璋上奏，列举了元朝灭亡的种种原因。朱元璋看后说道："你说的都不是最重要的，元朝的灭亡在于委任权臣，下边事不通过中书省便不能达到皇帝手中，上下蒙蔽，造成大臣擅权跋扈。"洪武十三年（公元 1380 年），此话果然言中，丞相胡惟庸在朝中大权独揽，拉帮结派，排除异己，阴谋政变。朱元璋靠着直接控制的禁军和特务组织，才捕杀了胡惟庸及其党羽，当时被杀者达三万多人。朱元璋趁机废除了中书省和丞相制，对中央行政机构进行了彻底的改革。

废除了中书省之后，朱元璋提高原属中书省辖的六部权力，以六部治国。并且规定以后子孙不准设丞相一职，如有人敢奏请设丞相者处以极刑。这个规定在明朝后来的帝王中，没有一个敢违背的。这样，朱元璋既是皇帝，又兼行丞相职权，从而使他成为中国封建社会中最为集权的皇帝。

废除了中书省和丞相后，大大小小的政务都全部集中到朱元璋的手中。这样，他每天要处理的事非常多，需要有人辅佐。因此，朱元璋在废除丞相后，便设置了殿、阁大学士，让他们随侍左右，以备顾问，但不能参与政务，也就是说他们只相当于皇帝的私人秘书。

将帅和军队之间的关系，历来是皇帝最为伤脑筋的事情。打仗必须靠军队，军队则必须有统帅，但是，将帅手中握有重兵，易产生骄悍、不易控制的状况。以往的皇帝为解决这个问题，采取了"兵无常将，将无常兵"的措施。朱元璋将元朝统兵的枢密院改为大都督府，节制诸军务。但不久，他仍觉得大都督府权力太大，便又将其一分为五，即前、后、左、右、中军都督府，让他们互相牵制。都督府管理军队、军政，但必须听从兵部的命令。兵部有发布军令、铨选军官之权，却不能统率军队；都督府有统率部队的权力，却无权发兵、调兵。如果有战事，皇帝下令，兵部传令，都督府率兵打仗。这样，兵权也集中到了皇帝手中。

司法监察机关在元朝叫御史台，专门审察、弹劾百官。朱元璋改御史台为都察院，职权是纠劾百官，辨明冤枉。都察院设左右都御史，统辖监察御史。监察御史官职不高，权力很大，对各级官员都有权力弹劾、告发。

经过一系列的政权机构改革，朱元璋把全国的军政大权都集中到中央，最后归自己一人掌握，使封建皇权专制制度达到最高峰。在他的苦心经营下，自己的统治机构更加完善，威慑力量更加强大。朱元璋自己也认为这一套统治制度是极为严密的，是确保朱家王朝"万世一统"的最好的制度。他特地编订了一部《明皇祖训》，要求他的子孙必须世代遵守，不得改变。

## 发现贪官污吏，坚决治罪

在对待官吏上，朱元璋一面任用官吏为自己的统治服务，一面用严刑峻法，惩治官吏队伍中的不法之徒。朱元璋对官吏管制之严、打击之重、诛杀之多，在封建皇帝中是罕见的。

洪武初年，朱元璋召见文武百官，对他们说："我从前在民间时，看见州县官吏大多不爱恤百姓，他们大多贪财好色，饮酒废事，对民众的疾苦无动于衷，他们败坏政令，坑害百姓，加上灾荒，弱者无法生存，强者就起来造反，这都是由于贪官污吏造成的。因此，我恨透了他们。如今要严肃法纪，发现官吏贪污、虐待老百姓的，坚决治罪，决不宽恕！"为了巩固皇权，朱元璋开始大力整顿吏治。他将监察各级官吏的规定布告民间，号召全体人民对官吏进行监督。并下令说："凡是发现有贪赃害民的官吏，老百姓可以直接擒拿送至京师。如有胆敢阻挡者，即行灭家灭族。"他在《明律》中规定，如有人犯了死罪，大臣小官用巧言进谏，使之免除死刑者，处斩；如刑部及大小衙门的官吏听从上司主使，不按法律办事，徇私枉法者，也要处斩，并将其妻子充作奴婢，财产没收入官。朱元璋对贪污的官吏，处罪特别严厉。

为了从严治官，从公元 1385 年至公元 1386 年间，朱元璋三次编制

《大诰》，其汇编了案例一万多件，都是惩治全国各地贪污官吏的案件和官吏滥杀无辜百姓的记录。他将此件大量刊印，要求每户都要有一本。朱元璋在序言中说："将害民的事例昭示天下，各级官吏敢有不务公而务私，在外贪赃酷民者，务必追究到底，加以惩处。"在朱元璋整个执政期间，对那些违法乱纪、贪污受贿的不法官吏，除去平时的连续不断的打击之外，还进行过几次大规模的清洗。其中以惩处郭桓一案的规模为最大。公元1385年，有人告发北平二司与户部侍郎郭桓勾结舞弊，贪污税粮，朱元璋派人查实，追出赃粮七百万石。朱元璋大怒，下令将六部左、右侍郎以下的官吏全部处以死刑。供词又牵连到各部政司的官吏，又杀了数万人。追赃还牵连到全国各地的一些富户，以致中产之家为此被弄得倾家荡产。

就是如此严厉地惩处贪官污吏，但贪官污吏还是不断出现，不能根绝，急得朱元璋跺着脚说："我欲除贪赃官吏，奈何朝杀而暮犯！今后贪赃的，不分轻重都杀了。"贪官污吏虽然随杀随犯，旧杀新出，但朱元璋也下决心随犯随杀，新出新杀，决不手软。这样大规模的诛杀运动，一直到朱元璋死去才慢慢缓和下来。

朱元璋不仅对普通官吏执法严厉，即使是皇亲贵戚、权臣名宦也决不偏袒。他说："法不行，无以惩后。"法是天下之法，无论是谁犯了法，都要依法严惩。在战争年代，朱元璋因粮食困难，为严明军纪，严禁酿酒。大将胡大海的儿子胡三舍犯了酒禁，朱元璋要严惩他。有人劝说朱元璋："现在胡大海正在绍兴打仗，杀了他的儿子，岂不会引起胡大海的反叛？"朱元璋说："宁可使胡大海叛我，不可使我法不行！"自己拔刀亲自杀了胡三舍。明朝建立之后，他的亲侄子朱文正，因"亲近儒生，胸怀怨望"，违法乱纪，朱元璋废了他的官职。重臣汤和有一个姑夫，自以为有靠山，隐瞒常州的田土，不纳税粮，朱元璋指责他"不惧法度"，把他杀了。朱元璋的女婿、驸马都尉欧阳伦，出使办事时，贩带私茶，也被依法处死。由于朱元璋带头执法，从严治官，大张旗鼓地重惩贪官污吏，这对于刹减贪风，改良吏治，的确起到了一定的作用。

朱元璋从严治理官吏，目的是为了缓解官僚统治阶级同广大人民之间的矛盾，防止官逼民反。但是对农民的欺压除了官吏之外，还有那些富豪之家。朱元璋说："富民多豪强，故元时此辈欺凌小民，武断乡曲，人受其害。"因此，在从严治官的同时，朱元璋也采取了一些抑制豪强的措施。

明朝初年，他多次召见富民，警告他们不准胡作非为，并让一些人担任地方上的粮长小职，以示恩宠。然而，这些富民总是贪得无厌地欺压、剥削百姓，用各种手段兼并、霸占土地。特别是不少地主担任地方粮长官职后，利用皇上给予的权力，更加重了对农民的盘剥。朱元璋对这些人深恶痛绝。他采取了两种手段，第一是用严刑重法消灭"奸顽富豪之家"，不少人家被诛灭九族。第二是采取汉朝刘邦"徙天下富户于关中"的策略，把大量的富户迁离本土，到京师或凤阳定居。如洪武三年（公元1370），移江南富民14万户到凤阳。公元1391年，徙天下富民5300户到京师，后又移富民14300余户到京师。这些富家豪族离开了原来的居住地，失去了原来的社会地位和政治地位，到了新居住地后，还必须承担各种差役。这样，减少了当地百姓所受的欺凌和压迫，打击了地主富豪的霸道势力。

另外，朱元璋对宦官的管理也是非常严格的。宦官本是皇帝的家奴，但由于他们同皇家朝暮相处，不少人参与朝政，窃取高官，成为一股最有权力的势力。汉、唐从强盛的顶峰走向衰败、灭亡，宦官的祸乱是一个重要原因。朱元璋对此是十分清楚的。特别是唐朝的宦官乱政，对朱元璋触动很大。朱元璋知道，这种人在宫廷里是少不了的，但必须从严限制他们。宦官只能做奴隶使唤，洒扫奔走，人数不可过多，也不可用做心腹耳目，做心腹则心腹病，做耳目则耳目坏。驾驭他们的办法，就是要使他们守法，守法就做不了坏事。不能让他们有功劳，一有功劳就难于管束了。不能让他们有文化，有文化便会思图不轨。朱元璋定下规矩：凡是内臣一律不许读书识字。又铸铁牌子于宫门旁边，上边刻着："内臣不得干预政事，犯者斩。"所有的内臣不得兼外朝文武职衔，不许穿外朝官员的服装，官品不许超过四品，每月领一石米，穿衣吃饭由朝廷供给。并且规定，外朝各衙门不许同内臣有公文来往。这样，使宦官成为宫廷中名副其实的奴仆。这种对宦官的限制，同过去历代相比，可算是最为严格的了。

朱元璋通过改革，使行政、军事、监察三大系统各自独立，互不统属，直接对皇帝负责。这就使皇帝的权力大大加强。即使这样，朱元璋还不放心，又专门设立了"锦衣卫"组织。"锦衣卫"是特务机构。朱元璋派自己的心腹做头领，专门秘密侦察大小官吏的不公不法之事，并随时向他报告。锦衣卫设有专门的法庭、监狱，具有侦察、逮捕、审讯等大权。洪武年间，锦衣卫系统的大小特务，遍布街坊路途，渗透各个系统，严密监视着朝内外的文武百官。

## 谋杀权臣，为子孙铺路

胡惟庸是开国功臣李善长的女婿。他靠着李善长这个后台当上了左丞相，在朝中大权独揽，独断专行，官员升降、生杀大事，都自作主张；朝野内外的报告，凡对自己不利的全扣下来；想做官、升官的人，失意的功臣、武将，都进出于他的府中；收受金银、绢帛、名马、玩物不计其数。他四处网罗自己的党羽，培植自己的亲信，组织自己的小集团，打击异己力量，权倾朝野。

胡惟庸如此胡作非为，不仅危及明王朝的安定，而且和权力欲极强的朱元璋也必然会发生尖锐的冲突。朱元璋下决心寻找机会要除掉这个心腹大患，以巩固皇权。一天，胡惟庸的儿子乘马车在南京城里招摇过市，不小心从车上跌下摔死了，胡惟庸判车夫抵命。朱元璋知道后，十分气愤，他非要胡惟庸偿命不可，胡惟庸再三请求，向车夫家人赔偿金帛以了此事。朱元璋坚决不准，胡惟庸听了十分紧张，遂坚定了起事政变的决心。

公元 1380 年正月，胡惟庸入奏，诡称其住宅中井出醴泉，请朱元璋去观看。朱元璋信以为真，也就匆匆驾车出西华门。正行进中，内使云奇突然冲上跸道，拦住车马。朱元璋以为不敬，即令左右侍卫棍锤乱下。顿时，云奇右臂被砸断，生命垂危。但他仍用左手直指胡惟庸的宅第摇晃。朱元璋猛悟，急忙返驾登城，远远望见胡惟庸宅第中绕有兵气，以此定胡惟庸谋逆，立即发御林军逮捕胡惟庸，将其抄家灭族。

胡惟庸被诛后，朱元璋借题发挥，将那些行为跋扈的、心怀不满的、危及皇家统治的，统统罗织为胡党罪犯，处死抄家。胡惟庸案株连蔓引，前后持续了数年，共杀掉了官员 3 万多人，连位居"勋臣第一"、已经年逾古稀在家养老的李善长，及全家 70 多口人也一齐被杀。

随着朱家王朝的不断巩固，昔日与朱元璋一同打天下的将领，现在成了新王朝的显贵。他们官封公侯，爵显禄厚，在个个弹冠相庆之余，有的渐渐骄横放纵起来。

开国大将蓝玉是洪武后期的主要将领。他麾下骁将十几人，威望都很高。蓝玉作战勇敢，立有赫赫战功，官封凉国公。他自恃功劳大，便骄傲起来，恃势横暴。他家里私蓄奴婢假子有数千人之多，到处敲诈勒索，霸占民田，百姓向御史告状。御史官依法提审，蓝玉竟命人将他们乱棍打走。朝廷明令禁贩私盐，他却令家人进行走私活动。

这些勋臣宿将们的腐化堕落，不仅严重地妨碍了朱元璋统治效能的提高，而且功高震主。为了自己江山的长治久安，朱元璋在 1393 年开始对蓝玉这些功臣展开了无情的镇压。锦衣卫告发蓝玉谋反，朱元璋即命锦衣卫发兵抄捕。蓝玉被砍头，并抄斩三族。凡与蓝玉有接触的朝臣、列侯均坐党夷灭。蓝玉案先后诛杀 15000 人，把军队中功高位显的元勋宿将几乎一网打尽。

除胡惟庸、蓝玉两案外，所剩无几的功臣也先后被以各种罪名赐死、鞭死或砍头。徐达曾被朱元璋列为开国第一功臣，他生背疽，这病最忌吃蒸鹅。朱元璋在他病重时偏偏赐蒸鹅给他吃。徐达知道皇帝是在要自己的命，只好含着泪水，当着使臣的面吃下了蒸鹅。没几天，徐达就辛酸地离开了人世。功臣冯胜、傅友德、廖永忠、朱亮祖等也因失宠，先后被处死。

这样，功臣宿将能够善终的寥寥无几。只有与朱元璋同村长大的汤和知道朱元璋现在对老臣宿将不放心，他就主动交还兵权，告老还乡，绝口不谈国事，才保住了性命。

朱元璋这种杀功臣立威、以猛治国的策略，自己虽然没有公开忏悔过，但在他临死之前曾下令后人不准学习他这种做法。他说，这套办法只是权宜之计，希望在他之后，大明朝尽快步入正常的轨道，尽快出现一个繁荣安定的局面。

朱元璋的这种行为，其最终目的还是为子孙铺路。朱元璋认为太子柔

历史的博览
帝道与臣道的较量

弱，难以驾驭桀骜不驯的功臣，因此他要在死前为子孙铲除。太子老师宋濂，早年追随朱元璋襄赞军事，立有大功，官至学士承旨知制诰。朱元璋借故杀宋濂，太子见老师问斩，流着眼泪替老师求情。朱元璋为了开导太子，就拿来一根满是棘刺的木杖放在地上，命太子去拾取。太子面有难色。太子为人虽柔弱但却十分聪明，他明白朱元璋的用意，然而还是委婉地劝谏朱元璋说："上有尧舜之君，下有尧舜之民。"言外之意是，为君者不能太残暴。朱元璋十分恼怒，随手抄起一把椅子向太子砸去。可见，朱元璋坐上龙椅之后，把功臣视为棘刺。他深知，取天下要在马背上，守天下要在马下。天下一统，武臣的权力不能过大，朱元璋为了子孙的安全，就要向他们开刀。虽用文臣治天下，朱元璋仍不放心，所以从中央到地方大力加强皇权，他把中央集权制度发展到顶峰，成为历史上权力最大的君主。

# 第二章　文治武功，开创盛世

俗话说，创业难，守业更难。他们不是开疆拓土打江山的帝王，但却充分发挥其文治武功的威力，让臣下为其出力和卖命。他们是将江山守成做得最好的一代帝王，从而开创了一代盛世。

## 刘彻：对皇权的巩固无出其右

汉武帝刘彻是一位睿智的皇帝，他在自己力量还很单薄的时候，依靠姑母的帮助登上了帝位。上位伊始，他就施行推恩令，削弱诸王的权力。他还削弱宰相的权力以加强皇权。

### 在姑母帮助下问鼎皇位

汉武帝在中国历史的链条上是至关重要的一环，在华夏文化的链条上同样是个关键的环节。他对中国历史和中国文化所产生的巨大影响是难以估量的。汉武帝继位之初正是黄老之术盛行之时。汉代立国初年，由于连年战乱，导致人口锐减、国库空虚，人民需要休养生息。高祖在位时由于天下尚未平定，国家的安定处于首要地位，因而无暇顾及文化建设。文帝在吕氏之乱中侥幸登基，诚惶诚恐，只好韬光养晦，力求天下安定，于是崇尚清静无为，黄老思想是其自然的选择。汉景帝秉承文帝之制，加之国力虚弱，含蕴内敛仍然是其必然的选择。随着文帝、景帝的休养生息，初生的汉王朝已经积蓄起了较为雄厚的实力，国家的财力逐渐厚实，民生日渐好转，至武帝即位之时汉王朝像一位恢复了元气的巨人一样开始生机勃发了。

汉武帝顺应时势一改无为而治的国策，转而倡导主张入世的儒学，广招天下儒生，起用董仲舒，采纳其"独尊儒术"的思想，从而使先秦以来备受压抑的儒家学说顺理成章地占据了统治地位，开创了儒学立国的先河。汉武帝"独尊儒术"不仅在当时十分必要，而且对于后世的影响也极为深远。

汉武帝时期，是大汉帝国的鼎盛时期。它的政治空前稳定，经济空前繁荣，疆域空前辽阔，政权空前巩固，它使一大批风流人物脱颖而出、永垂青史，如大经学家、政论家董仲舒，大史学家司马迁，大文学家司马相如，大农学家赵过，大探险家张骞，大音乐家李延年……人才济济，犹如璀璨的群星，映照在中华民族的历史长河中。

汉武帝刘彻，是景帝刘启之子，但并非长子，他能够登上皇位，不能不说是他母亲的功劳。刘彻的母亲王夫人是个富有心计、极怀远见的女人。有一天她突然发现自己怀了孕，但她并没有马上告诉当时尚是太子的刘启。她知道刘启很相信梦，一天太子又来到她的寝宫。一觉醒来，王夫人依偎在太子的怀中说："妾夜来做了一个梦，梦见日入怀中。"太子大喜，说道："这是好征兆，你将要得贵人，我自此不与你同房，以验此梦。"一个月后太子来问王夫人是否怀孕。王夫人就悄悄地告诉太子，说她果真怀孕了。太子连忙向上苍叩头不已，便把此事记在了心上。不久刘启梦到汉高祖从天上飘然而下，对刘启说："王美人将得子，可把他的名字叫做彘。"从此，刘启对王夫人另眼相看。公元前156年七月七日，王夫人果然生下了一个男孩。时已登基为景帝的刘启，思及高祖托梦，立即给这个男孩起名刘彘。景帝十分喜爱此子，令人精心护养。刘彘三岁时，景帝将他抱于膝上，抚摸着他的头对他说："吾儿愿意做天子吗?"刘彘用稚嫩的声音回答道："当天子由天不由儿，儿愿每日在宫中父皇前玩耍，但不能失做子之道。"汉景帝听后大为惊讶，三岁顽童，竟然能说出此言，此儿确非一般人可比。汉景帝更加注意对他的训导了。立太子时，本欲立此子为太子，碍于他不是长子，只好把太子之位给了栗姬所生的刘荣，而封刘彘为胶东王。工于心计的王夫人心里虽不是滋味，但并没有显露出来，而是要等待机会伺机而动。

机会不久就来临了。汉景帝有个胞姐馆陶长公主嫖生有一女，名阿娇，她本欲将阿娇嫁给太子刘荣，却被栗姬一口回绝。长公主虽气恼，但想到母以子贵，将来栗姬贵为皇太后，也就暗暗把怨愤压在心底。王夫人知道了这件事，便去讨好长公主，表现出极为同情的样子。长公主于是对王夫人大有好感，又想起当年刘彻曾说过"若得阿娇为妻，当以金屋藏之"的话，加之她本也喜欢刘彻，王夫人又很贤惠，于是向王夫人提出两家儿女的婚事，王夫人满口答应。长公主又请求景帝同意，景帝答应了这门婚事。从此，长公主与王夫人过从甚密。二人一个欲使儿子成为太子，另一个欲让女儿成为太子妃，便计议起如何夺取东宫的阴谋来。长公主仗着姐姐的身份，经常到景帝那里夸奖刘彻聪颖慧悟，并向景帝煽风："栗姬为人太忌妒，听说她经常用巫术诅咒其他妃嫔，这样的人恐怕不能母仪天下吧。"景帝本非常宠爱栗姬，但听了长公主的话，思量试探一下栗姬。一次栗姬要求景帝立她为皇后，景帝就对她说："我近年身体不好，怕难久于人世，立你为后没有问题，但有一事相托，就是我死后，你要好好地照看我的众嫔妃和诸皇子们。"栗姬见景帝这个也放不下，那个也挂念，于是妒意大发，说道："我不管那么多事，今皇上专爱于我，却对她们牵肠挂肚，是何道理？"景帝听了她的话，产生了憎恶之心。当栗姬再次要求立她为后时，汉景帝便生气地说道："你等着吧。"栗姬便大骂景帝是老狗。汉景帝一气之下，披衣而出，自此，栗姬便失宠了。

王夫人对此洞若观火，知道栗姬催逼立后弄得皇帝烦了，决定火上浇油，指使大臣去向景帝建议册立栗姬为后。大臣也认为后位不宜久空，即向景帝奏请道："子以母贵、母以子贵，今太子母宜立为皇后。"汉景帝这时候正在气头上，对栗姬毫无好感，以为是栗姬指使的，顿时大怒，吼道："什么母以子贵，我让你子不贵。"下旨废掉了刘荣太子之位，贬为临江王。可怜栗姬没有当上皇后，还因自己毁了儿子的太子之位，赔了夫人又折兵，最后怨恨而死。

太子被废，长公主和王夫人为刘彻夺储开始了积极行动，挫败了与景帝同母弟梁王夺储的企图。长公主又向景帝重提王夫人梦日之事，夸奖王夫人贤惠，景帝本就有立刘彻为太子的打算，今经长公主一提醒，立刘彻之意遂决，于是发布诏令，立王夫人为皇后，12 天后，立刘彘为太子。景帝因他"圣彻过人"将他改名字为刘彻。到了公元前 141 年正月，汉景帝驾崩于未央宫，当天，太子刘彻即位。从此开始了他辉煌壮阔的一生。

## 削弱诸王，施行推恩令

汉武帝在位 54 年，占整个西汉王朝 1/4 的时间。他即位之初，西汉王朝在文帝、景帝的治理下，经过几十年的"休养生息"，已出现了少有的盛世。

"七国之乱"被平息之后，各诸侯王国的势力大大削弱了。但这些高祖的后代们，仍然拥有尊崇无比的地位，他们常常有恃无恐，败坏法纪。更有一些别有用心的人从中挑拨离间，煽动各侯王，助长他们的膨胀欲望。特别是各侯王政治权力被削弱后，依然可在封国内收取"衣食租税"，有着雄厚的经济力量。大量的租税被各侯王分食，而中央的经济力量显得薄弱。汉武帝时时都想彻底剥夺这些侯王们的势力，但无奈"刘氏为王"是祖上的遗训，如果强行废除，有可能导致汉景帝时代七国之乱的覆辙。对于彻底削藩和废藩，汉武帝苦苦思索良策。

公元前 127 年，大臣主父偃向汉武帝献"推恩"之策。他说："古时候虽然分封诸侯，但封地都很小，只有百里左右，天子容易控制他们。而今天的诸侯国，往往城池数十个，范围几千里，中央对他们宽和，他们就骄奢淫乱；对他们严厉，他们就会联合起来反抗；如果采用强硬手段削藩，诸侯会联合起来反叛。景帝时晁错推行的策略就是先例。如今，每个诸侯王都有十几个儿子，而只有其中的嫡长子才有继承权，其他子弟虽然也是诸侯王的骨肉，却分不到一尺封地。臣建议陛下：诏令全国诸侯王，允许他们把土地分封给所有的子弟，恩泽所有子弟，谓之'推恩'。这样，诸侯们高兴，所有子孙都得到封地，大家也都高兴。人人喜得所愿，从上到下都会对陛下感恩不尽的。实际上，这是分解各诸侯国势力的一种最好策略。诸侯王国越分越小，不用几代，最后都将成为平民百姓。"

汉武帝非常欣赏主父偃的这一策略。在接到这一上书后的一个月，立即向全国颁布了《推恩令》，命令各诸侯王在各自的封国内分封其子弟为

"列侯"，由皇帝给予名号。各诸侯王接到《推恩令》，有的高兴，也有的产生忧虑，但又提不出反对的理由，只得按令执行。只有淮南王刘安和衡山王刘赐"招结宾客"，暗造兵器，图谋不轨。汉武帝立即下令，逮捕二王，二王自知无法对抗中央，相继自杀，两国也被降格为郡，由中央直接管辖。

实行《推恩令》削弱诸侯力量，需要几代人、几十年的时间才能见效。汉武帝急于求成，不断地寻找机会，惩治诸侯，根除分裂势力。机会终于来了，这就是有名的"酎金事件"。

"酎"，是一种在每年正月酿造，到八月饮用的醇酒。按汉朝的制度，皇帝每年八月要到宗庙主持大祭，叫做"饮酎"。饮酎时，所有参加祭祀的诸侯王都要奉献助祭的黄金，称为"酎金"。酎金的数量按各侯王国人口的多少计算。不少侯王在每年奉献酎金的时候，偷工减料，以次充好，以少充多。公元前112年八月，祭祀时又有不少侯王像以前一样弄虚作假。汉武帝早就想在这上面做文章，立即抓住这一时机，叫少府官吏测定每个侯王酎金的成色和数量，发现不少侯王胆大妄为，欺瞒朝廷。汉代是以"孝治天下"的时代，对祖宗祭祀不诚，是最大的不孝。汉武帝抓住这点制造舆论，立即宣布：106个侯王，因"献黄金酎祭宗庙不如法"，被剥夺爵位。

这是汉武帝政治生涯中果断而成功的一次巩固政权的手段，一次解决了106个侯王。此后，汉武帝不断通过各种罪名削除藩国。燕王刘定国被问罪自杀，封国被废除。武帝派主父偃任齐国相，负责查问齐厉王刘次昌，齐厉王害怕，服毒自杀，燕国也灭掉。赵王刘彭祖上书武帝，因主父偃有贪污罪，武帝杀掉主父偃并灭族。以后又以"绝嗣无后除国"、"犯罪除国"等口实，削除了其他诸侯的王位。从此，诸侯王国一蹶不振，它们的存在，也仅仅成为一种形式。汉武帝在解决诸侯"拥土自雄"方面，手段确实比文、景二帝高明不少。

## 削弱相权以加强皇权

武帝时期，打开了建立"中朝"的源头，削弱丞相权力。"中朝"，亦称"内朝"，这是由皇帝身边的较低级的官吏和侍从人员组成的决策机构。不少侍从人员是出入于皇帝身边的宦官，虽然建立中朝有助于汉武帝的独立决策不被掣肘，削弱丞相权力，但是也为汉朝宦官进入决策层开创了恶劣的先河。中朝的建立，使得外朝的官员完全被弃之不顾，失去了对中央政策的影响力，只是奉行命令。

丞相，是秦代设置的官职，素有"一人之下，万人之上"之称，权倾朝野。所有国家大事，如制定法律、升降处置百官等，丞相都有决定大权，甚至有权斩杀其他官吏。汉武帝对丞相所拥有的权力非常不满，同时因为丞相的决策无法完全与武帝的心思相合，因此武帝频繁更换丞相，最终完全削弱了相权。他独揽中央大权，建立一个完全能属于自己控制的行政机构。

汉朝时期，皇帝在宫廷内接见大臣，处理国政，称为"内廷"。宫廷之外的事由丞相掌握，称为"外廷"。在内廷中任职的，一般都是些较为低级的官吏，他们是皇帝身边的办事人员。汉武帝为了削弱外廷大权，就开始重用"内廷"人员。这样，内廷中的尚书令就显得日益重要起来。尚书令原是少府的属下，只为皇帝管奏章文书。此时，大臣们的奏章不经尚书令便不能送到皇帝手中。中书令由宦官担任，原来只是侍候皇帝生活起居的，现在可以传达皇帝的口谕，丞相未听到中书令的传告，便不能面见皇帝。汉武帝又选了一些贤良充当文学侍从，如严助、主父偃等人，加以侍中、给侍中、常侍等头衔，出入宫廷，与尚书令共议军国大事，组成"中朝"。另外一个原因是汉朝初年以来宰相制度越来越不适合新形势的需要，为了进一步巩固汉王朝统治，维护地主阶级的政治经济利益，汉武帝不得不对它做某些改革。

汉武帝以前，西汉王朝基本上是以黄老的清静无为思想制定国策，只求遵守刘邦、萧何定下的政策、法令、制度，皇帝垂拱深宫，由宰相主持日常政务。对宰相的要求不高，只要能照章办事就行，即使是武将也可以任用。从汉武帝开始，这种局面无法继续下去了。因为经过 70 年休养生息，经济恢复，国力强大，汉武帝又是一个雄才大略、不甘寂寞的君主。在他的指导下，内外政策发生剧变，需要对外发展，对主要辅佐自己执政的宰相要求也随之发生变化。

按照汉朝旧制度，君主、宰相之间见面次数较少。《汉书》记载：汉朝在武帝前期的帝王多数五日一听事，甚至在五日以上。间隔时间如此之长，对于迫切需要听取古今治国之道的武帝来说根本等不及。

为弥补这种缺陷，皇帝可以多次召见宰相议事，可是按照汉朝旧的礼节，"丞相进见，圣主御坐为起，在舆为下"，还有谒者为之赞唱。汉武帝不喜欢烦琐礼节，召见大臣常常不穿礼服，甚至见丞相都不戴冠；但是在汉朝礼制约束很大，武帝召见丞相只是偶尔不遵行，而且多数限于宴见；一般情况下丞相朝见商议政事，必得一丝不苟。由于限于礼制，汉武帝不会屡召宰相朝见。

最重要的是汉朝制度是以列侯为丞相。列侯多武将，不一定能胜任宰相之职；而且到文帝末年时期列侯已死亡殆尽，不得已任命关内侯申屠嘉为丞相，然后封列侯。列侯的第二代、三代多为纨绔子弟，除个别人有才干外，其他人才干往往较差。自申屠嘉死后，开封侯陶青、桃侯刘舍为丞相。汉武帝时代，柏至侯许昌、平棘侯薛泽、武强侯庄青翟、高陵侯赵周等先后为丞相。这些人的才能都属于中等，史书记载：无所能发明功名有著于当世者。后来汉武帝不断更换宰相，但是大多数都没有什么才能。一句话，按旧制任用的宰相多半不称职，起不到雄心勃勃的汉武帝的左膀右臂作用。

按照汉朝旧制，武帝自己也无从发挥作用。因为天下文书资料从汉初以来都保存在丞相府和御史大夫寺，宰相才干差，固然不能充分利用这些文书资料，而武帝在宫中离两府较远，参考他们的意见很不方便，必然要影响到汉武帝的决策。正因如此，汉武帝为实现自己的抱负，逐步想办法弥补旧制度的不足。他即位的第一年就诏举贤良方正、直言极谏之士，并且亲自询问古今治国得失，应对者达百余人。由于实行这一措施，几年当中全国各地上书言得失的读书人多达千余人。公元前130年，汉武帝又发诏令"征吏民有明当世之务，习先圣之术者，县次续食，令与计偕"。这次对策者又有百余人。汉武帝因为朝廷多事，所以要广泛听取全国士人的谋略。当时士人主父偃上书汉武帝，早上上书，晚上就得到了召见，与徐乐、严安一起被召见。汉武帝说:"你们以前都在哪里?为什么相见这么晚呢!"爱才若渴之状溢于言表。当时东方朔上书汉武帝,所用竹简达到3000牍,两个侍从才能把这些竹简搬动。东方朔上书是否有高明见解,史书并未记载,然而武帝竟花了两个月时间把奏牍耐心读完,可见他是如何注意听取四方士人的意见。这样,汉武帝把主父偃、严助等人补充进中朝,就大大弥补了几个宰相所提供的谋略之不足。

大臣主父偃,一年当中就得到了四次升迁,成为出入禁门腹心之臣。汉武帝提拔到中朝的官吏往往出身一般地主,有才干,多智谋,可以给武帝制定内外政策、提供宝贵意见。同时为了共同研究和决策需要,丞相、御史两府保管的一部分资料也逐渐转归近臣尚书令。同时这些"腹心之臣"因为常在左右,遇到紧急情况可以及时召见,共商对策。加上他们官位低,礼节简便,甚至可以"俳优畜之"。特别重要的是,在重大决策上还可以让他们与宰相大臣辩论。通过辩论,既可对双方建议的利弊再作衡量,然后决定取舍;同时如果这些近臣正确,以此方式否定宰相大臣意见也比较委婉。汉武帝将有才干而身份低的人置于左右,弥补了宰相权力被削弱后的不足。后来昭帝、宣帝的中朝官以及重用尚书的制度,便是在此基础上形成的。

汉武帝对待大臣近于苛刻,即便是充任宰相的官吏也时常因为惊恐而自杀。在武帝一朝,更换罢免处死的宰相及其他高级官吏非常多。公元前139年,汉武帝和以窦太后为首的外戚集团进行斗争,最终妥协,只好将正在重用的大臣赵绾、王臧下狱,逼迫二人自杀。武帝怪罪大臣王恢,王恢居然惊恐自杀。魏其侯窦婴和丞相田蚡争斗,汉武帝使大臣灌夫被满门抄斩,窦婴被斩首示众且灭族。汉武帝在位54年,名列三公九卿者多遭杀戮,仅三公之首的丞相就被处死8位,且都是满门抄斩或灭族的严厉惩罚,其他被杀者更多。对此汉武帝和大臣汲黯曾有一段精彩的对白。汉武帝招贤,常感人才不足,但是他一旦稍有不满,便诛杀文人士子,从不宽恕。汲黯进谏说:"陛下求贤甚劳,未尽其用,辄已杀之。以有限之士恣无已之诛,臣恐天下贤才将尽,陛下谁与共为治乎!"汉武帝笑着对汲黯说:"何世无才,患人不能识之耳。苟能识之,何患无人!夫所谓才者,犹有用之器也，有才而不肯尽用，与无才同，不杀何施！"

汉武帝在中央打击了宰相的权力后，在地方设置"刺史"，加强监察制度。秦朝时，每郡设置监察御史一人，以监察地方，西汉初年废除。到了汉武帝时期，随着经济的繁荣和政治的稳定，全国各地出现了一批官僚、豪强、大族，他们肆意侵吞土地，盘剥贫民，互相勾结，横行乡里，使汉王朝的许多政令得不到推行。为了限制地方官吏的权力，监督他们的行为，整顿地方秩序，汉武帝开始加强监察制度。

# 李世民：文治武功均有大作为

唐太宗李世民，少年英雄，起兵反隋，建立唐朝之后，为了夺取皇位，他杀死了自己的亲哥哥和亲弟弟。之后，为了治理好国家，他在用人上，外不避仇，内不避亲。统军驭将，恩威并用。对降将和少数民族将领，能竭诚相待，委以重任。在位期间，选贤任能，兼听纳谏，文治武功均有建树。

## 为帝位，射杀自己的亲哥哥

在唐高祖李渊建立唐王朝的过程中，秦王李世民在统一全国的疆场上立下了赫赫战功，在朝野上下的威信也与日俱增。在征战中，他利用自己的特殊地位和条件，收罗了大批谋臣猛将，如尉迟敬德、李靖、房玄龄等，逐渐组成了一个以他为核心的政治集团。这个文武兼备的政治集团的形成和他在唐王朝中的特殊地位，引起了他的哥哥皇太子李建成的嫉妒，同时也使他感受到了严重的威胁。为了维护自己的皇位继承权，太子李建成也大力收罗人马，扩充自己的势力，同时还把弟弟齐王李元吉拉入自己的太子集团，两人合谋对付李世民。而统一战争结束之后，李世民逐渐产生了觊觎帝位的野心，于是李世民与太子李建成的争权活动便逐渐由暗斗转向明争。

公元 624 年六月，庆州总管杨文干叛乱，牵涉到了太子李建成，李渊

历史的博弈 帝道与臣道的较量

命李世民讨伐，还许诺在平定叛乱后立他为太子。但事后，李渊却听信李元吉和后妃的话，改了主意，这无异于加剧了兄弟之间的争夺。公元 626年双方已成剑拔弩张之势。有一天夜里，李建成请李世民去饮酒。他在酒里偷偷放了毒药，李世民喝下去以后，心痛剧烈，吐了好多血，幸亏淮安王李神通将李世民送回秦王府才得救。李建成和李元吉并没有就此罢休，反而更加紧了行动。他们在唐高祖面前说李世民的坏话，想借父亲的手杀了他，并且想办法将房玄龄和杜如晦调出秦王府，以削弱李世民的力量。

李唐宗室兄弟们激烈争夺继承权的时候，恰逢突厥南侵。李建成和李元吉觉得时机到来，便由李建成建议让李元吉代替李世民北伐突厥，李渊同意了。然后，他们就进一步提出，调秦王的部下大将尉迟敬德和秦叔宝等人随同出征，还要求将秦王的精兵划归李元吉统领。这很明显是想孤立李世民，然后再下手除掉他，而李渊也同意了。于是李建成和李元吉商议在出兵饯行的时候，派人将李世民刺死。这件事被太子李建成的一个属官得知后，他马上向李世民报告了这个机密消息。李世民手下的几个亲信知道后，都劝李世民抢先动手除掉李建成和李元吉，免除后患，李世民至此已被逼上绝路。

公元 626 年六月三日，李世民向李渊报告了李建成和李元吉二人的阴谋，还趁机告发他们淫乱后宫，李渊答应第二天早朝时对质，处理此事。李世民并没有将希望寄托在父亲的处理上，因为先前父亲总是偏祖太子集团，于是他果断部署了行动计划。李世民去见李渊的事被倾向李建成的后宫张婕妤得知，她马上派人密告李建成，但李建成认为京城守卫都是自己的人，不会出什么意外。

公元 626 年六月四日，秦王李世民亲自带 100 多人埋伏在玄武门内。李建成和李元吉一同入朝，待走到临湖殿，发觉不对头，急忙拨马往回跑。李世民带领伏兵从后面追杀而来。李元吉情急之下向李世民连射三箭，无一射中。李世民只一箭就将李建成射死，尉迟敬德也射死了李元吉。东宫部将得到消息前来报仇，和秦王的部队在玄武门外发生激烈战斗，尉迟敬德将二人的头割下示众，李建成的兵马见大势已去，当即溃散。李世民大将尉迟敬德手抄矛进见高祖，称太子作乱，已被剿平，李渊非常惶恐。李世民跪见父亲，将事情经过上奏。3天后，李世民被立为皇太子，诏曰："自今军国庶事，大小悉委太子处决，然后闻奏。"2个月后，李渊退位，李世民登基，是为唐太宗。

## 用人外不避仇，内不避亲

李世民即皇位之后第二年，改元"贞观"。当时，全国大规模的战争刚刚结束，政府对各地区的统治还不稳固。李世民为了尽快改变这一状况，采取了一系列治国用人之策，使贞观之年出现了我国封建社会最为突出的太平盛世，史称"贞观之治"，成为继汉朝"文景之治"之后又一段辉煌的岁月。

李世民执政之后，首先面临的一个重大问题是制定一条什么样的"安人理国"之策。他"以古为镜"，认真总结了以往各个朝代治乱兴亡的历史教训，摈弃了"严刑治国"的观点，接受了魏征的建议。

李世民十分推崇汉朝的文、景二帝，他把文、景二帝看成治国安民的明君，并且尤为倾心于文帝"夫农，天下之本也"的重农思想。他认为要"先存百姓"，必须以重农为本。贞观二年（公元628），他对大臣们说："凡事皆须务本，国以人为本，民以衣食为本，凡营衣食，以不失时为本。""营衣食"就是搞农业。他还说："国以民为本，人以食为天。"不注重农业是根本不行的。为此，他制定了一系列的重农政策。

李世民亲眼目睹了隋朝灭亡的全过程。鉴于此，李世民十分注意去奢省费，躬行节俭。为了限制役使民工，他还运用《唐律》，从刑法上加以约束。即对那些滥用人力者，要给予刑律处分。

李世民从重农为本的思想出发，努力克制自己的私欲，爱惜民力，并以此来教育众臣，以保证李唐王朝的长治久安。晚年，他立李治（唐高宗）为皇太子，经常用这种思想来教育太子。如见太子吃饭，便说："你要知道耕种的艰难，你才能常有饭吃。"如见骑马，便说："你要知道马的劳苦，不用尽它的力气，你才能常常骑它。"如见乘船，便说："水可以载船，也可覆船，民众好比水，君王好比船，船重载亦可翻覆。"

由于李世民以重农为本，禁止滥征民力、大力兴修水利等一系列措施，贞观初年的农业生产蒸蒸日上，不断获得好收成。以昔日荒凉贫穷的山东为例，到贞观六七年时，已变得十分富庶。外出旅行，不用携带干粮、银钱，所到之处，均可得到吃喝，外出数月门户不必关闭，每斗米由原来的数十钱跌至二钱。这与李世民重农安民的治国之策是分不开的。

李世民统治时期人才济济，绝非偶然。他善于用人和纳谏，是他在政治上能够取得成功的重要原因。他的用人之道在中国历代帝王中是非常突出的。他能够广泛吸收人才，包括敌对集团的人才。李世民征战时，吸收了原李密、王世充、窦建德集团的人才，吸收了瓦岗军的徐懋功、秦叔宝、程咬金等；在攻破刘武周时又吸收了大将尉迟敬德；在攻破窦建德集团时，吸收了张玄素等；在消灭李建成集团时，吸收了魏征等。

李世民为了政局的稳定，任用了隋朝的旧臣，对李渊集团的人才也恰当地做了安排，如李渊的心腹裴寂。此前，裴寂曾多次在李渊面前诋毁过李世民，但是他在李渊起兵时期也起了很大作用。魏征是前太子李建成手下有名的谋士，多次建议李建成除掉李世民，可谓李世民的大仇人。但魏征为人耿直，有才干，是个忠臣，李世民不记前仇，任用他为谏议大夫。魏征不断向李世民提出好的建议，使李世民对他十分佩服，经常将魏征请入居室，询问得失，魏征愈来愈被重用。

李世民用人外不避仇，内不避亲。长孙无忌是李世民的妻舅，在玄武门事变中立下大功，理当封高官，但历来外戚掌权会被众人攻击，因此，长孙皇后和长孙无忌本人为了避嫌，再三请求只担任一个空职衔。但长孙无忌确有宰相之才，李世民用人不避亲，任命他为宰相。

公元626年八月，李世民当了皇帝，他当朝评定功爵官职，授房玄龄、杜如晦以重职。他的堂叔父李神通当庭抗议，他说："太原起兵时，我第一个在关西响应。如今房玄龄、杜如晦光靠笔杆子就位列我之上，我不服！"李世民回答说："叔父在关西首先响应起义，也是形势所逼。后来窦建德吞并山东，叔父全军覆没为何不提？叔父是皇家至亲，我对叔父不吝惜一切，只是不能因私恩就同功臣一样滥行赏赐！"

公元631年，李世民令文武百官上书发表自己的见解。中郎常何上书，写了二十多条，条条有理有据，很有水平。常何是个武夫，素无学问，李世民便询问常何的上书奏章是谁写的，常何老实地供出不是自己写的，是他的一个门客、窘苦潦倒的书生马周写的。李世民立即召见马周，对马周的学问十分赏识。后来，将他一步步地提升到中书令的高级职位。

用人不疑是李世民获得属下拥戴的一个重要原因。尉迟敬德，原是刘武周手下的一员大将，他和另一大将寻相投降了李世民。不久寻相叛变，有人怀疑尉迟敬德也要叛变，就将他囚禁起来，并劝李世民将他杀掉。李世民命人释放了敬德。敬德十分感动，对李世民忠心耿耿，在历次战斗中，出生入死，屡建奇功。李世民曾说，一旦国君对大臣怀疑，臣下就不敢畅所欲言，下情便难以上传。这样，要求臣僚们尽忠报国就不可能了！

一个人的才华能不能得到充分的发挥，关键在于选用者的识拔能力。而选用者能不能选拔出真正的有才之士，主要在于选用者是否具有知人善任的才能。李世民十分注重对人才的全面了解，并不听信一面之词。他在选择一些重要官吏时，总是派人下去调查了解，并不凭自己的印象办事，也不轻信人言。了解之后，要加以使用，在使用中再加深了解。人有才能，就要使用，使用之后，发现恶迹，就须立即罢黜，不能姑息。用一个好人，别的好人都来了；用一个坏人，别的坏人就会竞相涌来，这样，吏治之风就会很快败坏下去。李世民认为，战争年代，用人可侧重看才能，而"太平之时，必须才行俱兼，始可任用"。如魏征，"玄武门事变"之后，李世民质问他："你为什么要挑拨我们兄弟之间的关系？"魏征面无惧色，从容相告："人臣各为其主，如果太子早听我的话，你肯定活不到今天！"太宗十分敬佩魏征这一忠直之举，立即委予官职。魏征不断受到重用，直至宰相职位。而参与江都兵变、杀死隋炀帝投降唐廷的军官裴虔通、牛方裕、薛世良等人，虽然也担任了唐朝的刺史，但太宗都将他们发配边疆，一个也没有受到重用，其因在于"无德"。

李世民是我国历史上一位伟大的政治家、军事家、战略家，他留下了辉耀千古的丰功伟业。李世民知人善任，取长舍短，推心待士，才行俱兼的选人用人方法，为贞观一代选拔了一大批政治、军事、文化等方面的杰出人才。他对大臣的各项进步之言豁达地予以采纳，不独断专行，并且初步确立了互相监督的政治管理制度，规定法令甚至包括自己的旨意都要经过门下省审查，然后方可发布生效，这样可以杜绝错误政策对国家和百姓带来不良的影响和后果。在他统治时期，进一步完善科举制度、大力兴办学校、重视教育，当时出现了国子学、太学学生云集的景象，在地方也有不少学校，当时的科举也更加规范化。

李世民还倡导廉政、节俭、朴素、重视农田水利建设。他在廉政建设上做得相当好，不是像隋文帝那样严惩贪官污吏，而是建立廉洁奉公、遵纪守法的官僚群体，重视地方长官选举。当时朝廷中不少卿相家境贫困，这样的良好风气在社会上得到广泛的宣传，而且有效的行政监督也及时预防了官员的腐化。李世民自己也比较注意节俭，不滥用民力，注意与民休息。当时的社会很安定，商业经济得到了很大的发展。李世民治国有方和聪明的才智，为"贞观盛世"和唐朝经济的繁荣作出了巨大的贡献。

# 朱棣：功勋卓著的一代雄主

燕王朱棣发动"靖难"之役，夺取自己亲侄子的皇位。即位后五次北征蒙古，追击蒙古残部，缓解其对明朝的威胁；疏通大运河；迁都并营建北京，奠定了北京此后 500 余年的首都地位，可谓功绩卓著的一代雄主。

## 靖难夺权，削除强藩

明成祖朱棣，是明朝的第三个皇帝。他是开国皇帝朱元璋的第四子，生于元末群雄争锋的年代。公元 1360 年朱棣出生，11 岁被封为燕王，17 岁迎娶徐达长女，21 岁就藩北平。公元 1398 年五月，朱元璋病故，因太子朱标早死，由 22 岁的皇太孙继位，年号建文。皇太孙朱允炆生长于宫中，喜读书而统治经验不足，在齐泰、黄子澄等同谋下，登位不久，即对拥有兵力、对帝位有威胁的诸叔王采取了"削藩"的政策。自即位后三个月开始，不到一年的时间内，竟以各种理由削除了周、湘、齐、代、岷 5 位藩王。然后再向力量最大的燕王朱棣开刀，杀燕王护卫头目 2 人，并切责燕王，逮燕王府官僚。并且下令诸亲王不得节制文武将吏。皇族内部矛盾由此迅速激化。建文帝命令将臣监视朱棣，并乘机逮捕之。朱棣得到这一消息，立即诱杀了前来执行监视逮捕任务的将臣，指称齐泰、黄子澄为奸臣，须加以诛讨，于是在公元1399年七月以"清君侧"的名义举兵。

因为经过朱元璋大肆杀戮功臣宿将后，朝廷已无人可用，朱允炆只好起用年老的耿炳文为将，率13万大军伐燕。八月，燕王在滹沱河大败耿炳文。建文帝随即任命李景隆为大将军，代替耿炳文带军。李景隆本是纨绔子弟，根本不懂兵法，他收集耿炳文的溃兵，并调各路军马，共计50万征伐朱棣。结果被朱棣打败，李景隆乘夜率先逃跑，士兵听说主帅已逃，四散逃亡。建文帝为大臣所蒙蔽，反而奖励打了败仗的李景隆，还让他会同郭英、吴杰等集合兵将60万众，号称百万，进抵白沟河。白沟河之战，燕王大军一度受挫。但南军政令不一，燕军利用有利时机，力挫南军主将，南军兵败如山倒，李景隆再次退逃。李景隆在几个月的时间内一败再败，建文帝撤免了他的大将军职务，建文帝采用黄子澄之谋，遣使议和以求缓攻，又任命盛庸为平燕将军以遏燕军南下。盛庸率兵北伐，在东昌大败燕军，朱棣亲信将领张玉死于战阵，朱棣自己也被包围，后来在援军的接应下才得以突围。

公元1401年，朱棣的燕军虽屡战屡胜，但建文帝的军兵多势盛，攻不胜攻，所克城邑不能巩固。正在朱棣苦恼之际，南京宫廷里的太监送来了京城空虚可以直取的情报。朱棣手下谋士也劝他越过山东，以迅疾行动直趋金陵。于是朱棣决定越过山东，直捣金陵。公元1402年正月，燕军进入山东，大军很快南下，并且突破了淮河防线，渡过淮水，攻下扬州、高邮等要地，准备强渡长江。建文帝曾想以割地分南北朝为条件同燕王议和，被拒绝。六月十三日大军进抵金陵金川门，李景隆和谷王为朱棣开门迎降。燕王进入京城后，在群臣的拥戴下即皇帝位，是为明成祖，年号永乐。历时四年的"靖难之役"以燕王朱棣的胜利而告终。

永乐初年，朱棣以护藩面目出现，恢复了周、齐、代、岷各王的封号封国，厚赐各王复国重建家园；又改湘王恶谥，修陵墓并设官保护。一时各个藩王纷纷到京师来朝拜他，他在华盖殿大设筵宴款待诸王。各藩世子也来朝京师，由皇太子在文华殿隆重款待，觥筹交错，欢歌笑语，场面极其隆重热烈。表面上兄弟、叔侄之间亲情融融，实际上朱棣早有削藩的打算，而且策划安排大大胜过建文帝。

朱棣摆出关怀兄弟的架势，说边地苦寒，生活条件恶劣，而内地都是好地方，又靠近京师，便于兄弟之间常相聚共叙手足之情，同享天伦之乐，将藩王们徙封内地。徙谷王于长沙，给予厚赏，赏谷王开金川门迎驾之功；徙辽王于江陵，还告诉辽王江陵平安，不要护卫，应把原有的辽府三护卫留在广宁守边；徙宁王于南昌，因宁王善计谋，特地派密探严格防范，宁王深知身被幽禁，不得已日日弹琴、读书以打发时光；代王荒唐残暴、无所作为，故列出其罪状数条，从而罢了他的三护卫；肃王早在建文时已由甘州徙兰州；庆王忠顺，又与成祖关系甚好，所以只是派遣一些大将加强西陲的屯戍，不以其势强为忧。

削夺不驯服的诸王。如齐王专横暴戾，谷王反复小人、阴谋不轨，因废去齐、谷藩封。岷王在昆明与镇守官沐晟关系紧张，成祖责罚岷王并将岷王徙封湘西武冈，夺去护卫。周王是成祖同母弟弟，虽然赏赐丰厚但也不让他拥有重兵。这些举动使各藩都明白了成祖以藩封拥有护卫为忧，于是只要成祖稍有微词，各藩便自请向朝廷纳还护卫，藩王护卫逐渐被削夺。

借助遵礼守法的藩王的力量以管理诸王。在藩王中楚王朱桢和蜀王朱椿号称最遵礼守法的贤王，楚王年长，晋封为"宗正"，执掌宗人府事务，代皇帝成为朱氏宗族的大族长。成祖又借楚、蜀的力量处理谷王谋反事件，称赞蜀王对待同母弟谷王不包庇，大有周公安王室之心。

## 迁都北京保证国家的统一

强藩威胁皇权之忧解除后，朱棣做出了一个令群臣不可思议的决定：把都城由南京迁往北平。众所周知，南京远离北方蒙古骑兵的威胁，是一个安全富庶的所在，而当时的北京则是与蒙古骑兵厮杀的最前线。众大臣提出异议，都认为南京乃祖宗的皇宫，不应该迁都。但是，朱棣力排众议，并斥其反对者是"彼，书生之见，乌能达英雄之略哉"。

朱棣为了迁都与其谋臣们做了一系列精心准备，如提高北京的政治地位，恢复、发展北京的经济，疏通运河等，并于公元 1406 年营建北京城。朱棣命善于经营规划的泰宁侯陈珪主持建造宫殿；命在工部任职数十年且精于营建业务、办事勤敏、精于计算的尚书吴中参与组织规划北京宫殿和长、献、景三陵的营造。此外，参与北京营建工作的还有宦官，也是杰出的建筑设计师阮安；长于调度的木工蔡信；尤擅粉饰彩绘的民工杨青；人称"蒯鲁班"的木工蒯祥以及善于刻镂石料成华表、丹陛、石兽的石工陆祥等专业人才。公元 1420 年，北京宫殿主体完工，明成祖正式以北京为京师。公元 1421 年正月初一，朱棣登奉天殿受百官朝贺，从此明朝正式宣布以北京作为政治、军事的中心。迁都北京使明成祖能就近指挥长城一线的军事防御，便于抵抗蒙古族的军事进攻，解除了北方对中央的威胁，保证了国家的统一和长城以内社会环境的安定和经济的稳步发展。

在明朝建立之初，元顺帝北走，在沙漠里建立北元政权，时刻不忘卷土重来，经常伺机进攻明朝。太祖用怀柔的办法，厚待被俘的顺帝太子爱犹识理达腊的儿子买的里八剌，册封他为崇礼侯。三年以后又让买的里八剌北归，此时元顺帝已死，太祖专门作书带给爱犹识理达腊，希望双方能够言和，但并未得到友好的回应，而用兵又难深入，故而太祖对北边的局势深感忧虑。北元传承至坤帖木儿，为部下鬼力赤所杀，鬼力赤丢弃北元国号，称为鞑靼。不久，鬼力赤又为部下阿鲁台所杀，阿鲁台寻得北元后裔本雅失里，奉为君主。政权的频繁更迭说明蒙古内部的不稳。明成祖即位后，屡次遣使诏谕，希望与本雅失里结成和平的隶属关系，本雅失里不从，还杀了明朝的使臣。成祖于是遣丘福为大将军前往征讨。丘福冒进深入沙漠，遇伏败没。于是成祖决定自任主帅指挥战斗，先后五次亲征漠北。给虎视眈眈的蒙古骑兵以重创，并开拓了辽阔的疆土。

公元 1410 年，成祖率 50 万众出征本雅失里和阿鲁台，成祖亲自麾兵奋击，大败本雅失里于斡难河，本雅失里西奔，与阿鲁台分道扬镳。阿鲁台向明朝求和并来朝贡，本雅失里为占据河套的蒙古别部瓦剌的首领马哈木所杀。阿鲁台向明朝表示请求内附，并请为故主复仇征瓦剌，成祖封阿鲁台为和宁王，班师回朝。

公元 1414 年，因马哈木猖獗，成祖亲征瓦剌，大败瓦剌军，马哈木

历史的博弈
帝道与臣道的较量

逃跑。

公元 1422 年，阿鲁台经过十数年的准备积蓄了力量，势力逐渐强大起来，经常威胁明朝的北边，又率众窥伺兴和。兴和是贴近长城的千户所，与长城内的张家口遥遥相望。阿鲁台野心膨胀，成祖于是决定亲征阿鲁台。阿鲁台不敌遁逃，成祖焚毁阿鲁台的军器辎重，收取了牲畜，胜利班师。

公元 1423 年秋，边将奏报阿鲁台将入侵，成祖统兵出塞，驻扎塞下以逸待劳。阿鲁台闻大军到来，惧而西遁，为瓦剌所败。王子也先土干率妻子部属来降，成祖封也先土干为忠勇王，赐姓名为金忠，金忠还到京师请求报效，成祖因不欲士卒过分劳苦而息兵班师。

公元 1424 年，开平边将奏阿鲁台不断侵犯大同、开平各重要隘口，成祖决计五征漠北。阿鲁台闻成祖亲征，退走答兰纳木耳河，成祖命进军追击，前锋官张辅等到达答兰纳木儿河，进驻河上穷搜山谷三百余里，不见阿鲁台踪影，乃命招谕阿鲁台下属的诸部，下诏书揭露阿鲁台不断犯边破坏双方友好关系的罪行，并宣称对阿鲁台来降的部下善待不杀。这时成祖已是 65 岁高龄，早已承受不了风餐露宿的征战劳苦。七月，明成祖朱棣死于征途之榆木川。

## 设置奴尔干都司

明成祖永乐年间，设置了奴儿干指挥使司，简称奴儿干都司，从而将黑龙江流域、乌苏里江流域及库页岛地区，在前代的基础上进一步经营并设置机构加以直接治理。

奴儿干都司的范围西起斡难河（今鄂嫩河），北至外兴安岭，东抵大海，南接图们江，东北越海而有库页岛，所辖地盘广袤辽阔。奴儿干都司的首府设在黑龙江下游东岸亨滚河口的特林，成祖任命康旺为从二品都指挥同知，王肇舟为正三品都指挥佥事率常备军 3000 人镇守和管理奴儿干地方。

奴儿干都司下辖的卫所共有 180 余个，如囊哈儿卫设在库页岛上，兀的河卫设在乌第河上，斡难河卫设在鄂嫩河上，古里河卫设在外兴安岭南麓，双城卫设在双城子，其他的喜乐温河卫、木阳河卫、通宽山卫、阿真河卫等都设在海参崴的周围。奴儿干都司下的卫、所官多由东北各民族的酋长担任，各卫所所管辖的范围由明朝廷审定批准，奴儿干都司及其下属卫所都执行来自明朝的政策和法令，按时缴纳贡赋。这样，自古以来与中原地区关系密切的整个黑龙江、乌苏里江流域的政治、经济、文化、宗教信仰和风土人情都表现出中国固有的传统。

明成祖除委派官员治理奴儿干外，还常常派遣特使巡视奴儿干地方。宦官亦失哈就曾充当过特使，他是明成祖特选的对"东事"很有经验的海西女真人，曾任过多年的辽东镇守太监，多次奉命巡视奴儿干。

从永乐开始，一直到万历，明朝共在奴儿干都司之下设有 384 卫、24 千户所、七站、七地面、一寨，都司官员是朝廷委派的命官，可子孙世袭，卫、所官员大部分是当地各族的酋长，任命时要由朝廷授给印信和朝服。奴儿干都司的各级官员都要听从朝廷调拨，并齐心协力镇守边疆，各卫、所要按规定向中央定期缴纳贡赋，卫、所间的矛盾由朝廷排解处理，卫、所的迁移或管理范围的变动要由朝廷批准，卫、所官员必须听从朝廷的一切政令。戍守奴儿干城的边防军戍期一至二年，期满就轮换。为了有效地运送戍军、按时上缴贡赋和下达政令，成祖继续实行元朝的"站赤"制度，并根据需要加设新驿站，从辽东都司到奴儿干都司，设置了几十个驿站。为了充分利用舟楫之利，还在松花江上修建了一所制造"巨舡"的船厂，因而"船厂"两字成为了奴儿干都司境内一个重镇的名字。

奴儿干都司管辖下的东北各族人民，与上古、中古的肃慎、挹娄、勿吉、靺鞨、室韦、女真等都有着历史渊源，在明代统称为女真，只是按其居住地域和不同的生活习俗大体区分为建州、海西、野人三部。其中建州女真与明朝中央的地理位置相距最近。后来建州卫由原地不断向西南迁徙并愈来愈多地接受汉族经济、文化熏陶，成为女真各部中发展最快的一支。明成祖设置奴儿干都司，对奴儿干地区进行有效的管理及对当地经济、文化的影响，促进了东北各族的发展和进步，加强了中华民族的凝聚力。

奴儿干都司的设置，可以说是明成祖管辖疆土和社会秩序、维护稳定和发展的一个典型。

## 重民生，稳固统治

明成祖即位之初，为了促进社会安定，就开始整肃吏治，他诏令官员应守常职，不可妄自劳人敛财，并裁减一切闲职。公元1404年，又告诫各地方布政司和府县官要惠养子民，不害播种，不妨蚕桑。又命巡察各地的御史要实地察看民情，不能只听汇报。他嘱咐吏部尚书蹇义，对地方官进行考绩时要注意以下几个问题：荒地是否开垦了？人民是否安定？礼让教化是否得到大力提倡？民风是否淳朴？而且还要求有具体说明问题的实例。

当时河南饥荒，地方官隐瞒不报，成祖下令逮捕地方官进行惩治，并诏告天下地方官，有灾荒隐匿不报的严惩不贷，目的是为了及时赈济救灾。他还要求巡行地方的御史不要漠视小民疾苦，目击民苦却不报的也要严惩。这种种举措使得永乐时期吏治较好，而且这种良好的势头一直延续到宣宗宣德时期，史称"永乐宣德之治"。

明太祖时，在基层社会实施举行"乡饮酒礼"，聚众宣讲《大诰》及《大明律令》的普法教育，又令地方耆老持木铎巡行乡里，宣讲重农务本的道理及劝农督耕。成祖也很重视这些经常性的思想教育工作，以达到知劝惩、厚风俗的目的。

在成祖的励精图治下，永乐年间是明朝国力最强盛的时期，其时宇内富庶，赋人盈羡，米粟自输京师数百万石，地方府县仓廪蓄积丰富，仓底陈粮达到腐烂不可食用的程度，可见明成祖整治得非常得法。

明成祖朱棣虽然以武力起家，但他更重视用道德教化来稳固统治，他主张恩威并施，使人心服口服，从而获得盛世局面。

在解决民族关系的问题上，成祖也采取了相应的措施，卓有成效的是"改土归流"。

沐氏镇守云南，开始于洪武时沐英、沐春父子。沐春死后，其弟沐晟继续镇守云南。沐晟与封在昆明的岷王不和，成祖了解此矛盾后，徙封了岷王。沐晟请求皇上发兵征讨车里（云南南部以景洪为中心的大片地方），成祖多次下令斥责沐晟政事烦扰，号令纷更，要求沐晟怀柔车里，不可轻易兴兵，注意云南民族地区的安定。

洪武时期，由于贵州的水西女土司奢香向往中原文化和太祖招抚政策得当，而且"开赤水之道，通龙场之驿"，贵州与外界的联系加强。成祖即位后，命令熟悉贵州情况的大将镇远侯顾成守贵州。因顾成是一介武夫，成祖一再告诫他不可穷兵黩武，喜功好事，而应该老成持重，顺情而治。后来因为贵州思州、思南二田姓土司互相仇杀，屡禁不止，成祖密令顾成携精干将校潜入，将二田姓土司擒拿，贵州改土归流的条件成熟。公元1413年，明成祖设置了贵州布政司，从此贵州作为一个省区成为明朝的组成部分。

除此之外，成祖还补救了太祖晚年因急躁处理而遗留的若干南方交通不便地区的民族问题。在那些地方恢复土司设置，使之与朝廷关系正常化。如设置贵州西部的普安安抚司，恢复因吴面儿反抗而废去的古州、五开为中心湘黔交界处的湖耳等14个蛮夷长官司和鄂西、思州、九溪等土司。

明成祖是一位难得的明君。公元1416年，当全国内政大有进展，北征取得许多捷音的时候，礼部尚书上表请封禅泰山，此时的明成祖并未忘心膨胀，他明确表示："今天下虽无事，四方仍多水旱疾疫，安敢自谓太平？"又说封禅之事并不是《六经》上所记载的古礼，不必一定要去遵循。百官连连奏庆云见、甘露降等祥瑞请贺，他都不准，唯独南阳献上"瑞麦"，他觉得高兴，他希望这是他统治的国家出现丰收年的吉兆。

明成祖文治武功不仅在明代诸帝王中是一个佼佼者，而且就是与颇有作为的历代明君相比也毫不逊色。事实证明，明成祖不愧为一代明君，他迅速地操纵了明初的残局，并且屡屡推出重大举措，如修万里长城、委派郑和下西洋等等，均在历史上留下深远的影响。他即位之初，对先朝的政策进行了调整，提出"为治之道在宽猛适中"的原则，并且利用科举制来笼络地主知识分子，他选择官吏力求因材而用，这些为当时政治、经济、军事、文化等方面的发展奠定了基础。他十分注重恢复与发展社会经济，认为"家给人足"是天下治平的根本。因此在各地鼓励垦种荒闲田土，实

历史的博弈 帝道与臣道的较量

行迁民宽乡、督民耕作等方法促进生产，并注意蠲免赈济，防止农民破产。此外，还大力发展和完善军事屯田制度，保证军粮的供给，派人到江南治水，疏浚吴淞。通过这些措施，他执政时期的经济成为明代的最高峰。

# 康熙：一代圣君，光照日月

康熙皇帝是清朝众多皇帝中最出色的帝王。他在位时期，智擒鳌拜，削撤三藩，大小事务都由他一人处理，南收台湾，北拒沙俄。在位61年，由于他的文治武功，中华帝国的多民族统一的局面得到巩固发展，奠定了"康乾盛世"的繁荣局面。

## 今天下大小事务，皆朕一人亲理

康熙是清朝的第二代皇帝，姓爱新觉罗，名玄烨。他8岁丧父，同年登上帝位，10岁丧母，少年天子成了孤儿。虽然身份是皇帝，但是他真正执掌政权还有一段艰险的斗争之路要走。

康熙的父亲顺治帝去世前曾遗诏，由索尼、遏必隆、苏克萨哈、鳌拜四位大臣共同辅佐幼主康熙。奸臣欺主年少，在他的周围很快出现了一股以辅政大臣鳌拜为首的邪恶势力。

鳌拜原在四名辅政大臣中名列第四，但是，索尼年老早逝，遏必隆早被鳌拜收买过去，苏克萨哈则被鳌拜诬陷致死。从此以后，鳌拜在朝中大权独揽，结党营私，迫害异己，根本不把年幼的皇帝放在眼里。朝中大事多由他说了算，稍不顺意，他就在皇帝面前挥舞拳头，大吵大闹。康熙早就想动手把他除掉，但鳌拜手中握有重权，在各个部门里都安插有他的亲信，弄不好会天下大乱，葬送整个大清的基业。

少年康熙，聪敏过人，他表面上不动声色，读书学习，研究历代帝王治国之道。实际上，他已经开始策划铲除鳌拜集团的准备。康熙表面上对鳌拜非常顺从尊重，并且不断给他加封"一等公"、"太师"的尊号，以此麻痹鳌拜。据说，有一次有人密告康熙说，鳌拜久不上朝，暗地里图谋不轨。康熙立即带人直奔鳌拜府邸。鳌拜府邸的卫士见皇帝驾到，急忙要去禀报，被康熙喝住。康熙和侍卫径自进入鳌拜寝殿，鳌拜见皇帝突然来临，顿时神色紧张，忙行叩见之礼。康熙用眼色让侍卫搜查鳌拜的睡床，翻开席子，发现一把锋利的匕首。鳌拜见状，有点狗急跳墙的样子，正要发作，不料康熙帝却毫不在意地笑笑，说道："刀不离身，是咱们满人的旧俗，辅政大臣时时不忘祖训，实在可嘉可奖！"剑拔弩张的紧张气氛就这样缓和下来了。只是从这次以后，康熙帝下定决心要除掉鳌拜。

几天以后，康熙传谕要鳌拜到御花园观赏牡丹。鳌拜像往日一样，大摇大摆地进午门，过太和殿，正要向御花园走去，迎面碰见了康熙皇帝，他赶快上前叩拜。没料到康熙却严厉谴责他结党营私、陷害忠良、图谋不轨的罪行，并立即命令一帮训练有素的摔跤能手将他捆了个结结实实。接着公布了他的三十条大罪状，投入监狱。与此同时，康熙快速做出部署，逮捕并且处决了一大批鳌拜的死党。以鳌拜为首的这股邪恶势力，终于从政治舞台上被铲除下去。这一年，康熙皇帝才刚刚16岁。从此以后，正如康熙皇帝自己所说的那样："今天下大小事务，皆朕一人亲理。"

## 撤藩的机会终于来了

"三藩"是指靠引领清兵入关，镇压农民起义起家，投靠清廷的三个汉族军阀。一个是镇守云南的平西王吴三桂，一个是镇守福建的靖南王耿精忠，还有镇守广东的平南王尚可喜。

"三藩"之中，吴三桂的势力最大，也最为跋扈。他在云、贵经营十多年，手中军事力量雄厚，兵员达十余万之多。云、贵地区成为了他的独立王国。当时朝廷给云、贵二省督抚的敕书，都要写上"听王节制"四个字。吴三桂可以随意提拔官吏，朝廷所选的文武官员到云南，都被他收买了。在经济上，他垄断了地方财权，中央户部不得过问他的财政收支。同时，他还大肆兼并土地，不仅将云南明代黔国公沐氏的田庄全部据为己有，还将已归农民耕种的明代卫所军田占为己有。盘踞在广东、福建的尚可喜、耿精忠，也都是各霸一方，大搞独立王国，根本不听朝廷调遣。

"三藩"的存在严重地威胁着清朝政权的统一，同时，朝廷每年还要供给他们两千余万两黄金的兵饷，在经济上给朝廷带来了沉重的负担，迫使康熙帝不得不考虑撤藩的问题。

撤藩的机会终于来了。公元 1673 年三月，尚可喜因年老请求回辽东老家养老，并让他的儿子尚之信继承平南王爵位，留守广东。年轻的康熙皇帝抓住这一时机，只同意尚可喜回辽东养老，不同意尚之信留守广东，并决定撤藩。这一消息很快传到了云南和福建。吴三桂和耿精忠为了试探康熙皇帝的真意，也假意上书请求撤藩。康熙帝收到他们的上书后，召群臣商议。不少大臣慑于吴三桂的军威，怕引起大乱，都主张不要撤，只有少数大臣主张撤藩。康熙自有主张，断然下令撤藩。他说："三桂等蓄谋久，不早除之，将养痈成患。今日撤亦反，不撤亦反，不若先发。"

撤藩令下达以后，吴三桂率先发动叛乱。他杀了云南巡抚朱国治，以恢复明朝做幌子，招拢人心。但当初可是这位"冲天一怒为红颜"的藩王，引领清军入关，亡了明朝的天下，谁还肯相信他是为了复兴明朝呢？所以，响应的人很少。公元 1674 年三月，耿精忠响应吴三桂，在福州发动叛乱。公元 1676 年二月，尚之信也在广东开始叛乱。其他与吴三桂有联系的汉族将领也纷纷开始叛乱，一时之间，叛乱之火几乎燃遍了大半个中国。

叛乱的消息传到北京，举朝震动。一些大臣竟然提议处死主张撤藩的大臣，以讨好吴三桂。康熙不理会这些不切实际的建议，立即开始部署兵力，准备武力平叛。他先是捕杀了吴三桂留在北京的长子和孙子，以表平叛的决心，接着下令停止撤销平南、靖南二藩，将吴三桂孤立起来；调遣八旗精兵驻守湖北荆州，阻止叛军渡江；派兵进入江西，切断吴三桂与耿精忠的联系；稳住西北局势，先以精兵击败陕西提督王辅臣，然后又恢复他的官爵。这样，吴三桂完全陷入了军事上的孤立。

年轻的康熙帝在这一重大事件面前，毫不慌乱，善于谋略，表现出卓越的军事才能。经过长达 8 年的武力征讨，至公元 1681 年，"三藩"叛乱终于全面平息。

## 东南收复台湾，西北平息叛乱

台湾自古以来就是中国的领土。三国时期孙权就派将军卫温进驻台湾。元代，中国政府在澎湖列岛设立巡检司，专门管理台湾和澎湖诸岛。可是到了明末，荷兰殖民者趁大陆混乱之机，派兵占领台湾，统治了38年之久。直到清初，民族英雄郑成功才赶走荷兰侵略者，收复了台湾。郑成功死后，他的儿子郑经据守台湾。平定三藩之乱的军事行动取得决定性胜利的时候，康熙立刻做出了收复台湾的决定。

公元1681年，郑经在台湾死去，他的儿子郑克塽袭位。台湾内部政局不稳，此时正是统一台湾的大好时机。于是，康熙一面下令在福建沿海集结兵力，打造船只，一面命令福建水师提督施琅充分做好准备，制定作战计划。为了首攻必胜，康熙帝花了整整两年时间进行准备，并于公元1683年批准了施琅的作战计划。就在当年六月十六日，施琅率领战船三百艘和经过多次水战演习的两万多士兵，从福州出发，挥师直捣台湾的门户——澎湖岛。两军在澎湖海域进行了七天七夜的激烈海战，清军终于击溃了郑克塽的守军，占领了澎湖岛。郑克塽集团人心惶惶，有人主张投降，有人主张外逃，有人主张抵抗。正在这时，康熙指示前线的施琅，展开政治攻势，力争和平收复台湾，转告郑克塽等人，只要他们投降，朝廷可以既往不咎，并且给予优厚待遇。于是，郑克塽率部投降了清朝。

台湾统一以后，康熙对前来投降的郑氏政权的官员将士采取了宽大政策。封郑克塽为正黄旗汉军公，康熙帝还特别下诏说，郑克塽的父亲郑经和祖父郑成功不是"乱臣贼子，可以归葬南安"。

为了加强对台湾的管辖，康熙在台湾正式设立了一府三县，隶属于福建省。同时，在台湾设总兵一员，副将两员，驻兵八千。并不断将沿海一带的居民移往台湾，大大加强了大陆与台湾的联系，使东南海疆的防御得到巩固。

东南刚刚稳定，西北又起叛乱。公元1690年，噶尔丹率领两万多叛军从呼伦河一带南下，攻入内蒙古地区，很快就打到离北京只有几百华里的乌珠穆沁。一时间，叛乱席卷了西北广大地区，严重威胁了国家统一和民族团结。

要不要平息噶尔丹的叛乱，引起了朝中大臣的激烈争论。有人认为，西北地区荒凉落后，放弃不治最好，出军征战，不一定能打得过噶尔丹。连当年曾建议康熙统一台湾的李光地，都阻止康熙前去平叛。大家都认为平定噶尔丹的叛乱不容易，一时间，反对康熙出征的人在朝廷内占到了多数。

但是，年轻的康熙帝目光远大，坚决反对国家的分裂，反对放弃西北地区，认为只有武力平叛，才能最终停止战争，只有从根本上铲除叛乱，才能得到长治久安。姑息养奸，必将引起天下大乱，生灵涂炭。公元1690年六月，康熙帝毅然决定，御驾亲征。八月，两军在离古北口400多华里的乌兰布通相遇。噶尔丹将成万头骆驼缚足俯伏于地，驼背上加以箱垛，蒙上温毡，排长队，形成"驼城阵"，自立其中，企图阻挡清军进攻。康熙帝命令清军用炮火猛击"驼城阵"。经过一番激烈拼战，噶尔丹大败而逃，主力几乎被清军全歼。

噶尔丹诡计多端，为了保住性命，他改变了态度，向康熙修书投降，保证对清朝臣服，永不反叛。但是，康熙看穿了噶尔丹的阴谋，他向将帅指出："噶尔丹不可信任，如不加防备，万一有事就要反悔。"

果然，公元1695年，噶尔丹又率领3万人马沿克鲁伦河大举向南进犯。面对又一次燃起的叛乱战火，康熙决定再次亲征。他运筹帷幄，分兵三路：一路由黑龙江将军萨布素率军防范东翼；一路由抚远大将军费扬古率军西进，切断噶尔丹的归路；一路由自己亲自率领，直迎叛军主力。当年五月，康熙率领的中路军与叛军主力在克鲁伦河遭遇。战斗刚一打响，叛军全军溃散，仓皇而逃。康熙率军穷追不舍，连赶5日，叛军逃到昭莫多时，与费扬古的西路军相遇。经过一番激战，噶尔丹主力几乎全军覆没，噶尔丹只带数骑逃去。

为了消除隐患，康熙抓住战机不放，公元1697年第三次亲征，噶尔丹在清军的重兵包围之中，众叛亲离，自己也一病死去。至此，噶尔丹发动的这场分裂祖国的叛乱，终于被康熙平息下去了。

康熙在危难中登上帝位，在清除鳌拜后才独掌权柄，从此，他以超群的胆识和兼容并包的胸怀，开始治理被战争破坏得伤痕累累的大清。他为了维护国家的统一，平定"三藩"，统一台湾，平息噶尔丹叛乱，在历次战争中都表现了他卓越的军事才能和无畏的战斗精神。他还平定了准噶尔部蒙古贵族分裂势力的动乱，建立会盟制度和避暑山庄外藩朝觐制等，加强了多民族国家的稳定。同时，康熙在经济和文化建设上，也创下对后世产生积极影响的重大业绩，如治理黄淮河流，奖励垦荒，蠲免赋税，实行"滋生人丁，永不加赋"等鼓励经济发展的政策；编纂《明史》、《全唐诗》等；在所有的文化活动中，最有特色的是他本人对西方科技的学习，他是中国古代唯一懂得天文、数学、地理等自然科学的皇帝。因此人们说他，虽然不像历代开国君主那样流血拼命、新开基业，却也雄才大略、武功盖世。

历史的博弈
帝道与臣道的较量

# 第三章　嗜血的皇冠，皇帝也疯狂

历史上不乏雄才大略、文治武功的英明君主，也更不缺少昏聩愚昧的糊涂皇帝，他们通过非常手段夺取皇位，本来就名不正言不顺，为了封天下人之口，他们唯有大肆杀戮，于是，历史在他们的屠杀中变得腥风血雨。

## 胡亥：逆取天下，大肆杀戮

公元前210年，秦始皇在沙丘病故。按照秦始皇的遗嘱，当由长子扶苏继位。但中车府令赵高出于个人私欲，伙同丞相李斯篡改遗诏，发动宫廷政变，杀死了长子扶苏，秦始皇的小儿子胡亥继位。这就是秦王朝的第二位皇帝——秦二世。

### 是别人对自己称臣，还是自己向别人称臣

秦始皇统一了中国，进行了一系列的制度建设，奠定了封建帝国的基础，但也做了一些千古荒唐之事。不过，作为一代帝王，在关系到秦王朝"传之万世"的帝位继承人选上，秦始皇还是比较明智的。

秦始皇诸公子中，公子扶苏是长子，但并不为他所喜欢。不过，为了秦王朝基业，他还是着意地培养扶苏。扶苏被派往北部边疆与大将蒙恬带兵戍边，实质上是秦始皇对他的考验和锻炼。客观来讲，扶苏在诸公子中确实是比较突出的，尤其超出胡亥许多。

少公子胡亥是和乃兄截然不同的人物。虽说他也受到了良好的宫廷教育，但生性是一个"公子哥"的脾性，毫无风范可言。少时，有一天秦始

皇在殿中宴会群臣，并召诸公子入殿就餐，胡亥也来参加。秦制规定，臣下朝见皇帝，入殿之前必须脱掉鞋子，放在殿外阶上。这天宴会盛大，阶上的鞋子虽多，但排列整齐，放置有序。胡亥在诸公子中比较娇惯，他吃饱喝足后，不愿在酒宴中干磨时间，便提前退出殿来。他顺着鞋子行列，边走边用脚踢，一直把整齐的朝鞋踢了个乱七八糟，这才离去。后来胡亥做皇帝，天下秩序正像被他踢乱的鞋子那样混乱不堪。

胡亥的一生，一个十分重要的因素是和赵高的关系，可谓"成也赵高，亡也赵高"。赵高本是宫中的一位宦官，因为他精通狱法，身高力大，又能写一手好字，被秦始皇提拔为中车府令，掌管皇帝的车马仪仗队。赵高生性狡诈，深藏不露，又巧舌如簧，善于奉迎。他教胡亥书法和判案，很快取得胡亥欢心，二人的关系非常密切。

秦始皇巡游天下的那年，胡亥年已 20 岁。可他玩兴正盛，极力请求随行。秦始皇宠爱这位少公子，便答应了他的请求。不巧的是，秦始皇尚未巡游多少地方，便一病不起。他深知自己来日不多，而当时朝中未立太子，长公子扶苏还在北部边郡监兵，便及时留下了皇位继承问题的遗嘱。遗嘱命扶苏把兵事移交将军蒙恬，急赴咸阳主办丧事，并继承皇位。遗嘱加盖玉玺密封后，存在中车府令赵高处，还没来得及交予使者送出，秦始皇便与世长辞了。

丞相李斯见秦始皇死在途中，恐怕咸阳诸公子争夺帝位和天下叛乱，故密不发丧，只有李斯、胡亥、赵高和几个亲近宦官知道内情，对其他人一概严守机密。在返回咸阳的途中，居心叵测的赵高乘机策动了一场篡改遗诏、扶立胡亥的政变。

赵高首先游说胡亥："皇帝驾崩，没有留下分封诸位公子的诏书，却单独赐给了长公子一封玺书。长公子一到咸阳就是皇帝了，你怎么办呢？"

胡亥不是长子，又胸无大志，听了赵高的话，就说："这是理所当然的啊。父亲死去，他不分封自己的儿子，还会怎么样呢？"

赵高说："不对！现在如何安排天下，关键就在于你、我和丞相三人。望你早作打算。别人对自己称臣和自己向别人称臣，控制别人和受别人控制，难道可以同日而语吗？"

胡亥明白赵高的意图，可是儒家的伦理道德在他头脑中还有一定影响，他认为夺取兄长的继承权是不义，违背父亲的遗嘱是不孝，才能浅薄而勉强靠别人取胜是不够格，不义、不孝、不够格都不道德，即使做了皇帝，天下人也不服气，自身生命会有危险，连祖宗也要断绝祭祀香火。

赵高见胡亥并非不想做皇帝，只是担心道义上的谴责，就旁征博引，讲了一套黑白混淆的歪道理。胡亥经赵高一番蛊惑，终于动了篡位之心。

说通了胡亥，还必须有李斯的配合才成。于是赵高又去游说丞相李斯。李斯一听赵高的来意，大吃一惊，他认为谁继承皇位不是臣下应当议论的，赵高议论此事，纯属"亡国之言"，表示坚决反对。

赵高冷笑一声，说："丞相啊，您自己想一下吧，您的才能比得上蒙恬吗？您的功劳比得上蒙恬吗？您的谋略超得过蒙恬吗？您在百姓中的威望超得过蒙恬吗？论长公子对大臣的信任程度，您又赶得上蒙恬吗？这五点您都远远落后于蒙恬，长公子一即位，必然用蒙恬为丞相，那时丞相您是不可能佩带侯爵印绶荣归故里的。而且受罢丞相的命运相当悲惨，都是掉了脑袋。听我的话没错，可以永远封侯，世代荣华；否则要祸及子孙。丞相选择哪条路呢？"

李斯害怕丢失荣华富贵，落到赵高说的那种悲惨下场，经过激烈的思想斗争，他终于向赵高屈服，同意支持胡亥继承皇位。

于是，胡亥、赵高、李斯毁掉原来的遗嘱，诈为始皇帝遗诏丞相，立胡亥为太子。又伪造一封遗嘱给扶苏和蒙恬，这封假遗诏称扶苏和将军蒙恬率领几十万军队屯边十多年，不但不能开拓疆土，耗费巨大，没有功劳，反而几次上书诽谤，又因为不能回京做太子而日夜怨恨，实为不孝，故赐剑自裁。将军蒙恬不事规劝，实为不忠，命把兵权移交偏将王离，然后自杀。假遗诏加盖皇帝玉玺后，派胡亥的亲信为使者，日夜兼程，前往北边送交扶苏。

扶苏拜读罢诏书，泪如泉涌，当即进入内舍，打算自杀。蒙恬恐其中有诈，劝扶苏先不要自杀，请示属实再死也不算晚。使者站在旁边不断催促，扶苏为人仁义，见此情景，对蒙恬说："父亲命令儿子死，还何必再请示呢？"说罢，含冤自刎。蒙恬方疑其中有诈，想拖延时日，看个水落石出。使者见蒙恬不肯就死，便把他关进阳周（今陕西子长北）的监狱，去向胡亥复命。

胡亥、赵高、李斯听说扶苏已死，急忙返回咸阳，发布秦始皇驾崩的消息。接着，胡亥举行即位大典，是为秦二世皇帝。赵高升任郎中令，全面掌管宫中警卫，并成为二世宠臣。

## 把秦国变成了一个屠宰场

胡亥虽然登上了帝位，但他心中明白自己名不正言不顺，若想随心所欲地玩乐，还必须首先剪除异己，方可高枕无忧。宠臣赵高更是清楚这一点，倒也能直陈利害。就此，赵高向秦二世献出了一套血腥的铁血政策，其内容是变换刑法，使法律更苛刻严酷，让犯罪的人连坐受诛，乃至灭族；消灭大臣，疏远骨肉；使贫困的人豪富起来，使卑贱的人高贵起来；始皇帝任命的大臣统统除掉，换上二世的亲信。这条铁血政策得到了秦二世的认可，一场血腥屠杀随之展开。

首先遭到杀害的是蒙氏兄弟。秦二世本想仍用蒙氏兄弟为将，可是赵高因早年犯罪受过蒙毅制裁，怀恨在心，向秦二世献谗言说先帝早就想立胡亥为太子，只是因蒙毅谏阻才未立成，于是二世就打消了释放蒙恬的念头，并把蒙毅囚在了代郡（今河北蔚县）狱中。铁血政策确定之后，二世遂决定先拿蒙氏兄弟开刀。他派御史典官到代郡监狱宣布蒙毅的"罪状"，令蒙毅自杀。蒙毅据理力争，典官知道二世用意，不听蒙毅申辩，逼杀了蒙毅。二世又派使者到阳周逼蒙恬自杀，蒙恬希望进谏后再死，不允，最后仰天长叹，服药自杀。

蒙氏兄弟死后，秦二世让赵高主管办案。赵高罗织罪名，大批朝臣被杀，右丞相冯去疾和将军冯劫认为"将相不辱"，相继自尽。每位大臣含屈而死，往往还要牵连一串亲友，就是担任宫廷警卫的亲近侍臣三郎官也有不少人无辜受害。屠戮中，赵高乘机安插亲信，他的兄弟赵成任中车府令，女婿阎乐为咸阳县令，其他如御史、谒者、侍中等要职，多更换为赵氏族人。秦二世毫无心机，以为赵高安置的亲信，就是自己的亲信了，因此，赵高如何安排，他根本不管不问。

在这一场屠戮当中，最惨烈的要算秦二世的骨肉兄弟和同胞姐妹了。一次，在咸阳市上，二世的 12 个兄弟同时被砍头，腔血喷射，触目惊心。又一次，在杜邮（今陕西咸阳东）的刑场上，二世的 6 个兄弟和 10 个姐妹同时被活活碾死，血肉狼藉，惨不忍睹。公子将闾等三人，平时行为十分谨慎，一时编造不出罪名，就把他们囚在内宫，诸公子大都被杀以后，赵高派使者对他们说："你们不像臣子，论处死刑，行刑官马上就来执行。"将闾说："宫廷之礼，我们未敢失仪；廊庙次位，我们未敢失节；受命应对，我们未敢胡说。什么叫不像臣子？愿听清楚再死。"使者回答："我没参与论罪，无可奉告，仅执行使命而已。"将闾仰首呼天三遍，喊叫："天啊！我没有罪！"兄弟三人抱头痛哭，拔剑自杀。在诸兄妹中，最幸运的要算公子高了。看到兄弟姐妹们都惨遭毒手，他自知难免一死，想逃走又怕连累亲人，为了保存亲友，就上书一封，向二世提出为父皇殉葬骊山脚下的要求。二世见书大喜，批准他的请求，赏赐十万钱殉葬骊山。在二世众多的骨肉兄弟中，公子高可谓一个"善终"者了。

宫中的骨肉、朝中的老臣杀得差不多了，秦二世又在赵高的唆使下大批地杀戮地方官吏。为了威慑海内、显示尊贵，二世在即位的次年（公元前 209 年）初，即效法秦始皇巡游天下。这次出巡南到会稽（今苏州），北至碣石（今河北昌黎北），然后由辽东（今辽宁辽阳）而返，四月回到咸阳。巡途中，赵高对二世说："现在陛下出巡，应该趁机诛杀一批郡县官吏，这样既可排除异己，又可威震天下。"二世说："好！"于是法令日急，诛杀累累，群臣人人自危，官吏个个不安，老百姓更是手足无措，整个秦帝国几乎成了大屠宰场。

在这一场大屠戮中，对胡亥夺位有功的李斯也不能幸免。曾经写下义正词严的《谏逐客书》的李斯，良心未泯，总想找个机会进谏。惯使权术的赵高还真给他提供了一个机会，却设下圈套使二世对李斯不悦，并乘机罗列三项罪名：第一，沙丘之谋，丞相是参与的，现在陛下做了皇帝，而丞相的富贵却没增多，他的意思是想分土为王；第二，丞相的长子李由任三川郡守，楚地群盗陈胜等人都是丞相的邻县之党，所以楚盗才如此猖狂，盗贼经过三川郡，李由闭门不肯出击，据说李由还与他们有书信来往；第三，丞相居外治事，权力大于陛下。二世一听，就想逮捕李斯，但又怕情况不实，于是派人对李斯父子进行督察。李斯上书揭发赵高诬陷，秦二世不但不听，还怕李斯杀赵高，把消息透给他。赵高又趁机进言诽谤，终使二世下令逮捕李斯，并交赵高审讯治罪。把李斯看做眼中钉的赵高当然不会放过这个机会，他严刑逼供，使李斯屈招。赵高上报，二世下令判李斯族刑，夷灭三族。二世二年（公元前208年），李斯被押赴咸阳市受刑，先黥面、割鼻、断去左右脚趾，再拦腰斩为两段，最后剁成肉酱，合家灭门，无一得生。

## 宁肯信其无，不肯信其有

胡亥做皇帝后，每日吃喝玩乐。一天，他对赵高说："人生在世，就像骑着快马穿过一堵墙的缺口，实在是太短暂了。我既然做了皇帝，富甲天下，就打算随心所欲，享尽一切快乐，你看如何？"赵高巴不得二世吃喝玩乐、不理朝政，以便自己专权，便很殷勤地为他出谋划策，尽心服务。

对于一时的安乐，秦二世尚有不满，意图长期如此，便向李斯询问："听韩非子讲，尧坐天下的时候，住的是茅草房，喝的是野菜汤，冬天披块破鹿皮，夏天穿件葛麻衣；禹治理洪水，东奔西忙，累得大腿上没了肉，小腿上掉了毛，最后死在外地，葬于会稽。如果是这样的话，那么贵有天下的人，难道是想过这种苦形劳神的寒酸生活吗？这种寒酸生活是没出息的人所提倡的，不是贤明人的正业。贤明人坐天下，专门用天下来满足自己的需要，这才叫富甲天下。如果连自身都得不到好处，又怎么能治理天下呢？所以我打算赐志广欲，长享天下，你看有何良策？"

李斯害怕丢官失禄，于是就迎合二世心意，写了一篇名为《行督责之术》的文章，作为良策上呈二世。督是督察，责是治罪，行督责之术就是用督察治罪的权术来对付臣民，李斯把督责之术提到极端重要和万能的地步，要二世高度集中权力，独断专行，用深罚重刑控制臣民，实行极端残酷的血腥统治政策。

二世见书大喜，不禁拍案称奇，于是严督重责，峻刑酷法。本来秦律

历史的博弈
帝道与臣道的较量

就相当严苛，经二世变本加厉，更为严酷。刑徒塞满道途，日日杀人无数。

除严刑峻法之外，秦二世为修宫筑室，役使民夫，横征暴敛。其中最大的工程，就是继续修建秦始皇未完成的阿房宫，此外还继续修筑直道、驰道、骊山墓和各项土木工程。又调征五万精兵屯卫咸阳，演习射猎。命各地郡县向咸阳转运粮草，转运者自带食物，不得食用咸阳300里内的谷物。赋敛日趋沉重，徭役越来越多，这样肆无忌惮的狂征滥调，使民力日益枯竭，渐渐地就使国家到了无人可征的程度。

二世元年（公元前209年）七月，北边渔阳郡需要一批戍卒。朝廷见无人可征，便开始征发小官吏闾左。当陈胜、吴广等九百名楚地闾左走到大泽乡（今安徽宿县附近）时，正赶上一场大雨，泥泞的道路耽搁了行期。按照二世更改后的律条，戍卒不能按时到达指定的戍守地点，要处以斩首的死刑。在这种景况逼迫下，陈胜、吴广毅然举起了武装起义的旗帜。不长时间，反抗秦朝统治的武装斗争就遍布了关东各地。六国名号复起，诸侯林立，各自称王，矛头共同指向秦朝官府。陈胜的部将宋留打到武关，另一部将周文则率数10万大军直奔函谷关而来。

昏庸的秦二世接到报告，宁肯信其无，不肯信其有。有一次，他召集博士们讨论此事，有人主张"发兵镇压反叛"，二世硬是不承认有"反叛"，当然也不肯"发兵"。候补博士叔孙通见二世是一个喜欢听好话的昏君，就说："他们说的都不对。现在天下合为一家，拆掉了城防，销毁了兵器，明主在上，法令在下，臣民奉职，四方安定，哪里还有敢造反的！陈胜等人不过是一群狗盗鼠窃之徒而已，何足挂齿。地方正在逮捕归案，陛下无须多虑。"二世听了这番话，称赞叔孙通答得好。接着，又让博士们重新一一回答，有的回答是"造反"，有的回答是"盗贼"。回答盗贼的没事儿，凡是回答造反的，二世一律以"不应该这样说"的罪名下令查办。二世赏赐叔孙通一套衣服，二十匹帛，并任命他为正式博士官。这样一来，官吏们纷纷效尤，从不以真情实况汇报，总是说些"群盗结伙抢劫，郡县正在追捕，现大都落网，不值得担忧"。二世一听，立即喜形于色。故此不管形势多么严重，二世皇帝一直闭目塞听。

## 把他逼到绝境的人，正是他的宠臣

赵高不仅是阴谋家，也是野心家。从唆使胡亥夺位的那一天起，他就开始图谋控制这位玩乐皇帝。当他因唆使秦二世大肆杀戮、自己任郎中令也杀人甚多，引起朝内外普遍怨恨的时候，为了避免大臣朝奏时的指责和进一步控制国柄，他对二世说："天子之所以高贵，就是因为只许群臣闻声，不准他们见面，故号称为'朕'。况且陛下还很年轻，未必精通全部政务，现今坐在朝廷上会见群臣，一旦某事处理不妥，就在大臣面前暴露了短处，这不是向天下人显示自己神明的办法。如果陛下取消朝会，深居禁中，由我和个别精通政务的侍臣协助陛下处理，那么大臣们就不敢欺骗陛下，凡事均可处理恰当，天下臣民就会都称陛下是圣明君主了。"赵高的用意非常明显，但糊涂的二世深以为然，他听从赵高取消朝会制度，日居深宫之中，群臣奏事皆由赵高代行处理。

李斯死后，秦二世拜赵高为丞相，事无大小都由赵高决定，赵高成了实际的独裁者。二世三年（公元前207年）八月，他想踢开二世自己做皇帝，又担心群臣不拥护，就导演了一场"指鹿为马"的闹剧，来检验群臣的态度。赵高趁群臣朝会之机，把一只鹿牵来献给二世，声称是一匹马。二世大笑，说："丞相真会开玩笑，这不是鹿吗？你却指鹿为马。"他问左右群臣，左右慑于赵高的淫威，大都附和赵高说是马，有的沉默不语，只有少数人说是鹿。事后，凡是说鹿的人都被赵高杀害。从此群臣更加畏惧赵高。

赵高指鹿为马一事使二世误以为自己得了迷惑病，召来太卜算卦，太卜胡说二世的迷惑病是由祭祀时斋戒不明引起。于是二世便到上林苑中斋戒。名为斋戒，照常贪欢，一天他在上林苑中游玩弋猎，见一个人误入苑中行走，就亲自搭箭开弓，当场将他射死。赵高知道这事后，乘机对二世说天子无故杀死没罪的人是上天所禁止的，连鬼神也不容忍，必定会降下灾殃，建议他到远处的行宫去躲避一下。二世毫不犹豫地就住进了望夷宫。

此时，秦帝国国内的形势已经急转直下。陈胜的大军进逼咸阳，终使秦二世意识到形势的严峻，遂采用少府章邯的对策，命其为统帅，率骊山刑徒出战迎敌。骊山刑徒常年吃苦，获赦以后，作战勇敢，加之兵器锋利，装备精良，因此成了一支战斗力最强的秦朝主力队伍。章邯很快就击溃了入关的农民起义队伍，并出关东镇压各部。二世又派长史司马欣等人率兵增援，章邯如虎添翼，先后在陈郡（今河南淮阳）打败陈胜部，在定陶（今属山东）战胜项梁部，在临济（在河南封丘东）消灭魏咎部，然后北渡黄河击赵，把赵歇包围在巨鹿（今河北平乡西南）城中。二世三年（公元前207年）年初，各支反秦武装向巨鹿汇集，为赵解围。从而形成了与秦军主力决战的形势。

这年夏天，项羽破釜沉舟，率领凶猛剽悍的楚军前来决战，章邯措手不及，连连失利。章邯派司马欣到咸阳请求援兵，赵高拒绝接见，不发一兵一卒。章邯在战场失利和朝廷不信任的双重压力下，率秦军投降项羽。于是，关东各路反秦武装纷纷向西攻来。

章邯的投降对二世是一个沉重的打击。移居望夷宫后，他终日闷闷不乐。想到赵高经常说"关东群盗成不了事"，现在却形成了天下背叛的混乱局面，不由得对赵高埋怨起来，于是便派使者去责问赵高。赵高本打算篡夺帝位，经二世这一责问，自知不妙，决定立即动手。就在二世移居望夷宫的第三天，赵高布置掌管宫廷警卫的郎中令弟弟赵成为内应，女婿咸阳令阎乐组织吏卒，诈称追捕盗贼，径闯望夷宫殿门，采取突然袭击的手段进行逼宫。

阎乐率领一千多吏卒奔至殿门，挥刀杀死卫士，带吏卒冲入殿中，到处射箭，见人就杀。赵成和阎乐直逼二世，向他的座位上发箭。二世吼召左右，左右多已四散而逃，其余惶恐失态，无人敢出来护驾。

阎乐执刃逼近二世说："你横暴凶残，国人痛愤，何去何从你自己拿个主意吧。"

二世要求见一下丞相赵高。阎乐说："不行！"二世表示愿意让出帝位，得到一郡为王。阎乐摇头拒绝。二世说："那就当一个万户侯吧。"阎乐仍然没有允许。

二世目光哀怜，绝望地乞求说："我愿意和妻子去当平民百姓，这总可以了吧?"

阎乐冷笑一声,说:"我奉丞相命令来杀你,你说得再多也是白费唇舌。"说完,指挥吏卒逼向二世。此时,这位昏庸的皇帝才明白,把他逼到这步境地的人,正是他的宠臣。二世求生无路,悔恨莫及,只好拔剑自尽。

秦二世皇帝在位3年,终年23岁。死后照平民百姓(黔首)的身份和礼节葬于杜南(今陕西长安西南)的宜春苑中,没有庙号和谥号。

# 刘宏:错生帝王家

汉灵帝与其前任汉桓帝的统治时期是东汉最黑暗的时期,汉灵帝刘宏虽然贵为天子,却也不过是一介傀儡,他靠卖官发财。在危急关头释放党人来救急。

## 堂堂天子,不过是一个傀儡

自从汉和帝以来,东汉帝国的权柄轮流操持于外戚和宦官手中,堂堂天子,不过是一个傀儡。到桓帝朝的后期,宦官集团独霸朝政,气焰嚣张。灵帝君临天下,桓帝窦皇后之父窦武以迎立之功被任命为大将军辅政,海内名士陈蕃为太傅,胡广为司徒,参录尚书事。陈蕃嫉恶宦官弄权,得到窦大将军赞同,引志同道合的尹勋为尚书令、刘瑜为侍中、冯述为屯骑校尉,又起用曾被禁锢的"党人"李膺、杜密等,伺机打击朝内宦官势力。

士大夫集团开始动手,先拿一些权位较微而恶行昭著的宦官开刀,奏诛了管霸、苏康等人。接着,窦武奏报太后,请诛曹节等大太监,窦太后犹豫不决,事情便拖了下来。八月,窦武逮捕宦官郑飒拷问,郑飒的供词中牵连到曹节等人,窦武决定乘此机会,铲除宦官,命人写好奏章送呈太后。曹节等人听说窦武要杀他们,慌忙跑进灵帝的寝宫,说:"外面闹哄哄的,出事了,请陛下出御穗阳前殿。"他还叫小皇帝拿上宝剑,一帮人前呼后拥，出了寝宫。曹节下令关闭宫门，收缴传令用的印信符节；把尚书台的官员都叫来，刀架脖上，逼其起草诏令；派大宦官王甫带圣旨营救郑飒；劫持太后，夺取印玺。郑飒出来后，马上带人去捉拿窦武。窦武跑进兵营，传令："宦官造反了，尽力杀敌的，重赏！"集合了几千人，把抓他的宦官杀了。王甫等听说窦武拒捕逃跑，便集合1000多禁卫军出屯皇城南门。

窦武见大势已去，纵马而逃，王甫催兵紧追。窦武走投无路，自杀。在王甫发兵攻打窦武时，陈蕃才得到事变的消息，带领80多人闯进皇宫的承明门，正好碰上王甫。王甫下令逮捕陈蕃，把他拿下杀了。这场争斗以宦者们大获全胜告终。

建宁二年（公元169年），宦官侯览指使爪牙诬告山阳人张俭谋反，曹节乘机奏捕"党人"，李膺、杜密等数百名士皆死狱中。三年后，窦太后死，有人在洛阳朱雀阙上书写反宦官的标语，宦官们又一次四处搜捕"党人"，抓了1000多人。过了4年，宦官集团又下令：凡是"党人"的门生故吏、父子兄弟及五服以内的亲属，一律免官禁锢。这是继桓帝延熹九年（公元166年）第一次"党锢"之后的第二次"党锢"。

## "张常侍是我爹，赵常侍是我妈"

对士大夫集团与宦官集权的斗争，年少的灵帝有些茫然。宦官曹节等指控"党人"图谋不轨，皇上御览奏章，竟不知道"不轨"二字何意。后来，他年龄大了些，知道帝国的权柄把持在身边的宦官手里，自己不过是个傀儡。但灵帝对此处之泰然，他常常对人说："张常侍是我爹，赵常侍是我妈。"张常侍者，宦官张让也；赵常侍者，宦官赵忠也。宦官竟成了皇帝老子的衣食父母！灵帝对权柄不感兴趣，心甘情愿地交给宦官把握着。

谁都不会想到，这位荒唐皇帝喜欢的是买田宅。刘宏原是个侯爵，家境不丰，被迎立为皇帝后，富有天下，人、财、物全是他的，但他觉得还是应当像做解渎亭侯时那样，置买点田地房宅。于是，他把搜刮来的钱财拿回河间老家去买田宅，起第观。还剩下一些，就分别寄存在宦官们的家里，一家存上几千万。有个叫吕强的宦官觉得堂堂天子还置买田宅，不成体统，就上疏劝谏说"天下的万物都是陛下的，陛下至尊，不宜置买私田、私宅"。灵帝御览了吕强的奏疏后，扔在一边，不予理睬，依然故我。

除了置买田宅外，灵帝还想着法子玩：他用4头白驴驾车，亲自操辔，在御苑驱驰。达官贵人竞相仿效，一时间驴子备受青睐、身份暴涨，驴价等于马价；他给狗戴上文臣戴的进贤冠，佩上绶带，逗它们玩；他又异想天开地在后宫中设置了一个市肆，让宫女们贩卖物品，互相盗窃争斗，他脱去龙袍，换上商人的服装，在市肆中饮宴取乐。

府库挥霍尽了，灵帝便在西园悬出卖官的公开价格：二千石官，交钱2000万文；四百石官，交钱400万文；县令、县长，当面议价。缺有好坏，价有高低。到富庶地方去的，交现款；贫穷地区，先议好价，到任以后加倍交纳。这是公开的。还有"黑市"交易：三公，1000万钱；卿，500万钱。除了皇帝这个位子不卖外，其他官位都可以拿钱买。有个名叫崔烈的人，是冀州名士，官至九卿，他通过灵帝的傅母交上500万钱，买了个司徒。在授他司徒那天，百官齐会，灵帝回头对他的一个宠臣小声说："这官卖亏了，当初该要他1000万！"

## 罪孽深重的外戚和宦官一起被消灭

宦官弄权放纵、灵帝荒淫无道、官僚地主贪残奢靡，使原本就已十分尖锐的阶级矛盾达到白热化，引发了一场轰轰烈烈的农民大起义，即中平元年（公元184年）发生的由张角领导的黄巾起义。

江山不稳，灵帝也顾不上跑驴玩狗了，慌忙召开御前会议，研究对策。文官武将大都主张武力剿灭，唯有曾劝谏灵帝不要搞私产的吕强建议释放"党人"，笼络人心。灵帝采纳了这个建议，下诏赦免党人，利用那些口头上斥责宦官虐民自己似乎是同情农民的士族来镇压起义军。经常宣称"张常侍（张让）是我的父亲，赵常侍（赵忠）是我的母亲"的汉灵帝开始觉得士族有用，质问宦官们说：你们总说党人想造反，该杀该禁锢。现在党人都给国家出力，你们反倒和黄巾通情，该杀不该杀！饱受宦官高压的士族因此又得了势。士族仇视宦官，更仇视农民起义，他们看到汉朝必亡，纷纷组织武力，等待割据称雄的时机到来。

曾有郎中张钧主张诛杀宦官，以谢天下，则可不动干戈，而大乱自平。灵帝听罢，斥曰："此真狂子也！"这位以宦官作为衣食父母的天子，虽然对某些宦官与张角私通而感到愤慨，但他认为，宦官中还有好人。结果，忠心耿耿的张钧被宦官加上一个莫须有的罪名杀了。

于是灵帝任命皇后的哥哥何进为大将军，督率大军驻守洛阳周围的 8 个要塞，保卫京师；任皇甫嵩、朱佑为左、右中郎将，率帝国军队的主力进剿对洛阳威胁最大的颍川黄巾军；遣北中郎将卢植率军进剿冀州黄巾军。几经战斗，颍川、南阳黄巾军先后失利，张角病亡。

听说"黄巾贼"被剿灭，灵帝大为振奋，改元"中平"。他一面封赏将士，一面对起义群众进行血腥报复，每郡被杀的黎民都有数千人。

中平六年（公元 189 年），年方 34 岁的灵帝结束了短暂而荒唐的一生，死后被葬在洛阳西北的皇陵区，号"文陵"。

汉灵帝死，皇子刘辩继位。何太后临朝，何进掌朝政。社会下层（屠户）出身的何进企图依靠下层门第的大豪强董卓杀宦官，不料宦官首先发动，杀死何进。士族大豪强袁绍起兵杀宦官 2000 余人，宦官全部歼灭。董卓引兵到洛阳，逐走袁绍，废皇子刘辩，杀何太后，立汉献帝。罪孽深重的外戚和宦官一起消灭了，东汉的朝廷实际上也消灭了。象征中央集权的朝廷已经消灭，豪强们便公开进行着疯狂的武装混斗，黑暗的东汉后期转入了社会空前大破坏的分裂时期。

# 杨广：荒淫无道，遂亡天下

杨广是和胡亥一样的人物，其皇位也是僭越取得的。杨广通过制造假象麻痹杨坚，骗取了他的信任。即位之后，他任用奸佞小人横征暴敛，穷奢极侈，最终也没有落个好下场。

## 并非一般纨绔子弟

隋炀帝杨广，一名杨英，小字阿麽，是隋文帝杨坚的第二子。当杨坚还是北周大臣时，杨广就因父功被封为雁门郡公。隋朝建立之后，于开皇元年（公元581年）封为晋王，并担任并州（治今山西太原市）总管，这时杨广才13岁。次年，隋置河北道行台尚书省于并州，又任武卫大将军上柱国河北道行台尚书令。

一个13岁的少年，担此重大责任，主要是杨坚接受了北周孤弱而亡的教训，使诸子各掌一方，以巩固杨家的统治。杨坚也深知自己的皇子担当不了如此重任，对杨广的行为和成长更不放心，便精选朝中正直有才望的大臣王韶等来辅佐他。

王韶等人也没有辜负杨坚的委托，对杨广直言匡正，不遗余力。有一次，王韶出巡长城，杨广在并州凿湖造山。王韶回来后，立即"自锁而谏"，使杨广停止了这个工程。

杨广本人也不是一般的纨绔子弟，门第家世固然为他提供了奢侈豪华的优越条件，但周隋时代复杂的政治风云，杨家先代的文治武功，将门之子所受到的各种熏陶，塑造了他十分复杂习钻的秉性：既有专擅威福、纵恣声色的欲望，又有饰情矫节、希望人称道其贤明的虚荣心；既有一个花花公子的低级趣味，又有军事统帅的风度和文武才干。这两种秉性一直互相并存着，而在他称帝独尊之前，前者还处在自我抑制的阶段。

开皇八年，隋朝大举攻陈，第二年春，灭掉了陈朝。杨广虽是名义上的攻陈最高统帅，但在很大程度上是坐享其成，实际指挥部署的是元帅长史高颎，亲率三军攻破陈都建康的是贺若弼、韩擒虎，沿江东下、扫除陈朝残余势力的是大将杨素。但杨广毕竟是最高统帅，他进建康后，将围绕在陈后主身边的佞臣全部杀掉，以谢三吴人民。又命收图籍、封府库，资财一无所取。这些都表现了杨广的大将气度。灭陈后，杨广进位太尉，再任并州总管。

开皇十年，江南士族高智慧等人起兵作乱，文帝又调杨广为扬州总管，镇江都（今江苏扬州市）。

开皇二十年，突厥进犯北方边境，文帝命杨广等率军分道出击。杨广部下长孙晟设计大败突厥。

这样，杨广既曾为平陈的军事统帅，又曾镇守并州，北御突厥，在杨坚的诸皇子中，以其功勋，称得上是佼佼者了。

## 污蔑太子，夺取帝位

隋文帝杨坚共有 5 个儿子，长子名勇，次子杨广，三子秦王俊，四子蜀王秀，五子汉王谅。早在杨坚当皇帝不久，就立长子杨勇为皇太子，成为法定的皇位继承人。但随着杨广政治资本的增加，他继承皇位的奢望越来越强烈了。

杨广明白，要夺得太子的地位，一是要讨皇帝老子的欢心，二是要笼络自己的亲信党羽。按照这两个策略，他同隋文帝杨坚、太子杨勇演出了一幕惊险残酷、精彩圆满的篡夺皇位的历史剧。

太子杨勇没有心机，我行我素。他既没留心杨广的夺嫡阴谋，也不会虚情假意讨父母的欢心。他明知母亲独孤皇后痛恨男子宠爱姬妾，却明目张胆地喜好女色，把父母为他娶的嫡妻元氏冷落一边，与其他的姬妾吃喝玩乐，使独孤后十分不满。

隋文帝杨坚是一个比较俭约的皇帝，可杨勇偏偏无视父皇的俭朴生活，喜好华丽铺张。开皇十八年冬至那天，杨勇大张旗鼓地接受百官朝贺，隋文帝生怕大臣们和太子关系过密，影响自己的皇权，这又触犯了他的忌讳。于是父子之间渐生猜忌。父母既然都不喜欢这个太子，杨勇太子的地位就开始动摇了。

而杨广则是一个善于耍阴谋权术的人，为了迎合独孤皇后，他只和王妃萧氏居处，每当后庭的女人生了孩子就弃而不养。父母每派人来，无论来人身份贵贱，他都亲自和萧妃到门口迎接，并用丰盛的酒饭招待，临走再送上礼物。这些人得了好处，一致在文帝和独孤皇后面前称道杨广仁孝。有时文帝和独孤皇后到杨广那儿去，他便把年轻貌美的姬妾藏起来，让年老丑陋的人穿上粗劣衣服服侍文帝和独孤后，文帝夫妇见杨广"节俭而又不好声色"，就更加宠爱他了。杨广还用同样的方式敬待朝中大臣，大臣们也都称道他。这样，在朝廷内外，他获得了普遍的好感，声望越来越高了。舆论准备就绪后，杨广开始施展颠覆哥哥杨勇的皇太子位置的阴谋。

杨广任扬州总管时，趁入宫辞别皇后的机会，故意跪在母亲面前痛哭流涕，说皇太子要加害他。这如同火上加油，促使独孤皇后决计废除太子。此后，杨广便加快了夺嫡的步伐。寿州刺史宇文述是杨广的亲信，他献计请重臣杨素向皇上提出废立太子之议。杨素是隋朝著名的大将，屡立战功，深受隋文帝宠幸，为隋朝举足轻重的人物。而杨素很信任弟弟杨约。宇文述找到任大理少卿的杨约，整日和他赌博，故意将金钱都输给他，趁机将杨广的意思告诉他，并危言耸听地说："你们兄弟得罪了皇太子。皇帝一死，你家就要大祸临头了。如今皇太子失爱，主上有废立之意，能否立晋王为太子，就在你哥哥一句话。"杨素兄弟遂答应挑唆文帝和独孤皇后废掉杨勇，援立杨广为太子。

在一次宴会上，杨素巧妙地试探独孤皇后说："晋王仁孝恭顺，很像当今圣上。"一句话触到了皇后的心痛处，对杨素说了一大通晋王的好处和太子的不是，二人一拍即合，独孤皇后又送给杨素一大批金银，让他作为废立太子的费用。

隋文帝心里也有废立太子之意，只是碍于朝中大臣，难于启口。有一次他曾暗示尚书仆射、齐国公高颖，高颖马上提出反对，文帝很不高兴。又有一次，文帝命选东宫卫士宿卫自己，高颖又加以反对。文帝认为这是因为高颖与太子是儿女亲家，庇护太子。随着积怨越来越深，高颖终于被削职为民。杨勇失去了朝臣中有力的支持者，就更加势单力薄了。

杨素这时担任了一个穿针引线的角色：一方面在文帝夫妇面前称誉杨广，攻击杨勇，催促文帝废勇立广；一方面在朝中大肆活动，广造舆论，煽动更多的人诽谤太子。于是，关于太子的流言飞语接二连三地传到文帝那儿。杨素又进谗言说："太子心怀怨望，恐有他变，应严加防范。"于是，文帝派人刺探太子的动静，随时禀告；又裁减东宫卫士，去壮健，留老弱，东宫属官有才能者也分别调开。

经过这一番部署和行动，杨勇终于被废为庶人，杨广如愿以偿，被立

历史的博弈
帝道与臣道的较量

为皇太子，取得了皇位的继承权。杨广坐上太子的宝座后，又命杨素捏造罪名，将另一个皇子杨秀废为庶人。杨勇屡次请求见文帝申冤，都被杨广阻挡了。这样，杨广便稳坐东宫，静等文帝死了好做皇帝。

仁寿四年（公元604年），文帝卧病仁寿宫，杨广已急不可待，写信给杨素问如何处理后事。杨素的回信被错送给文帝，文帝看了非常生气。正好文帝宠幸的宣华夫人陈氏入侍，杨广见其美貌，不由得欲火烧身，兽性大发，企图逼奸她。文帝得知大怒道："畜牲何足付大事！"对柳述、元岩说："速召我儿！"柳述等以为是召杨广，文帝连呼："勇也！"柳、元二人便出外起草诏书，召杨勇前来。

这一突变的风云，使形势急转直下。但杨广的心腹已布满内外，得知这一消息，杨广急命心腹宇文述、郭衍率东宫卫士包围皇宫，撤换文帝的卫士和服侍文帝之人，后又干脆杀掉文帝和杨勇。就这样，他登上了皇帝的宝座，年号大业，当时他36岁。他就是历史上著名昏君隋炀帝。

炀帝即位后，最小的弟弟并州总管杨谅马上举兵反抗，但很快被平定。

## 经营西域，远征高句丽，坑苦老百姓

隋炀帝即位时，府库充实，兵马强盛，依靠这一雄厚的经济、军事力量，隋王朝本来可以成为历史上长治久安的王朝。可是经过隋炀帝的一番折腾，这些家底全被挥霍殆尽。他四处扩张固然有巩固边防、发展对外贸易的积极作用，但也成为隋朝灭亡的致命伤。

大业元年（公元605年），北方的契丹族侵犯营州，炀帝诏通事谒者韦云起发突厥兵以讨击。韦云起偷袭获胜，加强了炀帝向四外扩张的信心。

大规模地经营西域是从大业三年开始的。在此之前，西域诸国商人多至张掖同隋进行贸易，隋以黄门侍郎裴矩负责。裴矩向炀帝上奏主张经营西域，唤起了隋炀帝远慕秦皇、汉武之功的雄心，遂派裴矩回张掖，用重金引诱西域诸国来朝。此后，西域诸国往来相继，所经州县，送往迎来，靡费以万计。

大业五年，隋炀帝采用裴矩的谋略，击败西突厥处罗可汗，为经营西域除掉了一个障碍。

吐谷浑据今青海和新疆南部，正当中原往西域的要冲。大业五年，炀帝派军击败吐谷浑，隋在其地置西海、河源、鄯善、且末四郡，中原和西域的交通和商业基本上畅通了。

随后，炀帝出兵西域，派薛世雄率军出玉门关击伊吾，伊吾降。世雄于汉朝故伊吾城东筑城留甲卒千余人戍守。

大业五年，炀帝西巡至燕支山，高昌王曲伯雅、伊吾吐屯设和西域 27 国使者同来谒见。其他如焉耆、龟兹、疏勒、于阗和康国、安国、石国、米国、曹国等均曾派遣使者来到中国。

经营西域，开辟了通往西域的通道，保护了西方对外的商路交通，在客观上促进了中外经济和文化的交流。同时，除少数地区外，基本上没有动用武力，按说不该给人民带来更大的负担，可实际恰恰相反，为经营西域所耗费的资财每年竟以亿万计。因为裴矩招致西域诸国入朝，都是诱以厚利，临行又有丰厚的赏赐。并让当地人民置办华丽的衣着，很多人因而贫困破产，以此来向西域人夸示中原的富有。隋炀帝这些劳民伤财的措施造成了天下的穷困，而西北则是首当其冲。

大业六年正月，西域诸国酋长毕集洛阳，炀帝命在端门大演百戏，一连折腾了一个月。此后情形越演越烈，仅为制作这些锦绣服装，两京缯锦为之耗虚。国家每年仅此项耗费达至亿万。后来中国传统的元宵节观景行乐，即兴盛于此。西域人请求入洛阳市内做交易，炀帝又命排场一番，店肆檐宇，整齐划一，盛设帷帐，珍货充积。西域商人吃饭不收钱。隋炀帝要的是万国来朝的排场和天下归一的尊严，他挥霍巨资来粉饰太平，夸耀富有，不惜和西域人做赔本的生意。为了满足他的虚荣心，国家付出的代价实在是太大了。

隋炀帝向外经营或扩张，规模最大，时间最长，给人民造成灾难最深重的是对高句丽进行的三次侵略战争。

高句丽是隋朝东北最强的邻国，当时它的辖地东至新罗，西过辽河，南接百济，北邻靺鞨。隋开皇十八年（公元 598 年），曾侵扰辽西，被隋朝的辽西总管韦冲打退。由于它的领土扩展到辽河，并曾侵扰营州，隋文帝曾派汉王杨谅率军征伐高句丽，但一败即收兵，没有再举。

大业三年（公元607年），炀帝巡幸东突厥启民可汗帐，恰巧高句丽使者也在。炀帝接受裴矩的建议，胁迫高句丽王高元入朝，高元拒绝，炀帝便以此为借口，劳师大举了。

大业八年正月，炀帝下诏大举进军。隋军130万人，号称200万，分24军，另有炀帝亲率的6军，共30军。转运粮饷的民伕更是不计其数。这是进攻高句丽的主力。另一支水军由右翊卫大将军来护儿率领从东莱海口出发，接应陆军。

来护儿的水军进到距平壤60里的地方，打了一个胜仗，乘胜进攻平壤城，纵兵掠掳，被高句丽的伏兵击败，4万人只剩几千人逃回船上，仓皇撤退。陆路军队在大将宇文述、于仲文的率领下，计有30多万人渡过鸭绿江。兵士携带兵器粮饷，负担太重，疲惫不堪，多偷偷将粮食扔掉。才及中路，粮食已尽，饥困交加，无力再战，不得不退回。途中，遇高句丽军痛击，隋军兵败如山倒，仅2700人逃还，军资器械数以万计丢失殆尽。第一次征高句丽遂告失败。这次出征高句丽，给人民带来了无穷的灾难，各地的农民起义风起云涌，义军多者数十万，少者数万，已给隋王朝造成了严重的威胁。但隋炀帝一意孤行，坚持继续发动进攻。

大业九年，又发动了第二次对高句丽的战争。这次作战的部署和第一次基本相同，炀帝坐镇辽东，由宇文述和大将军杨义臣等进趋平壤，来护儿仍为水军总管，率军从东莱出发。正当陆军刚到前线，水军尚未离开东莱时，杨素之子、礼部尚书杨玄感于黎阳发动了叛乱，攻围东都。炀帝在前线得知消息，慌忙撤军，回救洛阳。军资器械、作战用品堆积如山，营垒、帐幕原封未动，全都丢在战场上。二征高句丽又告失败。

二征高句丽的失败和杨玄感的叛乱，使隋王朝元气大伤。尤其是各地的农民起义，使隋炀帝已面临灭顶之灾，但隋炀帝仍怙恶不悛，大业十年又发动了第三次对高句丽的战争。这年七月，来护儿的水军在平壤附近击败高句丽军。高句丽经过两次折腾，也与隋朝两败俱伤，遂遣使讲和，炀帝也借机收兵。

隋炀帝四处经营，屡兴甲兵，不知耗费了多少民力和资财，他继位时府库充盈、士马强盛的大好局面，此时却已变为大厦将倾了。

## 宠信凶暴贪婪、阿谀奉承的小人

隋炀帝虽无雄才大略，却也有一定的文武才干，只是他的才能没有成为他治理天下的优势，反成为他狂妄自大、嫉贤妒能的资本。

在文学上，隋炀帝可以说是略具文采。他曾对侍臣说："天下都说我是凭借世袭而有四海，假令让我与士大夫平等选拔的话，我也应为天子。"内史侍郎薛道衡才名冠绝南北，著作佐郎王胄文词为天下准则，均因遭炀帝妒恨而被杀。

稍微明智一点的帝王，即使不能从谏如流，却也多少能采纳一些忠言，补救一些过失，而隋炀帝偏偏反其道而行之，他把自己的才能全都用来拒谏饰非，他厌恶甚至痛恨那些极言敢谏之士，必欲除之而后快。朝中那些正直不阿、直言不讳的大臣如果不缄口无言，就不会有好下场。

御史大夫张衡本来是隋炀帝的幸臣。炀帝夺太子位，皆出于张衡的谋划。故即位后，张衡青云直上，在朝中备受恩宠。后来，炀帝要扩修汾阳宫，让张衡规划图样。张衡偷偷劝炀帝说："前几年劳役繁多，百姓疲敝，还应稍加节制。"便马上被贬为榆林太守，次年，让他到南方督建江都宫，又因为他说了一句"薛道衡真是枉死"，把他抓起来要问斩，过了很久才释放。后来还是赐张衡自尽了。

三征高句丽后，炀帝又要去东都游玩，太史令庾质进谏说："陛下连年征高句丽，百姓困敝，应镇抚关内，使百姓尽力农桑，让他们喘口气，然后再下去巡游。"结果被炀帝杀掉。其余凡劝谏炀帝节省民力、停止巡游的，都被杀被贬。大臣们见隋炀帝如此不可救药，也就不敢再拿自己的性命开玩笑，一个个都变成了随声附和的应声虫。

与此相对，隋炀帝所宠信的人，不是凶残歹毒、贪得无厌之徒，就是阿谀奉承的小人。

杨素是隋炀帝宠信的朝廷重臣，虽有文武之才，却专会奉迎主上，半点不敢触犯炀帝的旨意。且聚敛财富，一再修饰华丽的住宅，家僮数千，后庭姬妾穿锦绣之服者以千数。宇文述也是炀帝夺嫡时的干将，善于观望炀帝颜色，随从巡游河右，数以奇异之物进献。大业十二年（公元616年），他迎合炀帝意，劝炀帝幸江都，因而备爱恩宠。其他像内史侍郎虞世基、御史大夫裴蕴、光禄大夫郭衍皆以谄谀受宠。郭衍为讨好炀帝，竟劝炀帝隔五日一视朝，以免被政事累着。像这样撺掇皇帝不理政事的奸臣，炀帝反以为是忠，说："唯有郭衍心与朕同。"

凡是能顺合炀帝作威作福、享乐腐化者，即得到提拔，反之，则或杀或贬官。大业三年，炀帝北巡，雁门太守丘和献食精美，内迁为博陵太守；马邑太守杨廓无所献，就被派到博陵向丘和学习。此后，上行下效，各地方官争着向炀帝献纳精美的食品。最后一次游幸江都，江淮一带的地方官谒见炀帝者，专问礼饷丰薄，丰则超升，薄则停职。江都郡丞王世充献铜镜、屏风，迁通守；历阳郡丞赵元楷献异味，迁江都郡丞。于是郡县竞为刻剥小民以贡献，官吏趁机贪污中饱，贿赂公行，隋朝的政治日益腐败。

炀帝末年，农民起义的浪潮席卷全国，这个暴君被搞得惶惶不可终日。夜中睡觉，要几个妇人摇抚他，才能勉强入睡。但即便如此，他还是自欺欺人，只要臣下说叛贼少就喜欢，反之，不是贬官就是杀头。

## 毒药带在身边，危急时好吞服

在隋炀帝统治的14年中，掘长堑，筑西苑，营建东都，开凿运河，修筑长城，盛治离宫，伐木造船，凿山通道等，可以说是百役繁兴，又四出经营，穷兵黩武，这些无止境、无休期的兵役、徭役不仅夺去了上百万人的生命，同时把社会经济推向绝境。他屡次北巡、南游以及穷奢极欲的挥霍，使得内外虚竭，百姓困敝。人民无法生存，只有铤而走险了。

大业七年（公元611年），王薄领导农民在长白山（今山东章丘）首举义旗，起义的口号就是反对远征高句丽。王薄作《无向辽东浪死歌》来号召农民参加起义，逃避兵役徭役的农民纷纷参加进来。王薄一起兵，备受兵役之苦的人民纷纷响应。

在人民反抗力量的冲击下，统治集团内部发生了分裂。大业九年，隋炀帝二征高句丽，杨素的儿子杨玄感发动了叛乱。他也是利用了人民反抗情绪高涨的斗争形势,他起兵誓师说:"我身为上柱国,家累钜万金,富贵已无所求。今不顾灭门之祸,为解天下倒悬也。"他这一口号,迎合了广大人民的愿望,当地父老争献牛酒,前来投军的每天都有上千人,杨玄感的叛乱,在统治阶级内部引起了强烈的震动,许多贵族官僚子弟,如韩擒虎的儿子韩世鄂、来护儿的儿子来渊、裴蕴的儿子裴爽计有40多人一块投靠了杨玄感,右武侯大将军李子雄也前来投奔,光禄大夫赵元淑、兵部侍郎斛斯政均与杨玄感通谋。后来炀帝虽镇压了叛乱,但统治集团从此开始从内部瓦解。

在内外叛离的形势下,隋炀帝仍不思悔改,不但继续发动对高句丽的战争,又北巡太原、长城。此时,已依附隋朝的东突厥始毕可汗见隋朝国力虚耗,也企图脱离隋朝的控制,趁炀帝出塞,率骑兵数十万,围炀帝于雁门,赖兵士坚守及各地援兵,才得解围。

经过这次事变,炀帝认识到形势有点不妙了。回到东都后,就准备南游江都,避开农民起义的锋芒。到了这时候,他仍不思悔改,继续滥用民力,命在江都重造龙舟送来东都,又在毗陵(今江苏常州)修离宫16所。

大业十二年七月,龙舟造成送来洛阳,宇文述等人劝炀帝游幸江都去,许多朝廷大臣都认识到,此去将会一去不复返,但都不敢说话。建节尉任忠、奉信郎崔民象、王爱仁等先后进谏,都被杀掉。炀帝命越王杨侗留守东都,便到江都去了。

在江都的一年多时间里,农民军杜伏威向江淮逼进,打败隋朝大将陈棱,攻克高邮,进据历阳。中原翟让、李密领导的瓦岗军击溃隋军主力张须陀、裴仁基等。他们传檄周围郡县,揭露炀帝的十大罪状说:"罄南山之竹,书罪无穷,决东海之波,流恶难尽。"炀帝又派王世充率江淮劲旅与留守东都的越王杨侗继续与瓦岗军对抗。河北窦建德击败南下攻李密的涿郡留守薛世雄,威震河北。

许多地方武装势力见隋朝气数已尽,纷纷起兵自立。金城府校尉薛举割据兰州,自称秦帝;鹰扬府司马李轨占有武威,自称河西大凉王;鹰扬府校尉刘武周割据马邑,也称皇帝;鹰扬郎将梁师都割据朔方,称大梁皇帝。太原留守李渊起兵攻下长安,立炀帝的孙子杨侑为傀儡皇帝,遥尊炀帝为太上皇。隋炀帝这个残贼天下、穷困万民的暴君成了一个众叛亲离的独夫。

大势已去的隋炀帝也感到末日来临了，但他还是要及时行乐，与萧后、幸姬等天天饮酒取乐，醉生梦死。还对萧后自我安慰说："现在许多人都想推翻我，然而我不失为长城公，你也不失为沈后（指亡国后的陈叔宝与沈氏），且饮酒取乐。"有一天，他照镜子时摸着自己的脖子对萧后说："好头颈，不知谁来砍掉它。"还准备了毒药带在身边，危急时好吞服。

大业十四年（公元 618 年）三月，隋炀帝的末日真的来临了。原来，炀帝见天下大乱，无法挽回，命修治丹阳宫（今南京），准备迁据江左。从驾的卫士推宇文述的儿子宇文化及为首，发动了兵变，将炀帝用巾带勒死，终年 50 岁。谥号"炀帝"。

# 李儇：被马踢死的倒霉皇帝

用今天的眼光来看，唐僖宗李儇就是一个超级玩仔，他骑驴击球、骑马射箭的本领非常高。但政治不是游戏。李儇被迫做了皇帝之后，就被宦官所控制，还在宦官的胁迫之下去了蕃地。说到底，他就是政治斗争中的一个玩偶。

## 只有田令孜才能真正影响他

唐僖宗李儇即位时只有 11 岁，不懂政事。宰相韦保衡名为托孤大臣，却不能主持政事，实际政权掌握在拥戴有功的刘、韩两个宦官手中。僖宗即位不到两个月，韦保衡便被贬为贺州刺史，逐出朝廷，不久又令其自杀。但刘、韩把持朝政也未能长久，很快又被另一宦官田令孜取代。

田令孜本姓陈，在懿宗时代随义父田某入内侍省做太监，改为田姓。田令孜很聪明，也读过不少书，长于谋略，很快便从普通太监爬到左监门卫大将军的高位。僖宗在做普王时，就与田令孜很熟，并且对他很有感情。僖宗做了皇帝后，称田令孜为"阿父"，把政事全委其办理，只有田令孜才能真正影响他。从僖宗即位之日起，田令孜便在幕后操纵一切。韦保衡被贬死，接任的路岩也很快下台，朝廷重臣频繁更换，甚至刘行深和韩文约也先后被迫因"病"致仕，这都与田令孜的幕后策划有关。乾符二年（公元875年）正月，田令孜接替韩文约出任右神策军中尉，标志着他正式成为宦官首领，而且可以决定对中央和地方重要官员的任免奖惩，成为名正言顺的实际执政人物。右补阙萧瑀只因在上书中触及宦官，很快被贬为郴州司马。田令孜权势之显赫，使包括宰相在内的朝廷百官无不侧目。

僖宗爱好算术、音乐、下棋，并且都有相当高的水平；至于当时颇为流行的蹴鞠（古代的一种足球游戏）、骑驴击球、斗鸡、斗鹅等也无不精通；骑马射箭、舞枪弄棒也略知一二。有一天，僖宗自豪地对人说："若现在的科举中设置击球科进士，我保准能考中状元。"那人正对皇帝的不务正业感到不满，便接口说："如果由尧、舜做礼部侍郎，负责录取，陛下肯定会被淘汰。"僖宗对此无动于衷，只是一笑了之。

当僖宗无忧无虑地做皇帝时，大规模的农民起义已经爆发。田令孜意识到京师长安处境危险，为寻求退路，他决定让自己的同胞兄弟陈敬瑄和心腹杨师立、牛勖、罗元杲等去控制四川，以便将来有避难场所。在分配四人的管辖区域时，僖宗独出心裁，让他们站在球场上，自己坐在球门旁监督，宣布谁先射球入门，则去做西川节度使。陈敬瑄首先破门，获得这一职位，取代了在这一地区本来颇有政绩的崔安潜。杨师立出任东川节度使，牛勖被任命为山南西道节度使。

## 皇权无力被"幸蜀"

宦官专权只能控制朝廷，对地方藩镇却无可奈何。在僖宗期间，藩镇割据又有了比较明显的变化，即军人势力扩大了，他们已不满足于为藩镇卖命或拥立其后代，而是要直接干预藩镇。军人暴动频繁发生，或提出一些条件，或驱逐长官，甚至公然取而代之。许多地方军事长官无力控制局面。田令孜主持的朝廷既然不能控制藩镇，对敢于颠覆藩镇的军人势力更无能为力，只能在事后承认既成事实。

乾符二年，关东在遭大旱之后，许多地方又发生蝗灾。飞蝗所过之处，庄稼、植物一扫而空。这对本来就陷于饥荒、以树叶维生的老百姓来说，无异于雪上加霜。这年冬天，濮州（今河南范县）人王仙芝聚众数千，首先在长垣（今属河南）举起义旗。同时，胸句（今山东菏泽西南）人黄巢也起兵响应。两支起义军很快联合起来，威声大震，在黄、淮间攻掠州县，横行山东，不断给前来镇压的官军以重创，起义队伍也不断壮大。

乾符三年秋天，起义军逼近洛阳，朝廷中一片惊慌。他们一面调兵遣将对起义军进行围追堵截，一面颁诏赦免起义军将领，企图分化瓦解。王仙芝一度产生动摇，起义军出现裂痕。次年，王仙芝战败被杀，起义军由黄巢统一指挥，他自称"冲天太保均平大将军"，改元"王霸"，确立了推翻唐王朝的明确目标。黄巢率部转战黄淮、江淮和江南数年，于广明元年（公元880年）再次北上，把进攻目标指向长安。

面对这一形势，田令孜出于个人的考虑，力主僖宗"幸蜀"，到他经营已久的领地上去。众宰相不同意，僖宗也不愿放弃长安。就在此时，义军已攻破洛阳，朝廷慌忙派兵出潼关拒敌。官军由宫廷卫队神策军组成，可士兵大多是由街头乞丐和流浪汉顶替的，毫无战斗力可言，又加上不久部分官军倒戈，起义军得以轻易杀入长安。田令孜慌忙保护僖宗从西门秘密出逃。僖宗一行逃到凤翔时，凤翔节度使郑畋希望皇帝把这里作为行宫，以组织收复京师。僖宗此时已如惊弓之鸟，决定跟着田令孜立即南下"幸蜀"，临行前把职责推得一干二净，嘱咐郑畋可以便宜从事，联络附近官军，伺机收复京师。

经过艰苦的长途跋涉，僖宗一行到达兴元（治南郑，今汉中市东），决定在此稍作休息。这支匆忙逃窜的队伍缺吃少穿，穷困潦倒，幸亏汉阴令李康组织骡子运来数百驮粮食，才真正解决了僖宗等人的温饱问题。这时，从长安逃出来的文武百官也有一些陆续追到这里，逃亡中的朝廷逐渐恢复一些生气。至此，朝廷才想到应该向全国颁布诏书，号召勤王之师努力收复京都。兴元毕竟是个小地方，没有宫殿，没有豪华的建筑设备，更没有繁华的城市，僖宗不愿在此久住，他派人告知西川节度使陈敬瑄、东川节度使杨师立和山南西道节度使牛勖，表示若兴元难以坚持，准备避难蜀地，希望他们做好接驾准备。陈敬瑄本来在思想上和行动上就早有准备，得到消息，立即派来 3000 人马。中和元年（公元 881 年）正月，僖宗一行经过一个多月的艰苦跋涉，抵达成都，陈敬瑄的府衙暂时做了行宫。然而蜀地也不太平。西川黄头军使郭琪因不满蜀军粮饷比僖宗扈从部队相差太远，发了几句牢骚，竟被田令孜赐了一杯毒酒，一怒之下起兵造反，把唐僖宗逼到东城，郭琪自知闯祸，解印弃剑逃逸。

李儇逃出长安时没有告诉百官，宰相以下官员绝大部分做了农民军的俘虏；僖宗跑到东城，躲避郭琪之乱，文武官员也无人知晓；自入成都，凡有军国大事，田令孜也只召集亲信宦官商议，朝官则无权参预。僖宗本人也完全成为田令孜的傀儡。此时，僖宗已近 20 岁，对自己的处境也日感不满，对田令孜的专权过甚也很恼火，在与亲信谈及此事时有时也涕泪交流。但他既缺乏能力，更缺乏自信，对如何改变这种局面一筹莫展，只能听任事态发展。

## 政治斗争中的一个玩偶

在僖宗躲避农民军的四年中，天下形势也发生了重大改变。在黄巢起义前，基本格局仍是由来已久的藩镇割据，他们虽然不听中央指挥，但也不能公开与朝廷抗衡，至少皇帝还是公认的共主，他们还需要得到朝廷名义上的承认。在黄巢起义中，僖宗逃亡，朝廷丧失了最后的一点威信和号召力，对地方完全失去控制。藩镇和军人势力首领，在镇压农民起义中，竞相扩张实力，形成军阀，开始了大规模的兼并。唐后期的藩镇割据，经过黄巢起义，转变为军阀混战。李唐王朝已名存实亡，以后的延续不过是历史进入五代十国时期的过渡而已。

黄巢于公元 883 年 4 月撤出长安。长安经过各路军阀的多次破坏之后，早已残破不堪，故僖宗小朝廷并没有立即离开成都。僖宗任命右仆射、大明宫留守王徽为京兆尹，负责对京师的宫殿进行修复，同时招募流民充实京师，为朝廷迁返做些准备。光启元年（公元 885 年）正月，僖宗率领小朝廷离开成都，于三月间回到长安，结束了四年多的流亡生活。回京的第三天，僖宗宣布改年号为"光启"，希望能恢复往日的唐帝国和往日的京师。但此时天下形势也已大为改变，除四川、两广和大西北尚未正式形成大规模割据外，其他地区均被军阀们瓜分完毕或尚在无休止的争抢之中，僖宗小朝廷仅能控制的长安也并不平静。

由于国库空虚，全国税贡的地区只有几十分之一。为维持朝廷和自己军队的开支，田令孜欲收回原来委托给河中节度使王重荣的盐税征收权。已转变为军阀的王重荣从自身利益出发，多次上书力争盐税权。田令孜委派宦官对王重荣再三劝解，王重荣坚持不让步。田令孜利用朝廷名义调王重荣离开河中，王重荣不服，再次上书，极力攻击田令孜专权误国，把僖宗即位以来朝廷日微的责任全部推到田令孜身上。见诏书不能发挥作用，田令孜决定孤注一掷，用武力解决问题。

当时，河东节度使李克用正与宣武节度使朱全忠争雄。距李克用较近的邠宁（治邠州，今陕西彬县）节度使朱玫和凤翔节度使李昌符，暗中依附朱全忠。利用这一点，田令孜笼络了朱玫和李昌符，请求他们共同对付王重荣，并允诺以后给予好处。朱玫、李昌符出兵，田令孜也派出部分神策军，合力围攻王重荣。王重荣求救于李克用，为借此消除后顾之忧，李克用决定援助王重荣。联军围攻月余不下，李克用兵至。田令孜自知不敌，反过来主动与李克用讲和。李克用要求朝廷以杀死田令孜为和谈条件。双方开战，朱玫、李昌符大败，李克用兵临长安城下。光启元年十二月二十五日，田令孜再次保护僖宗出走，逃到凤翔。李克用、王重荣派人请僖宗回宫，但仍然要求杀掉田令孜。田令孜既无力抵御，建议僖宗再去兴元，准备再次"幸蜀"。通过十几年的傀儡皇帝生涯，僖宗对田令孜早已不信任，第一次否决田令孜的建议，表示要继续留在凤翔。田令孜仍不愿放弃对僖宗的控制，光启二年正月初八日夜，他率兵劫持李儇强行出走，前往宝鸡。三月十七日，再次到达兴元。其间，朱玫等拥立皇裔新朝廷。田令孜见僖宗已无多少利用价值，且对自己的不满溢于言表，随时可能发生不测，他把朝政大权交给了杨复恭，自己投向蜀地的兄长陈敬瑄。

光启二年十二月，朱玫被部将王行瑜杀死，他所拥立的小朝廷历时八个月而亡。形势突然好转，僖宗带领随从人员于光启三年三月离开兴元，准备返回京师。自田令孜出走后，杨复恭控制一切。逃亡中的小朝廷本来已没有重要政事，随着形势好转，钩心斗角的政治角逐又剧烈起来。为巩固自己的专权地位，杨复恭大举党同伐异，对田令孜余党和曾表示拥立襄王李煴的官员或杀或贬，一概清除，使刚刚缓和的政治局势又紧张起来。盘踞长安的李昌符曾是议立襄王的首犯，虽然因与朱玫争夺未果，愤而弃襄王，重投僖宗，又在讨伐朱玫时立功，但面对杨复恭的党同伐异，还是不禁担心自己未来的下场。所以，当车驾到凤翔时，李昌符借口京师残破，宫殿尚需修复，阻拦僖宗一行进入长安。

杨复恭虽名为朝廷执政，对李昌符的行为却无可奈何，僖宗只好暂住凤翔。六月，杨复恭的干儿子、神策军都头杨守立在行宫中与李昌符发生口角，造成双方士兵混战。僖宗以皇帝的身份进行调解，但双方都不予理会。僖宗束手无策，只好令宫廷守卫严守门户，自己则待在行宫中不闻不问，听任事态自由发展。第二天，李昌符的军队纵火焚烧了僖宗的行宫，与杨守立的神策军再次火并。最后李昌符失败，僖宗才又安定下来。在逃亡中，唐王朝列祖列宗的牌位散失，李儇感到回去难以向祖宗交代，决定先派人去长安修复太庙，重制牌位，车驾仍暂留凤翔。

文德元年（公元888年）二月初，僖宗生病。因害怕死在外面，命车驾急速回到长安。僖宗病情日渐严重，杨复恭主持拥立僖宗的七弟寿王李晔为皇太弟，暂执朝政。三月初六，李儇驾崩，年仅26岁，同年葬于靖陵。李儇在位15年，年号有乾符、广明、中和、光启、文德，尊号"圣神聪睿仁哲孝皇帝"，谥号"惠圣恭定孝皇帝"，庙号"僖宗"。

# 赵佶：风流误国

赵佶在位期间，过分追求奢侈生活，玩物丧志。在位期间，重用蔡京、童贯、李邦彦等奸臣主持朝政，大肆搜刮民财，穷奢极侈，荒淫无度，是一个不折不扣的昏君。

## 毕竟还是好话听起来顺耳

元符三年（公元 1100 年）正月初八日，宋哲宗驾崩的当天，向太后（神宗皇后，当时宫中唯她地位最高）垂帘，哭着对宰相大臣们说："国家不幸，大行皇帝没有儿子，谁来即位，事关重大，应尽早确定下来。"她还说，"申王眼有毛病，不便为君。还是立端王佶好。"章惇抬高了嗓门说道："端王轻佻，不可以君临天下！"话音未落，知枢密院曾布从旁冷笑着说："章惇未尝与臣等商议，怎么如此独断！皇太后的圣谕极是允当。"尚书左丞蔡卞、中书门下侍郎许将也齐声附和说："合依圣谕！"向太后说："先帝曾经说过端王有福寿，且很是仁孝，不同于其他诸王，老身立他，也是秉承先帝遗意哩。"章惇势单力孤，不敢再争。于是向太后宣旨，召端王赵佶入宫，即位于枢前，权力的交接至此乃告完成。

赵佶因生来健壮的缘故，神宗在次年正月赐名曰"佶"，"四牡即佶"，取其壮健之意。他的母亲陈氏，开封人，出身于平民之家，自幼颖悟庄重，十几岁时被选入宫，充当神宗身边的御侍。开始她并无什么位号，生了赵佶后才进封为美人。陈氏对神宗的感情极其深厚，神宗死后，不久她就病死，当时赵佶才刚刚 4 岁。

赵佶周岁之时就授为镇宁军节度使，封宁国公。哲宗即位，晋封为遂宁郡王。绍圣三年（公元 1096 年），以平江、镇江军节度使封端王，并开始出宫就学。

宗室亲王日常学习的主要内容是儒家经典、史籍，但赵佶对这些不很爱好，倒对笔砚、丹青、骑马、射箭、蹴鞠，甚至豢养禽兽、莳弄花草怀有浓厚的兴趣，尤其是在书画方面显露出了卓越的天赋。

赵佶天资甚高，却并没有从母亲那里继承来端谨庄重的性格，相反，在周围环境的影响下，他逐渐养成了轻佻放浪的习气。他的密友王诜可以说与他趣味相投。王诜字晋卿，是英宗和宣仁高太后的女儿魏国大长公主的驸马，论辈分应是赵佶的亲姑夫。此人放荡好色，行为极不检点，家中姬妾成群，还常出入烟花柳巷，公主根本管不住他。公主得重病，他竟当着公主的面和小妾胡来，气得神宗曾两次将他贬官。像这样一个人，赵佶却同他打得火热。一天，王诜派高俅给赵佶送篦子，正赶上赵佶在园中蹴鞠，高俅在旁候报之时，连声喝彩，赵佶招呼他对踢，高俅使出浑身解数，卖弄本事。赵佶大喜，即刻吩咐仆人："去向王都尉传话，就说我把篦子和送篦子的人一同留下了。"从此对高俅日见亲信，颇加重用。

然而赵佶在向太后眼里却是另外一种模样，他对向太后极其敬重孝顺，每天都到向太后居住的慈德宫问安。因他聪明伶俐、孝顺有礼，所以向太后对他钟爱的程度远远超过了其他诸王。在哲宗病重期间，向太后对将来立谁为帝的问题早就胸有成竹了。

赵佶被推上权力的顶峰之时，已是18岁了。章惇等人可能觉着这位轻佻浮浪的新皇帝未必可靠，就奏请向太后"权同处分军国事"。太后说皇帝年龄不小了，不便再由母后干政。赵佶对向太后立己本来感激不尽，此时也哭拜在地，乞求不已。向太后只好答应下来。

赵佶对向太后的所有部署起先是言听计从的，这不仅出于对向太后的感激，更重要的是他需要取得各政治派别的广泛支持，稳固自己的地位。向太后听政6个月就还政引退了，赵佶则继续调和两派，改元建中靖国，意思是要"中和立政"、"调一天下"。而且他为了改变自己轻佻浮浪的名声，在生活方面也做了些尚俭戒奢的姿态，他退还百姓王怀献给他的玉器，还赶跑自己在内苑豢养的珍禽异兽。元符三年三月，还因即将出现日食下诏求直言，表示要虚心纳谏，俨然一副励精图治的样子。

建中靖国元年（公元1101年）正月，向太后死后，赵佶的"绍述"意向更加明朗。不久，大奸臣蔡京被召回朝廷，担任了翰林学士承旨。蔡京首先建议，重修神宗朝的历史，为变法张本；恢复绍圣年间根究元祐大臣罪状的章惇、蹇序辰的名誉，为绍圣翻案。1102年，赵佶改元"崇宁"，即崇尚熙宁之意，正式打出了绍述的招牌。不久，韩忠彦罢相，曾布也被蔡京排挤出朝。七月，赵佶任命蔡京为宰相。

赵佶衡量官员好坏的准则只有一条，就是看他的言行是否顺承符合自己的意旨。尽管他也曾对手下人的忠心有过例外的理解，觉着不一定一味地说好话就是忠臣。大观元年（1107年），赵水使者赵霖从黄河中捕得一只长有两个头的乌龟，献给赵佶说是祥瑞之物。蔡京说："这正是齐小白

历史的博弈
帝道与臣道的较量

所说的'象罔'，见之可以成就霸业。"资政殿学士郑居中唱反调说："头岂能有二！别人看了都觉害怕，只有蔡京称庆，其心真不可测！"赵佶命人将龟抛弃，说是"居中爱我"，遂提拔郑居中为同知枢密院事。然而毕竟还是好话听起来顺耳，蔡京就因为会说好话，会顺着他的意愿办事，才得到他的格外宠信。赵佶在位 26 年，蔡京任相 24 年，中间虽曾三次被罢，但旋罢即复。

赵佶倚为股肱的童贯、王黼、朱勔、梁师成等人无一不是极善谀媚的奸佞之徒。赵佶是个昏而不庸的皇帝，他虽然宠信奸臣，但最高决策权却是一直牢牢控制在自己手中的。在这方面，他确实继承并极度扩大了神宗皇帝管理朝政的一些办法，最突出的就是天下之事，无论巨细，全得秉承他的"御笔手诏"处理。原先负责讨论、起草诏令的中书门下、翰林学士被他一脚踢开。蔡京等贵戚近臣要想办什么事情或干求恩泽，也全得先请赵佶亲笔书写，然后颁布执行。有时赵佶自己忙不过来，就让宦官杨球代笔，号曰"书杨"。对"御笔手诏"，百官有司必须无条件地执行，否则便是"违制"，要受到严惩。政和（公元 1111—1118 年）以后，就连皇宫大内的事务他也要亲自过问，经常像太祖皇帝一样骑马到各司务巡视。

## 皇上好艺术，宫中多珍宝

"太平无事多欢乐"，这正是赵佶的人生哲学。再加上蔡京、蔡攸父子俩，一个说："陛下当享天下之奉。"一个说："皇帝应当以四海为家，太平为娱。岁月蹉跎，韶华易失，何苦操劳忧勤，自寻烦恼？"赵佶更觉着应该及时行乐的好。

蔡京为赵佶提了个口号，叫做"丰亨豫大"。形容的是富足隆盛的太平安乐景象。赵佶认为要丰亨豫大，就必须先把朝廷、宫室以及其他各种场面都搞得富丽堂皇。于是，大内北拱宸门外的新延福宫首先开始破土兴建了。政和四年（公元 1114 年），新延福宫正式竣工落成，因由五个小区组成，故称"延福五位"。此宫东西长、南北短，东到景龙门，西抵天波门，其间殿阁亭台错落相望，鹤庄鹿砦掩映在嘉花名木之间。凿池为湖，疏泉成溪，怪石堆山，小桥流水，花影移墙，峰峦当窗，浓荫蔽日，风送花香，鹤鹿翔跃，鸟鸣啁啾，清幽雅致，不类尘寰。赵佶置身其间，心旷神怡，亲自作文，以记其美。

皇帝既然应享天下之奉，就必须把天下所有美好的东西收罗到皇宫中来，供皇帝受用，赵佶是这样想的，也是这样做的。早在崇宁元年春天，他就派童贯在苏杭设置造作局，役使数千工匠，制作象牙、犀角、金银、玉器、藤竹、织绣等物，无不备极工妙，曲尽其巧。赵佶还嫌不够，崇宁四年（公元 1105 年），他又派朱勔在苏州设应奉局，搞起了规模更大的"花石纲"之役。

除花石外，前代的法书、名画、彝器、砚墨，但凡能得到的，赵佶全都想法不惜重金弄到自己手上。他在宫中专门设立了一个御前书画所，由著名书法家米芾等人掌管，里面收藏了数以千万计的珍品。书法有晋二王的《破羌帖》、《洛神帖》，更多的是唐代颜、欧、虞、褚、薛、李白、白居易的墨迹，光颜真卿的真迹就有 800 余幅。丹青名画有三国时曹不兴的《元女授黄帝兵符图》、曹髦的《卞庄子刺虎图》等，不胜枚举。

古代的钟鼎礼器赵佶收集了 1 万余件，全都是商周秦汉之物。赵佶擅长书画，砚墨自然是少不了的。在他贮藏文房四宝的大砚库中，光端砚就有 3000 余枚，著名墨工张滋制的墨不下 10 万斤。

和一般附庸风雅、徒有虚名的收藏家不同，赵佶倒是很能对古书画、彝器潜心研究一番的。为便于保存，他把收集到手的书法名画大多都重新装裱，亲自为之题写标签。装裱时有一定格式，后世称为"宣和装"，至今还可见到。他命人将历代著名书法家、画家的资料加以记录整理，并附上宫中所藏的各家作品的目录，编成《宣和书谱》和《宣和画谱》，为后世留下了美术史研究的珍贵史籍。赵佶还对所藏古彝器进行考证、鉴定，亲自编撰了《宣和殿博古图》。

政和七年（公元 1117 年），赵佶下令在京城东北部仿照杭州凤凰山的规模筑山。调拨上万名士兵、工匠，累石积土，昼夜不停，耗资不可胜计，历时六载，至宣和四年（公元 1122 年）方告落成。初名万岁山，后因地处汴京艮位而改名曰"艮岳"。看不完的飞楼杰构，说不尽的雄伟瑰丽。

赵佶还非常迷信道教，他在藩邸时经常翻阅些道教神仙鬼怪的书籍，对神仙的生活十分向往。先是道士郭天信说他将来当有天下，果然不久他就即位。即位之初，他曾因生儿子太少而烦恼，有个茅山道士刘混康对他说，京城东北角风水太低，只要稍微垫高些，便是多子之相。他照刘老道的话一做，果然不长时间连得数子。从此，在他眼里道士简直成了活神仙。他下令道士、女冠的地位在和尚、尼姑之上。政和四年，还在他出生的福宁殿东侧建了座玉清和阳宫，供奉道教祖师的画像。

当皇帝的一推崇什么，什么就会立刻应运而生，一些能呼风唤雨、先知先觉的活神仙先后出场。真所谓是"楚王好细腰，宫中多饿死"。先是王老先，接下来就是大名鼎鼎的林灵素。赵佶一见林灵素，不知怎的竟觉着十分面熟，像在哪儿见过似的。他把这想法和林灵素一说，林灵素灵机一动，信口胡诌起来："天有九霄，以神霄为最高，其治所叫做府。神霄玉清王，乃是上帝的长子，主管南方，号称长生大帝君，后来降生人世，就是陛下。长生大帝君有个弟弟，称作青华帝君，主管东方。还有仙官八百余名，如蔡京本是左元仙伯，王黼乃文华使，蔡攸乃园苑宝华使，童贯等人也是仙官成员。我林灵素本是仙卿褚慧，和众仙官一道降临，辅佐陛下求治的，所以才让陛下看了眼熟。"赵佶原是作为人去膜拜神的，这下子自己竟也变成了神仙！连自己宠爱的小刘贵妃据林灵素说也是九华玉真安妃下凡，怎能不喜？遂封林灵素为"通真达灵先生"，厚加赏赐，还把林灵素的老家温州改名为应道军。后来又进封他为"通真达灵玄妙先生"，授予中大夫和冲和殿侍晨的官职。

政和六年（公元1116年），赵佶手捧玉册、玉宝来到玉清和阳宫，上玉帝尊号曰"太上开天执符御历含真体道昊天玉皇上帝"。并大赦天下，令各地的所谓洞天福地全都修建宫观，塑造玉帝圣像，又铸神霄九鼎，安放到了上清宝和阳宫的神霄殿。

政和七年（公元1117年），赵佶执导的崇道之戏演到了高潮。他先和林灵素商量编出了清华帝君白昼显灵于宣和殿、火龙神剑夜间降临内宫的故事，编造出了所谓的帝诰、天书、云篆等物，诏示百官，刻石立碑，以记其事。还集合道士2000余人在上清宝和阳宫由林灵素讲述帝君显灵的过程。接着定期在上清宝和阳宫举办大规模的斋醮，谓之"千道会"。

政和七年四月，赵佶向道录院发了一道密诏，"册立朕为教主道君皇帝"。于是群臣和道录院遂遵诏上表册立赵佶为"教主道君皇帝"。蔡京、童贯等朝廷大臣也都兼任了道教神职。就连朝廷要提拔侍从以上的官员，也得先由算卦的道士推算他的五行休咎，然后再正式任命。一时之间，朝野上下，乌烟瘴气，鬼影憧憧，几乎成了道士的世界。

宣和三年（公元1121年）五月，汴京连遭暴雨，积水成灾，城外积水深达十余丈。赵佶很害怕，忙命林灵素前往作法祛邪。林灵素率领道徒在城上刚刚迈开虚步，防汛的民夫竞相举起锹锸捅将上去向他猛砸，吓得林灵素屁滚尿流，顾不上呼风唤雨，逃了回来。赵佶见自己装神弄鬼的把戏非但不能服人心，反而惹起民怨，很是不乐。正巧太子赵桓来向他告状，说林灵素横行无礼，路上碰到他连躲都不躲。赵佶一气之下，将林灵素赶回了老家。此后赵佶的佞道活动稍有收敛，但其神仙之梦也许做到死才算结束。

## 玩安忽危到这等地步

赵佶性本轻浮，又正值风流年华，除了耽好花木竹石、鸟兽虫鱼、钟鼎书画、神仙道教外，还有两桩要紧的事体，这便是女色和秘戏。

赵佶是17岁那年正式大婚的，娶的是德州刺史王藻的女儿。王氏比赵佶小一岁，相貌平平，又秉性恭俭，老实端庄，不会施展女人的手段取悦于丈夫。赵佶即位后虽顺理成章地将她立为皇后，却并不很喜欢她。这时，赵佶宠爱的是另外两个女子，一个姓郑，一个姓王，俩人本是向太后的押班侍女，生得既美丽又聪慧，懂礼法，善言辞，郑氏兼能识字解文，颇有才气，秀外慧中，很为向太后所看重。向太后也看出些眉目，在赵佶即位后，索性成人之美，将二人赐给了他。赵佶如愿以偿，自然高兴非凡。赵佶自命儒雅，对才貌双全的女子也格外欣赏。郑氏好读书，给皇帝的章疏都是自己提刀命笔，字体娟秀，文辞藻丽，所以在郑、王二人中间，他更喜欢郑氏。他经常写些情词艳曲赐给郑氏，这些作品传到宫外，人们竞相吟唱，郑氏从此对赵佶更是顺承备至。大观二年

（公元 1108 年），王皇后驾崩。到政和元年（公元 1111 年），赵佶遂册郑氏正位中宫。

除郑皇后和王氏之外，赵佶宠爱的嫔妃还有大小二刘贵妃、乔贵妃、韦贵妃等人，这几个人各领风骚，人人都擅一时之宠。政和二三年（公元 1112 年、1113 年）间，赵佶最偏爱的是大刘贵妃，她虽出身寒微，却容貌如花，赵佶每逢赏赐宴会，总要将她带在身边，才能食之有味。岂料好命不长，大刘贵妃不幸在政和三年秋，突得急症。侍从奔告于赵佶，赵佶起先以为是小病，不很在意。等随后前往探视时，大刘贵妃已香消玉殒了。赵佶后悔不迭，悲痛万分，特加谥号"明达懿文"，并亲自作文记叙她的一生，命乐府谱曲奏唱，不久又追封为明达皇后。

正当赵佶因此而伤感寡欢之时，宦官杨戬引来一女，赵佶一见竟目迷心醉，瞬间就把丧妃的悲痛抛诸九霄了。此女便是小刘贵妃，她的出身和大刘贵妃一样卑贱，父亲刘宗元是个酒保。小刘贵妃天资颖悟，极善迎合赵佶的旨意，本来已生得仪态万方，轻盈袅娜，姿色动人，再加上每睡醒之后粉脸之上总像刚喝过酒似的飘着两朵红云，不施脂粉，已赛桃花。她心灵手巧，大概是受了当酒保的父亲的影响，颇善烹饪，时常亲下御厨烧上几盘，无不合赵佶的口味。她还极善涂饰，所着衣衫多是自己动手剪裁，标新立异，绮丽奇目，装扮起来更似天仙一般。然而刘妃毕竟不是神仙，经不起光阴的消磨，在接连生下二男一女三个孩子之后，徐娘半老，难免风韵稍减，她渐渐维系不住赵佶那颗浮浪佻佻的心了。

李师师，本姓王，染局匠的女儿，四岁丧父，流落街头，被隶属娼籍的李家收养，成了名动京华的歌妓。有一首诗称赞她："远山眉黛长，细柳腰肢袅。妆罢立春风，一笑千金少。归去凤城时，说与青楼道。看遍颍川花，不似师师好。"赵佶不知从哪里得知了李师师的艳名，自政和之后，经常溜出宫门，微服潜行，乘小轿子，由数名内侍导从，前往她家过夜。天子浪迹于青楼妓馆，总非光彩之事，赵佶对此很是忌讳，生怕被人发觉，闹得难堪。然而欲想人不知，除非己莫为。尽管赵佶行动诡秘，他的踪迹终于被人窥破了。秘书省正字曹辅上疏谏道："听说陛下厌居宫禁，不时乘小辇去尘陌郊坰极尽游乐，臣没想到陛下承担宗社重任竟玩安忽危到这等地步！"第二天，曹辅就被发配到了郴州（湖南郴县）。

正直敢言的人一个个被赶跑，剩下的全都是些奸佞媚谀之徒了。赵佶经常在宫中搞些花天酒地、放诞荒唐的秘戏，贵为宰相、执政的王黼、蔡攸就常来担任这些秘戏的主角，弄得昏天黑地，皇帝不像皇帝，大臣不像大臣。

赵佶在位25年，生活的腐朽糜烂在历代皇帝中是少有其比的。

有其君必有其臣，他所最宠信、最重用的将相大臣、宦官嬖幸，如蔡京、王黼、童贯、朱勔等人，每一个都是奸贪残暴、无恶不作的人。

蔡京当宰相后大肆贪污受贿尚嫌不够，还要一下拿好几份俸禄，就连粟、豆、柴薪之类的东西也要从国库中支取。他经常在家大摆宴席，有一次请同僚吃饭，光蟹黄馒头一项就花掉1300余缗。他在汴京有两处豪华的府第，又在杭州凤山脚下建了座雄丽的别墅。宣和末年，他把大批家财用大船运到杭州别墅贮藏起来，把另外40余担金银宝货寄藏到浙江海盐的亲戚家，这些财宝不但使他的后代受用不尽，连这家亲戚也沾光成为当地的首富。王黼公开卖官鬻爵，每个官都有定价，当时称作"三千索，直秘阁。五百贯，擢通判"。

## 父子双双沦为阶下囚

崇宁二年起，在蔡京的建议下，赵佶派童贯带兵发动了一连串对西夏的战争，攻占许多地盘，逼得西夏低声下气地奉表谢罪。自从与西夏交兵以来，宋朝确实从未取得过如此赫赫的战果。赵佶扬扬得意起来，他遣官奏告天地、宗庙、社稷，轰轰烈烈地庆祝了一番。

宋夏边境的战火刚刚熄灭，赵佶又打起了辽朝的主意。他和金朝联盟夹击辽，收复燕京。而金留给他的只是一座空城，代价则是100万贯的"燕京代税钱"。而金的矛头，接着就掉转来指向了宋。

宣和七年（公元1125年）十月，金兵分两路大举南侵。西路军以粘罕为主将，由大同进攻太原；东路军主将是斡离不，由平州（今河北卢龙）攻燕京，两路军计划在汴京会合。

金兵推进得非常迅速，十月，东路军攻下檀州（今北京密云）、蓟州

（今天津蓟县）。十二月，郭药师叛变，金兵不战而入燕京，从此金兵命郭药师做先锋，大踏步南下。西路军十二月初出兵，连克朔州（今山西朔县）、武州（今山西神池）、代州（今山西代县）等地，十八日到了太原城下开始围攻。

紧急军报像雪片一样飞进汴京，赵佶吓得心惊肉跳。此时的赵佶已经丝毫没有风流洒脱的模样。他整天愁眉苦脸，动不动就涕泪交流。表面上好像要改过自新，准备抗金，实际上他不敢担当抗金的责任，只剩下一个"走"字在心中了。为便于逃跑，他任命皇太子赵桓为开封牧，想让儿子以"监国"的名义替他挡住金兵，自己好保着皇位向南逃命。他传旨要"巡幸"淮浙，派户部尚书李棁守建康（今南京），替他打前站。太常少卿李纲刺破胳膊，以血上疏说："皇太子监国，本是典礼之常规，但如今大敌入侵，安危存亡在于呼吸之间，怎能仍旧拘泥常规呢？名分不正而当大权，又何以号令天下，指望成功呢？只有让皇太子即位，叫他替陛下守宗社，收人心，以死捍敌，天下才能保住！"

赵佶急于逃命，权衡一番利弊，只好下了禅位的决心。但是他老谋深算，又死要面子，不愿给人留下畏敌避祸的不光彩印象，就绞尽脑汁找了个自以为体面点的借口。十二月二十三日傍晚，赵佶到玉华阁召见宰执大臣，先传令提拔吴敏为门下侍郎，让他辅佐太子。赵佶接着写道："皇太子可即皇帝位，予以教主道君的名义退居龙德宫。可呼吴敏来作诏。"不一会儿，吴敏从外面拿进来草拟好的禅位诏书，赵佶在结尾处写道："依此，很令我满意。"

第二天，皇太子赵桓在经过一番辞让后即位。上赵佶尊号曰"教主道君太上皇帝"，居龙德宫；郑皇后尊号曰"道君太上皇后"，居撷景西园。

赵佶在退位的第二天虽曾明确表示说："除道教教门事外，其余一律不管。"但昔日的权威他和他的宠臣是不会甘心轻易地放弃的。在喘息稍定之后，他们就开始以"太上皇帝圣旨"的名义发号施令了。东南地区发往朝廷的报告被他们截住不得放行；对勤王援兵也要求就地待命，听候他们的指挥；纲运物资也要在镇江府卸纳。他们把持着东南地区的行政、军事、经济大权，准备在镇江重新把赵佶捧上台。汴京的新皇帝赵桓听到此事后，下诏说按照赵佶退位诏书办理，剥夺了他们的权力，还将童贯、蔡攸等人贬官。赵佶和儿子赵桓的矛盾却由此激化了。

二月初，金兵从汴京城下撤退，赵桓接连派人请赵佶回京。赵佶表示自己今后愿意"甘心守道，乐处闲寂"，绝不再窥伺旧职、重当皇帝了。父子矛盾表面有所缓和。四月三日，赵佶回到汴京，赵桓亲到郊外迎接。只见赵佶头戴并桃冠，身着销金红道袍，飘飘摇摇地入城，住进了龙德宫。

此后几个月的太上皇生活赵佶过得并不舒心，他昔日的宠臣一个个或贬或死，十几个跟随多年的贴身内侍都被赶出了京城，连李师师的家财也被赵桓一道命令籍没了充作赔款，他的一举一动无不处在赵桓的严密监视之下。

靖康元年闰十一月二十五日，金兵攻陷汴京。翌年二月六日，又宣布废掉赵佶、赵桓两个皇帝。金兵早就把赵桓扣押在了青城，这时又点名令赵佶前来。

二月七日早晨，赵佶在龙德宫蕊珠殿吃罢素餐，觉着此地离金兵占据的外城太近，很不安全，就搬到了延福宫。刚坐下，只见几个人从门外走了进来，为首的是已做了金兵走狗的李石。李石说："金人请太上皇到南熏门内一个房子里写拜表，只要拜表送去，金人就会把皇上送回来，没别的意思。皇上还让我们捎话说：'爹爹、娘娘请快来，免得错过机会。'"虽然还不知道金人已将自己废掉，但几个月来一直心惊胆战的赵佶，听到这话又吓了一跳，他生怕里面另有文章，沉吟了半晌，说："军前没什么变动吗？卿别隐瞒，朕以后给卿等升官，别再贪眼前小利误了朕的大事，若有变动，朕好早做打算，徒死无益。"李石发誓："若有不实，甘受万死！"赵佶又怕当今朝廷做什么手脚，就说："朝廷既不放我南去，围城时又对我封锁消息，所以才弄到这种地步。今天我轻易一动就会招来不是，卿别瞒我。"李石又说："不敢乱奏。"赵佶这才派人去请郑皇后。不大工夫，郑皇后进来，两个人嘀咕了一阵，赵佶穿上道袍，又取过自己平常佩带的佩刀，令内侍丁孚拿着，和郑皇后乘肩舆出了延福宫。走到南熏门，他刚想下轿，护卫的人忽然围拥肩舆向门外跑去。他在轿中跺着脚气急败坏地大喊："果真有变！丁孚快拿刀来！"扭头一看，丁孚早就被抓到一边去了。

当年十月，赵佶从燕京被押到了大定府（今辽宁宁城西）。次年七月，被押到了金国都城所在地的上京会宁府（今黑龙江阿城县南）。穿着素衣的赵佶参拜了阿骨打庙后，又拜见金太宗吴乞买于乾元殿，金太宗封他为"昏德公"。不久，赵佶和赵桓等 900 余人，被迁到了韩州，金朝拨给 15 顷土地，令他们耕种自给。

在以后的几年里，金人每逢丧祭节令总要赏赐给赵佶一些财物酒食，每赐一次，又总要赵佶写一封谢表。后来，金人把这些谢表集成一册，拿到设在边境的和南宋进行贸易的榷场一直卖了四五十年。

绍兴五年（公元 1135 年）四月，赵佶死在金朝。绍兴七年（公元 1137 年）九月，消息传到南宋，赵构上谥号曰"圣文仁德显孝皇帝"，后又加上谥号曰"体神合道骏烈逊功圣文仁德宪慈显孝皇帝"，庙号"徽宗"。绍兴十二年（公元 1142 年）八月，赵佶的梓宫从金朝运到了临安。

# 朱由校：戕毁明朝元气的客串木匠

熹宗即位时年 16 岁，委信乳母客氏，封为奉圣夫人，又晋升与客氏私情密切的内监魏忠贤为司礼监秉笔太监。熹宗热衷于木工，朝廷诸事全权交付魏忠贤处理，由此得专擅威福，明宦官专权至此达到顶峰。由神宗朝发展而来的党争门户更趋恶劣，言官居中借谏劾兴风作浪，大坏朝政。

## 被东林党人拥上皇帝宝座

朱由校的父亲光宗朱常洛不为其父神宗所喜。虽为皇长子，但长期遭受歧视，直到 20 岁才勉勉强强被立为东宫太子。

万历三十三年（公元 1605 年）十一月十四日深夜，选侍王氏生下朱常洛的第一个儿子朱由校。朱常洛在困境中得子，心中非常高兴，可是一想到父皇又有些心寒，不知他高兴不高兴？朱常洛灵机一动想出个办法来，他令人分头将喜讯报知奶奶慈圣老太后和父皇。

只要奶奶高兴，父皇大概不会怎么样。报喜的太监走后，朱常洛长久地徘徊在院子里，等待着父亲那边的讯息。老太后听到第一个曾孙子出生，又是大明江山社稷的继承人，觉得是天大的喜事。老太后一高兴就往儿子那里跑，待她到了乾清宫，神宗已得了消息。看到母亲喜得合不拢嘴，神宗也笑了，传令封王氏为才人，朱常洛才放下心来。

万历四十八年（公元1620年）对明朝来说是一个多事的年头。七月二十一日，明朝在位最长的君主神宗去世，临死还关照及时册立皇长孙。八月初一光宗朱常洛即位，然而他福分太薄，在位一个月，于九月初一早晨死去。时年39岁。

光宗死前，旨传内阁大臣方从哲、刘一燝、吏部尚书周嘉谟及科道杨涟等入宫。谁知这几个人刚走到宫门口时，光宗已经驾崩了。杨涟说："皇上晏驾，嗣君年幼，他又没有嫡亲母亲或亲生母亲在身旁，万一出现什么变故，我等就是天下罪人了。现在我们只好闯进宫去，拥皇长子即刻接受群臣朝见，安定天下人心，杜绝变故发生。"大家都认为只有这样办了。

商议已妥，杨涟就带头闯宫。守门的太监乱棍交下，不让他进去。杨涟将手一挥，大吼道："我们是皇上召来的。现在皇上驾崩，嗣君年幼，你们阻止大臣入宫扶保幼主的目的何在？"太监被杨涟的气势镇住了，杨涟便带领群臣进了宫门。

杨涟一行进了乾清宫，哭倒在光宗的灵前。磕头完毕，杨涟请皇长子朱由校出见群臣。这时朱由校正被光宗的宠妃李选侍拦在西暖阁内不得脱身。刘一燝大呼道："皇长子应当在灵柩前即位，今天却不在灵前，哪里去了？"太监们都不回答。这时，光宗的东宫侍奉、老太监王安走来，告诉刘一燝说："皇长子为李选侍所匿。"刘一燝大声吼道："谁如此大胆，敢匿新天子！"王安说："你等着，我去一趟。"王安说罢，大步走进西暖阁。他正言厉色地向李选侍说明了外朝的情况，以不容违拗的口吻请求皇长子立即出见群臣。李选侍到底是妇人家，没见过这种场面，心中不免有些发毛，稍一迟疑。王安立刻抱起朱由校跑出来。刘一燝、杨涟等人立即跪倒高呼"万岁"。刘一燝看事不宜迟，挥一挥手，大家一拥上前，刘一燝架起朱由校的左胳膊，英国公张惟贤架起右胳膊，王安在后面拥着就把朱由校架上了步辇。这时，李选侍有些后悔，慌忙上前拽朱由校的衣服。杨涟吼道："殿下是天下之主，群臣之君，谁敢阻拦。"大家连拖带拉将朱由校拥入文华殿，群臣礼拜，朱由校即了东宫太子之位，议定九月六日即皇帝之位。

九月初六日，正式举行了登基大典。朱由校即了皇帝之位，群臣舞蹈山呼。朱由校在高高的龙墩上看到了杨涟几天之间像是变了一个人，满头黑发和须眉都变成了白色，这是他几天来心力交瘁所致。朱由校非常感动，数次称他为"忠臣"。朱由校的即位，是东林党人的巨大胜利。

东林党人自万历中期便自树高明之帜，讽议朝政，裁量人物，认为肩负天下兴亡的重任，是朝臣中最清白、最忠直的大臣。正由于东林党人绳人过苛，引起了某些官僚集团的不满。万历末年与东林党人作对的主要有齐党、楚党、浙党、昆党等士大夫集团。光宗即位后，不久便主张顺应神宗意旨，保护郑贵妃的党派都被清除了，东林党如日行中天，气焰趋于极盛。短短几个月间，被排斥的原东林派官僚皆披挂出山，冠盖满京华。

朱由校即位后，在东林党人的主持下，革除了神宗末年的一些弊政。如停罢了杭州织造、革除了南京的鲜品进贡；对发生重灾的地方进行了赈济；明令免除了天下带征钱粮及北畿地区的加派，减轻了某些地区的赋税；再就是对历史上的一些大案重新作了结论，恢复了张居正的官荫，肯定了张居正对国家的重大贡献；另外给建文时期的方孝孺等人平了反，恢复了名誉，肯定他们是国家的忠臣，对他们的后代免除了奴籍，恢复了平民地位。

## 成为太监宫女控制的工具

在天启初年，明王朝政坛上又悄悄崛起了一股政治势力。这股势力由于和皇帝有千丝万缕的联系而生长极快，迅速地对明朝政治发生重大影响，这就是魏忠贤太监集团。魏忠贤的兴起又与朱由校的奶妈客氏相关。

明朝皇家生儿育女，亲生母亲是不哺育的。一般是从农村挑选一些强壮的村妇为奶妈代为哺育，据说这是希望农民的乳汁能给这些娇嫩的金枝玉叶增强体质。客氏是保定府定兴县人。万历三十三年，客氏第二胎产一女没有成活，恰在这时宫中为即将出生的朱由校寻找奶妈。客氏人长得肤肌白皙，身体苗条健美，眉清目秀，又恰在18岁如花似玉的年华，奶汁非常稠厚，于是被选中，成了朱由校的乳母。入宫二年，丈夫侯二病死，客氏便带着儿子侯国光长期在北京住了下来。

客氏虽然是一个不识字的农村姑娘，却心灵嘴巧，非常机敏，又会做针线，所以很快在东宫上上下下混得很熟。朱由校的生母王氏对她很放心，把儿子整个托付给了她。客氏知道怀中这个含着奶头的小生命是大明江山之主，是皇位的继承人，将来要掌管整个国家。她对朱由校的照顾非常尽心，也正是在这时客氏产生了非分之想，她要利用这个机会改变她生活的轨迹，博取荣华富贵，而这些必须来自对朱由校的精心服侍。本来皇子断奶后奶妈就要打发出宫回家，因为客氏对朱由校太好，朱由校离开她便大哭不止，不吃不喝，王氏也看孤儿寡母可怜，便破例将她留下来，继续服侍朱由校。等到王氏一死，朱由校竟不自觉地把客氏当成了母亲。

客氏发现朱由校已完全被她笼络住，心中十分高兴。朱由校即位使她的野心恶性膨胀起来，她要在后宫摆出不可一世的架子来，压倒那些有名分的后妃嫔贵，使谁也不敢瞧不起她这个农家女。客氏在宫中遇到一个和她有同样出身、同样感情、同样野心的太监，二人一拍即合，随即串通一气、狼狈为奸，进而干预国家政治，祸乱天下，这个太监就是魏忠贤。

魏忠贤是直隶河间府肃宁县人，家贫而无赖，娶妻冯氏，生有一女。魏忠贤生性黠慧佻薄，不事生产，饮酒赌博、鸡鸣狗盗无所不为。后其妻与其离异。魏忠贤的家乡是个出太监的地方，许多贫苦农民为生活所迫而净身去投师父做太监。魏忠贤在欠了一屁股赌债、走投无路之际也踏上了这条道路。万历十七年，他入了宫，投于司礼监秉笔兼掌东厂之印的老太监孙暹名下。魏忠贤被派到御马监干事，也就是这时培养了魏忠贤对名马的兴趣。魏忠贤在御马监待了一阵，又被派往甲字库看管仓库。他利用职务之便，盗吞库物，手头渐渐充裕起来。朱由校诞生后，其母王氏无人办理膳食，魏忠贤买通东宫太监魏朝，靠他引见入了东宫，为王氏及朱由校办理膳食。魏忠贤巧于逢迎，工于心计，千方百计利用旧日关系从各库掠取各种财物、玩好、果品、花卉取悦于王氏及朱由校。他还做得一手好菜，色香味俱属上乘，因此颇得王氏欢心。

客氏原来与魏朝是"对食"关系，即太监、宫女形同夫妇的生活。魏忠贤来东宫后立刻看上了客氏，多方接近她，讨她的欢心。客氏渐渐喜欢上了魏忠贤，二人偷偷相好，如胶似漆。熹宗即位后，客氏将魏忠贤拉到朱由校手下，充当典膳局官。由此，二人皆成为朱由校的亲近之人，他们都怀着控制小皇帝、进一步攫取权力的野心，从政治上、生活上结成一体。

朱由校对客、魏二人恩宠有加，引起了东林党人的深深忧虑，他们害怕朱由校被二人迷惑挟制，重演出太监专权、阿保乱政的局面。杨涟、左光斗在十月份上疏，以朱由校大婚在即为借口，提出将客氏放出宫去。老太监王安从中主持，朱由校只得让客氏离宫。但客氏一走，朱由校像掉了魂一样，茶饭不思，不出三天，就令客氏再次入宫。王安劝他说："娶了皇后就好了，有伴了。"朱由校说："娶了皇后也不行，皇后也不大，也要客奶照顾！"群臣看着客氏再次来到朱由校身边，谁也没有办法。

客魏集团的形成是朱由校造成的，以后客魏集团的肆虐也是朱由校纵容的结果。朱由校是一个爱玩、贪玩、会玩的"主儿"。即位之前，客氏、魏忠贤带他玩马、玩狗、玩猫、玩花、玩草，花样不断翻新，昏天黑地。做了天下之主，他的玩性丝毫未减，反而大加弘扬，玩得更加邪乎。魏忠贤最希望朱由校发扬玩的天性，自己好从中渔利，专权擅政。所以他对朱由校的玩加意引导，花鸟虫鱼、声色狗马，极天下之所能。朱由校也忘掉了江山社稷、列祖列宗、黎民百姓，忘掉了自己是一国之君。

朱由校生性活泼好动，对什么事情都怀有浓厚的兴趣。他追求新奇、刺激，喜欢名马，爱好骑马射猎。魏忠贤以他在御马监学到的知识，搞了许多名马送给他，朱由校为之逐匹命名。他经常跃马挥鞭满宫乱跑，为了跑马的方便，宫内许多几百年的大松树都被砍掉，窄小的门洞被拆除。朱由校爱打猎，尤其爱亲手杀死野兔、獐狼之类。他喜欢亲手砍掉野兽的头后看它的眼珠转动，从鲜血淋漓中追求刺激。他在宫中像一个顽皮的农家小子，常常上树去掏鸟巢，下水去抓鱼。有一次，他掏鸟从高高的树上摔下来，衣服被扯烂，摔得头破血流。魏忠贤还时常带他去北海泛舟。朱由校为了好玩并不安分地坐在船上，他要亲手划船。经常是魏忠贤等太监坐船，皇上划船。有一次，朱由校与两个小太监在一条小船上。朱由校衣袖高挽，非常卖力地划桨。突然，湖上风起，将小船打翻，两个小太监不会游泳，朱由校也不会游泳，三人眼见就要淹死，正好一个会游泳的太监从湖边经过，将朱由校救起，两个小太监被淹死了。这时，魏忠贤、客氏在远处的画舫上喝酒，还不知道发生了事故。这类事情很多，朱由校玩起来根本不顾危险与否，魏忠贤也不以此为意。最危险的一次是朱由校在宫内大阅兵。他披坚执锐看施放铳的表演。一个叫王进的小太监就在朱由校面前装药点火，结果"轰"的一声，发生爆炸。王进的手被炸飞一只，险些伤及他，他只"哈哈"一笑，并不介意。

朱由校还喜欢蹴球、舞剑、射箭。永寿宫是魏忠贤与他日常蹴球之所，乾清宫前丹陛是他舞剑的地方，常常在月下可以见他舞剑的身影。朱由校箭射得极准，有一次，魏忠贤骑马从他眼前驰过，他一箭便将那马射翻。

除了这些武的，朱由校最爱看戏。宫内钟鼓司准备有各种戏，他几乎每晚必看，而且很开心。他看戏每天必到极晚，冬天更是通宵达旦。

朱由校爱忘事，过去的事情转眼就忘得一干二净。但他人聪明，手也很巧。他最喜欢土木建筑、木工制作。全套木工活他样样精通，油漆一行亦极工巧。凡是他见过的木器用具、亭台楼阁，一看便能制作。宫中原有十作，即十个作坊，由太监管辖，负责宫中土木营造。朱由校在宫中就成了十作的头。他爱好营建，常在宫中亲自动手建造回廊曲室，手操斧锯，兴趣盎然。但他喜厌无恒，造成了，看看哪里不顺眼就毁掉重造。常常是造了毁、毁了造，忙得不亦乐乎，顾不得吃饭喝水。朱由校不但造大的亭阁，而且擅长细致的雕刻，他做的砚床、梳匣皆是自己油漆，五彩绚烂、工巧妙丽，出人意表。他雕刻的八幅屏，在不盈尺的天地里雕刻的花鸟虫鱼、人物走兽都栩栩如生。他令太监将这八幅屏拿出宫去，每套卖一万两银子。太监为讨他高兴，第二天就拿一万两银子给他，使他大为兴奋。

一切时间都花在玩上，朱由校哪还顾得上朝政。为了玩，他可以不读书、不上朝、不看奏章、不批文件。魏忠贤充分利用了朱由校的昏庸。他要谋私害人，就在朱由校忙于设计制作时去请示事情。每次，朱由校都是不耐烦地挥挥手说："我都知道，你们去办吧！"于是，魏忠贤盗取了批奏之权，口衔天宪，威压群臣。不利己的事以皇上的名义批驳，谋私害政的事情也以皇上的旨意传令执行，外廷之臣无可奈何。

## 任由魏忠贤残害忠良

客、魏二人利用朱由校的昏庸在宫内立住了脚跟，然后开始发展他们的势力，组织听命于他们的官僚集团，以求把持天下。

东林党人眼见得魏忠贤青云直上，异常担忧。他们密切注视着客、魏的动向。在客氏的去留问题上东林党人进行了力争，遭到朱由校的痛斥。朱由校大婚礼成，荫魏忠贤侄二人，东林党人亦表示反对。天启元年（1621 年）十月，赐给客氏香火田 20 顷；神宗山陵工成，亦表彰魏忠贤之功。东林派言官皆上疏反对，但朱由校根本不听，反而怒责东林党人，而那些东林党的反对者则受到纵容和支持。

到了天启二年底，大臣中有两个人倒向了魏忠贤。其中一个是礼部尚书顾秉谦。顾秉谦为人庸劣无耻，一直受到东林党人的攻击。他看到魏忠贤的迅速崛起以为冰山可倚，就秘密地投靠了他。另一个是南京礼部侍郎魏广微。此人亦是寡廉鲜耻、柔媚无骨之徒。魏忠贤得势，魏广微认为是个机会，他以同宗同乡为由巴结魏忠贤，魏忠贤遂将他召到北京拜为礼部尚书。到天启三年（公元 1623 年）正月，顾、魏二人皆以原官兼东阁大学士进了内阁，改变了东林党在内阁的一统天下。这样，有顾、魏二人相助，魏忠贤如虎添翼，更加放开了胆子为非作歹。天启三年，太监明目张胆地跑到工部堂上索要冬衣，多方挑剔、挑起事端，工部尚书钟羽正被逼离职。魏忠贤指使御史郭巩疏攻周宗建、刘一燝、邹元标、杨涟、周朝瑞等人保举熊廷弼镇守辽东是党邪误国，东林党人群起相救，皆受严责，许多人因此罚俸。魏忠贤假皇上之命封他的子侄和客氏的子侄世袭锦衣卫官职，又不顾廷臣反对接连增加内操军士两万多人，由此，魏忠贤掌握了宫内外所有禁卫大权。

在内宫，客、魏二人对光宗的嫔妃和朱由校的嫔妃都可以任意生杀。光宗的赵选侍素与客氏不和，魏忠贤矫旨赐其死。赵氏将光宗历年所赐之物罗列于庭，再拜上吊。朱由校的裕妃张氏怀孕，过期未生，客氏在朱由校面前说她是妖精，将其关闭在一个死胡同内，不给吃、不给喝，偶尔天下大雨，张氏趴在地下喝屋檐下滴下的雨水，终被折磨而死。冯贵人曾劝朱由校罢内操，客、魏大怒，将其赐死。成妃李氏向为朱由校所喜，她曾借机会在朱由校面前为冯贵人辩解，被客氏知道后矫旨革其封号，绝其饮食。李氏鉴于张氏之死，预先在各个墙角、壁缝间藏有食物，故关闭数日后得以不致饿死，客、魏将其贬为宫人。另外，胡贵人对客、魏专权有恨，尝与人言，魏忠贤借朱由校出门祭天的机会，派人将胡贵人杀害，向朱由校报称是暴疾而亡。好在朱由校爱忘事，过去就忘了。从来就没把他的这些嫔妃放在心上，少了几个他也不知道。

天启四年（公元1624年），形势发展对东林党人更加不利。魏忠贤不但在文官中间招纳了羽翼，武臣方面亦安排了心腹之人。锦衣卫都督田尔耕、北镇抚司理刑许显纯皆是魏忠贤的死党。东林党人的奏疏只要弹劾魏忠贤，必定受到痛斥。相反，反东林党者逐渐开始罗列东林党罪状，发起反攻。

东林党人与魏忠贤的决战终于在天启四年（公元1624年）六月爆发了。时任明朝最高检察官的都察院左都御史杨涟再次披挂上阵，疏奏魏忠贤犯有24大罪行。

杨涟此疏一出，的确把魏忠贤吓坏了。疏中所指，件件是事实，倘皇上雷霆一怒，后果不堪设想。魏忠贤惴惴不安，晚上找到朱由校，跪在他面前痛哭流涕，说外廷有人想整他，给他罗织了许多罪状，全是无中生有。他一心为国，一心为皇上，才得罪了这些人，这些人攻击他，实际上是想限制皇上。他假装提出辞去东厂职务以全尸骨。朱由校未读奏疏，不知所以然。客氏又在旁边替魏忠贤评功摆好，说魏忠贤如何清忠勤谨，如何效尽犬马之力。外廷大臣故意与他过不去，是因为魏忠贤公正廉明，他们做不了弊，才危言耸听，给魏忠贤安了这么多罪名。朱由校只知道魏忠贤万事顺从，竭尽全力带他玩，对外廷事务根本不了解，因此也就说不出什么，也不愿意读那份奏章，他不允许他辞东厂之职，而对杨涟则大加申斥，说他"捕风捉影，门户之见，大胆妄言"。

杨涟被责，激起满朝官员的愤怒。杨涟次日又写一疏，准备面奏皇上。魏忠贤则阻遏朱由校不御朝三日，第四日才出御皇极门。魏忠贤早做了准备，锦衣卫士布满朝堂，仪仗金瓜倍于往时，杀气腾腾，一片森严。魏忠贤口传圣旨，今日只听取内阁奏报，其余诸臣不许奏事。此一举更加剧了东林党人的愤怒。继杨涟而上疏者风起云涌，或单疏，或合疏，短短两天，不下百余疏。但是，魏忠贤控制了朱由校，已稳操胜券。所有奏疏，不管言辞多么激切、尖锐，皆如泥牛入海，杳无声息。

魏忠贤顺利地渡过了这一难关，他明白了东林党人别看声势浩大、气势汹汹，其实没有什么了不起，很容易对付。东林党势头过去了，魏忠贤该反过来收拾东林党了。而此次风头过后，被东林党人攻击的官员都希望魏忠贤给东林党一点颜色看。魏广微拿了一本《缙绅便览》，用墨笔将他认为是邪人的官员一一圈点，重则二圈，轻则一圈。像叶向高、韩爌、何如宠、钱谦益、赵南星、高攀龙、杨涟、左光斗、李应升等六七十人皆被三圈。他将这本《缙绅便览》交给魏忠贤，让他依次罢逐。有人则向魏忠贤献计，恢复"廷杖"之刑，用来威震群僚。

天启四年（公元1624年）十月，祭主庙。百官毕集，宦党大学士魏广微不至。到仪式进行了一半，他踉跄入班拜跪。遭到魏大中、李应升等人的抨击，魏广微以失仪请求罢免，魏忠贤矫旨免罪挽留。魏广微因此怀恨魏大中、李应升，催促魏忠贤对东林党人下毒手。十月、十一月两个月，魏忠贤假传圣旨，陆续将东林党人吏部尚书赵南星、右都御史高攀龙、吏部侍郎陈于庭、左都御史杨涟、左佥都御史左光斗以及魏大中、乔允升、

125

冯从吾、袁化中、房可壮等数十人罢斥。朝属几乎为之一空，内阁中顾秉谦做了首辅，东林党的天下彻底失掉。

天启四年十二月，宦党徐大化再次上疏弹劾杨涟、左光斗串通王安、威压宫禁、党同伐异、招权纳贿。另一宦党曹钦程更是危言耸听，说赵南星、周宗建、李应升收受了熊廷弼的贿赂。魏忠贤立即矫旨削了周宗建、李应升的官职，并派锦衣卫逮捕杨涟等人到京听讯。

魏忠贤的党羽已定好计谋，诬杨涟、左光斗、周朝瑞、顾大章、袁化中等东林党人都受了熊廷弼贿赂。锦衣卫受宦党指使，先将东林党人汪文言抓来北京投入镇抚司监狱，交由宦党许显纯审问，逼他承认经手给东林党杨涟行贿。为了让汪文言承认，每次过堂，五刑备尝。一直折磨了两个多月，汪文言皮开肉绽，一息尚存，许显纯也没有得到他所需要的口供。最后，许显纯动用最残酷的刑罚，一天到晚拷打不休，汪文言实在受刑不过，便说："你们不要打了，口供你们愿意怎么写就怎么写，我承认便是！"于是，许显纯诬蔑杨涟等人受熊廷弼贿赂，汪文言经手过付。汪文言听到这里，大呼一声："苍天啊！冤枉啊！以此污清廉之士，我死不承认！"许显纯冷笑一声，让人拿着汪文言的手画了押，便将他打死，上报汪文言已经招供。

七月，杨涟、周朝瑞、左光斗等人逮到，下到北镇抚司。杨涟等人入了狱，还不知道犯的是何罪。第一次过堂后，才知道被诬受贿。左光斗对杨涟他们说："他们这是存心要杀我们。他们杀我们有两个办法，一是趁我们不服，酷刑毙命；一是暗害于狱中，说我们是急病而亡。如果我们一审即承认，即可以移送法司，到时候再翻供，尚有一线生的希望。"大家认为确是这样，所以，第二次过堂，不管诬赃几万都承认了。谁知道承认了许显纯并不将他们移交法司议罪，而是更加残酷地拷打，立逼吐出赃银。这些东林官僚平时都是极清廉的，哪有几万两现银？交不出来，许显纯就三日一堂、五日一堂，压杠子、夹脑袋、戴枷锁镣、烙、刺、夹、棍一齐上，旧创未复，又加新伤。几天下来，这几个人连跪的力量都没有了，过堂时皆戴着桎梏平卧堂下，惨状目不忍睹。几个大臣的家人在京城东奔西走，筹措银两赎人，但京城是魏家的天下，谁敢借给他们银两。七月正是暑天，杨涟等人无医无食，屡受重刑，很快就濒于死亡边缘。第一个死去的是杨涟，抬尸的人发现杨涟体无完肤，面部被打得血肉模糊，爬满了蛆虫。尸体上由一个土袋子压着，两个耳朵都钉进了铁钉，显然是被暗害。家人载棺回家，家产已全部变卖，无地安葬，只好厝置河边。其母亲妻小栖息厂城楼上，而魏忠贤依然令地方严厉追赃。第二个死去的是魏大中，他家徒四壁，异常贫寒，死后六七天不让抬出，结果尸体腐烂。其子扶棺归乡后亦勺水不进而死。左光斗死后，人见其两腿已被打断，仅一筋相连，肌肉已烂掉，只剩下白骨。蛆虫满身，面目不能分辨。顾大章也是血肉模糊、惨不忍睹。赵南星等人则或被追赃，或削籍，或远戍。赵南星终于死于戍所。

依靠高压和滥杀，魏忠贤建立起了他至高无上的权威，内外大权抓于一手，内廷除宦官王体乾外有李朝钦、王朝辅等30多人为左右死党；外廷文臣则崔呈秀、田吉、吴淳夫、李夔龙、倪文焕主谋议，号为"五虎"；武臣则田尔耕、许显纯、孙云鹤、杨寰、崔应元主残杀，号为"五彪"；吏部尚书周应秋、太仆少卿曹钦程等10人号为"十狗"；其他又有"十孩儿"、"四十孙"等名号。崔呈秀等人门下的义子、义孙又不知凡几。自内阁六部以至于四方总督、封疆大吏，遍是魏忠贤死党。客、魏两家的亲属更是满门公侯，当时北京城有人云"真皇帝是魏忠贤"。明王朝在客、魏把持下，卖官鬻爵、滥封滥荫、贪污贿赂、献媚取宠、排斥异己、高压专制，吏治坏到了极点，明朝政治一塌糊涂。

魏忠贤把持的东厂成为最恐怖的特务机关，东厂番役到处横行，官民偶有不慎便遭横祸。甚至东厂番役故意设下圈套诬陷无辜，京城内外人们对东厂畏之如虎。一次，有两个人在酒馆喝酒。其中一个喝醉了，大骂魏忠贤，旁边一人制止他，怕他惹祸。这时候门外进来一个人，故意挑逗那个醉者，说魏忠贤好生厉害，让他听到可不得了。那醉者借着酒劲说："他能奈何得我？能剥了我的皮吗？"那人冷笑一声，亮出了东厂番役的身份，将那醉者绑去，活活剥了皮。

阉党对东林党人采取斩尽杀绝的政策。天启六年（公元1626年）尽毁天下讲学书院，以绝党根。又仿宋元党禁之例，立东林党人碑，将东林党人永远禁锢。天启六年顾秉谦修成《三朝要典》，将东林党人描述成专权乱政、结党营私、危害国家的小人，丧失封疆的罪人，宣布永远禁锢。

魏忠贤尝到了权力的滋味，他的党羽们亦从中取得了好处。为了长保荣华富贵，这些人对魏忠贤献媚取宠，无所不用其极。魏忠贤俨然是太上皇帝，所缺的只是名义。阉党分子想尽办法为他歌功颂德。天启六年六月，浙江巡抚潘汝桢上疏，请"建魏忠贤生祠，用致祝福"。朱由校马上降旨同意。为表彰魏忠贤心勤体国，钦赐祠名为"普德"。生祠很快在美丽的西子湖畔建立起来，坐落在关公与岳飞庙之间，备极壮丽。有一位提学副使黄汝亨从门前经过，微微叹息一声，结果被守祠的太监当场打死，地方不敢过问。杭州生祠一建，建祠之风迅速吹遍全国。各地督抚大员纷纷效法，唯恐落后，规模也越来越大，越来越华丽。到处都发生拆民房、拆庙宇，甚至拆学宫建生祠的事情。建造费用起初由各官捐献，后来皆是动用国库银两。每一个生祠都请皇上命名。其名歌功颂德，调门越来越高。如"广恩"、"崇德"、"仰德"、"旌功"、"德芳"、"威仁"、"嘉献"、"隆勋"、"报功"、"感恩"、"存仁"，不一而足。一年时间，全国从京城到各省，从通都大邑到边荒蛮地，生祠遍布，对建造生祠不热心者立即逮捕治罪。各地生祠建好后都举行盛大的迎喜容仪式，文武百官皆行五拜三叩头之礼，像对皇上一样，只差没呼"万岁爷"。

## 确定继位人是他做的唯一明白事

熹宗的身体本来是很好的，他喜爱户外活动，兴趣广泛，爱玩善玩，精神与身体一直非常健康。天启六年（公元 1626 年）春他划船落水以后身体大不如前，常常闹些毛病，日益虚弱起来，脸和身上都出现了浮肿。到天启七年（公元 1627 年）六月间又一次病倒，这次更是严重，惧热怕冷，时发高烧，浮肿也更加厉害，脸色黄里透青，吃饭也越来越少，说话也没有力气。这下忙坏了御医们，也吓坏了魏忠贤一伙。朱由校的饭原来是魏忠贤、客氏、王体乾、李永贞四家轮流操办的，不吃尚膳监的饭。四家为讨朱由校的高兴，饭菜一家比一家精美，尤其是客氏所做的御膳更是精美绝伦，朱由校特别爱吃，称做"老太家膳"。朱由校病倒后，四家都在吃上下大功夫，想补一下他虚弱的身体。阉党分子霍维华向朱由校进献了"仙方灵露饮"。其法用银锅蒸馏五谷，取其精华制为饮料，甘洌异常。朱由校喝后觉得很好，但喝了几天也就没有兴趣了。待到七月间，朱由校的病情明显恶化。客、魏二人不免心中焦愁，他们依靠朱由校这个大靠山，原认为一世尊荣是不成问题的，而今年轻的君王眼看要命归天府，怎不使他们惶惶不可终日。这时候，京师传出了魏忠贤欲谋篡位的谣言，一传十，十传百，满城风雨。人们心中惴惴不安，皇后张氏更是焦虑。

张皇后是河南生员张国纪之女。天启元年（公元1621年）四月二十七日选为皇后，与朱由校完婚。张氏风姿绰约，美色天成。成婚之初她与朱由校感情还算好。然而，他们二人的性格悬殊太大，时间久了产生摩擦。朱由校好动爱玩，张氏喜静厌游；朱由校不谙事理、不明大义，不懂得自己的职责，一副纨绔子弟的性格，张氏通达事理、深明大义，对国事家事都有一定的看法。这样水火不容的性格凑合在一起，难免要造成双方感情的破裂。

张氏平时喜欢静静地在房中干些杂活，或者看看书、写写字。朱由校去玩时总是来叫她，她多是托病不去。实在推不掉就去一会儿，很快就回来，脸上也无高兴之色。时间久了，朱由校也厌烦了，不再叫她。显然，他不乐意与这个不会玩的妻子在一块儿活受罪。

张皇后看到客氏、魏忠贤横行霸道乱国乱政，心中十分气愤。

但她给朱由校说朱由校根本不听。有一次，张氏在读《史记》，朱由校玩得满脸是汗跑进来了，问张氏读的是什么。张氏说《赵高传》。"赵高？谁是赵高？"朱由校问。"大奸似忠，毒如蛇蝎，指鹿为马，颠倒黑白，坏秦朝锦绣天下的小人！"张氏气愤地说。朱由校才不管他赵高是何方神圣呢，他似懂非懂地朝张氏一笑，又玩他的去了。

客氏最担心张氏控制朱由校，所以时时处处对张氏提防和限制。客氏在宫内大摆威风，以朱由校的母亲自居，根本不把嫔妃放在眼里，对张皇后也是如此。客氏对朱由校既像母亲对于儿子，又像少妇对于情人，一种与生俱来的嫉妒心使她不能容忍任何女人占据朱由校的心。对客氏的横暴，张氏非常反感，她曾当面斥责过客氏，因此，客氏、魏忠贤与张后结下冤仇，必欲铲除而后快。天启三年（公元1623年），张皇后怀了孕，客氏将张皇后宫中下人一律换成她的心腹，在侍候张氏时粗手粗脚。终于有一天，一个宫女给张氏捶背用劲过猛造成张氏流产。朱由校的其他妃子也有生育。范贵妃生悼怀太子慈焴，容妃任氏生献怀太子慈炅，皆殇。朱由校嫔妃如云，但他不好色，晚上一般看戏看到很晚，倒头便睡，一觉到天亮。客氏又故意限制他与嫔妃接触，故此外再无生育。朱由校一心在玩上，对有没有儿子并不在意，而张氏对朱由校子嗣问题却是很焦急。

朱由校的重病和外间的传言使张皇后忧心忡忡，她最担心的是皇位的嗣继问题。她首先想到的是朱由校同父异母的弟弟信王朱由检。朱由校无子，信王又是他唯一的弟弟，遵照"兄终弟及"的原则，信王是皇位当然的继承人。信王当时已17岁，与朱由校即位时的年龄差不多大。信王沉毅冷静、通达情理、深明大义，素有贤名，张后早有耳闻，因此，她看中了朱由检。张皇后虽然被朱由校冷落，但中宫名号尚在，万一朱由校突然死去，未留下遗嘱，她可以用中宫的名义发布关于继承人的谕旨。但张皇后还是希望在朱由校活着时就把此事确定下来。

自从生病之后，长时间辗转于床第，朱由校有了反思自己一生的时间。大概出于良知的发现，自天启七年，朱由校的性格发生了某些细微的变化。他开始注意他周围的人，对张后的态度也渐渐转变了，张氏因此可以经常陪伴在他的床边。就在八月初，张氏对朱由校提起了信王，说信王可以托付大事。朱由校表示同意。到八月八九日间，朱由校病情加重。魏忠贤等人时刻守在宫殿内外以防不测。张后劝朱由校召见信王一次，由于客、魏防范太严未成。十一日，魏忠贤休沐。张后借这个机会，传旨召进了信王。

信王来到乾清宫，见到了他的哥哥。看到朱由校全身浮肿、气息奄奄，十分难过。朱由校强打起精神说："我弟将来要成为尧舜一样的君主，你要好好照顾你的嫂子。"又说："魏忠贤、王体乾皆是忠臣，可以信任，可以大用。"信王只是伏地叩头，不敢回声。召见结束后，张皇后叮嘱他

130

多加保重，随时注意事态变化。朱由校昏昏庸庸过了 20 余年，只有召见信王确定继位人是他做的唯一明白事。但至死他对客氏、魏忠贤的眷恋丝毫未变。天启七年（公元 1627 年）八月二十二日下午申时，统治天下七年，将大明元气戕毁殆尽的熹宗朱由校撒手离开了尘世，时年 23 岁。而失去靠山的魏忠贤，在去往凤阳皇陵担任烧香太监的途中，听到崇祯皇帝下旨处死自己时上吊自杀。

# 第四章　悲鸣与惩罚，僭号称尊无善果

历史上有许多宗姓篡位的事例，也有不少非宗姓篡位的例子。那些非宗姓的篡位，因为他们夺取帝位更加名不正言不顺，所以他们的统治也就更加无情，对臣下更加苛刻，对人民也更加残暴。

## 王莽：在喝彩中称帝，在唾骂中丧命

王莽（公元前45年—公元23年），字巨君，中国历史上新朝的建立者，公元8—23年在位。王莽为西汉外戚王氏家族的成员，其人谦恭俭让，礼贤下士，在朝野素有威名。西汉末年，社会矛盾空前激化，王莽则被朝野视为能挽救危局的不二人选。王莽统治的末期，天下大乱，新莽地皇四年，更始军攻入长安，王莽死于乱军之中。王莽在位共15年，死时69岁，而新朝也成为了中国历史上最短命的朝代之一。

### 抓住对手的把柄一棍子打死

王莽的先人，本是被秦所灭的齐王氏子弟。汉武帝时，这个家族一位叫王贺的做了一个绣衣御史的小官。王贺生子禁，王禁妻妾众多，生有四女八男，其中王政君系王禁嫡妻李氏所生。政君19岁入宫侍奉太子刘奭。宣帝甘露三年（公元前51年），王政君生一子，名骜，字太孙。刘骜3岁时宣帝去世，太子刘奭即位，是为元帝，立刘骜为太子，政君为皇后。政君荣登"国母"的宝座，她的父母、兄弟、姊妹都成了皇亲国戚，封爵授官，王禁封为阳平侯。元帝竟宁元年（公元前33年），汉元帝一命呜呼，太子刘骜即位，是为成帝，尊皇后王政君为皇太后；任命帝舅王凤为大司马大将军领尚书事，总理朝政；封王崇为安成侯，王谭、王商、王立、王根、王逢时被封为关内侯，唯王曼已卒，未得封赏。自此开始，以皇太后王政君为首的王氏家族，把持了大汉帝国的权柄。

成帝大封诸舅以后，王氏外戚一个个贵显无比，鲜衣驽马，趾高气扬，过着骄奢淫逸的贵族生活。唯王莽一家过着孤贫寒酸的生活。王莽生于元帝初元四年，父王曼因早殁未能蒙受皇恩。但王莽恭俭有礼，拜名儒、沛郡陈参为师，孜孜不倦地攻读经书。在家里，他恭谨地侍奉寡母和寡嫂，教育亡兄留下的侄儿。在社会上，他广交名人儒士，小心翼翼地侍奉执掌朝廷大权的伯父与叔父。阳朔三年（公元前 22 年），王莽的伯父王凤生病，王莽在侧侍候，不离左右，亲自尝药，照顾备至，几个月未解衣带，这更增加了王凤对他的好感。这位权臣弥留之际嘱托元后和成帝授给王莽一官半职。就在这一年，王莽做了黄门郎，不久升为射声校尉，这是个执掌弓弩兵的大官，秩二千石。其时王莽年仅 24 岁。

永始元年（公元前 16 年），王莽的叔父成都侯王商上书成帝，愿分自己的户邑以封王莽。长乐少府戴崇、侍中金涉、胡骑校尉箕阂、上谷都尉阳并、中郎陈汤等一班名士，也都盛赞王莽。于是，成帝封王莽为新都侯，食南阳新野之都乡 1500 户，晋官为骑都尉光禄大夫侍中。骑都尉是个武官，秩俸与射声校尉相同，光禄大夫和侍中都是加官。加上光禄大夫一官，便可参与朝政，议论国家大事；加上侍中一官，便可在皇帝左右侍奉。年方 30 的王莽，自此成为朝中很有权力的大臣。但王莽绝非那种志骄意满之辈，他爵位越尊，节操愈谦，散舆马衣服，赈施宾客，家无所余；收赡名士，交结将相卿大夫。有时，还做出一些沽名钓誉、哗众取宠的事来。

绥和元年（公元前 8 年），王莽的叔父、任大司马大将军的王根处在重病之中，他数次上疏请求离职养病，新的大司马大将军一职空缺。与那些终日追逐声色犬马的王氏子弟相比，王莽显得人品出众，靠着王氏外戚多年来的势力，他是能够获得这一高位的。但也有强劲的对手，他叫淳于长。此人亦是王氏外戚之一，而且当时的官位和权势都超过了王莽。为谋得高位，他曾说服太后，立成帝宠妃赵飞燕为皇后。成帝对淳于长的斡旋之功甚为感激，便赐淳于长以关内侯的爵位，不久，又再封为定陵侯。淳于长由是大见信用，贵倾公卿。然而，淳于长没有王莽那般远见卓识，志骄气满，渐渐骄奢淫逸起来。他与寡居的被废许后的姐姐许嬿私通，又娶她为小妾，并多次致信贿赂经他说情恢复地位的许后，对其百般戏弄。结果，淳于长的这些隐私被王莽侦知。王莽利用在王根左右殷勤侍疾的机会赢得王根支持，将淳于长的隐私上奏成帝。结果，淳于长不仅失去了马上就要到手的大司马大将军的位子，连卫尉的官职也丢掉了，被赶回自己的封地。后成帝又以大逆之罪把淳于长毙死狱中，妻子流放，红阳侯王立也被赶回封地。王莽彻底击败了对手淳于长，王根推荐王莽代己辅政。绥和元年（公元前 8 年），成帝擢王莽为大司马，代王根辅政。这年，王莽38 岁。

## 沽名钓誉，杀死自己的亲生子

登上这个一人之下、万人之上的高位后，王莽仍旧克己修行，延聘贤良名士幕僚。他母亲生病，公卿大臣派其夫人前来探视，出来迎接客人的王夫人穿着短衣布裙，那些贵夫人竟把她当做王莽家的奴婢了。

不料，王莽在大司马的位子上坐了一年多一点，就被赶下台来。绥和二年（公元前 7 年）成帝去世，因无子嗣，元帝傅昭仪之孙、定鞠恭王刘康的儿子刘欣即位，是为哀帝，傅、丁两家成了皇亲国戚，与王氏外戚在权益的分配上发生冲突。元后为了维持政局的稳定，便让王莽辞职就国。哀帝从小就听说王氏外戚骄盛，心中十分不满，但自王凤出任大司马以来，王氏外戚把持朝政已达 26 年，势力盘根错节，哀帝不敢马上触动王氏外戚，便下诏书，盛誉王氏外戚辅政保国之功，也把王莽夸奖了一番，加以挽留，还加封王莽户邑 350 户。

后来，王氏外戚与丁、傅外戚不断发生冲突。有一次，王莽又上书辞职，向哀帝和傅、丁外戚示威。这次，哀帝恩准了，他赐给王莽一些黄金，让他在京师闲居。过了两年，又把他赶回南阳新野都乡封地。但是，哀帝未彻底剪除王氏外戚的势力，特别是丝毫不敢触动太皇太后王政君，给王莽留下了卷土重来的机会。

蛰居南阳新野都乡的王莽，结交士人，沽名钓誉，等待时机东山再起。王莽初回封地，南阳太守为了结交他，特地选了儒学名士孔休做王莽的新都相。王莽对孔休很是礼敬，并赠剑笼络。王莽的二儿子王获杀死了一个奴隶，这本来算不了什么大事，但王莽痛斥儿子，叫王获自杀以偿命。王莽的这些行为赢得了极大的声誉，朝野上下为王莽喊冤叫屈者以百数，请求哀帝恢复王莽的官职。元寿元年（公元前2年），日食，周护、宋崇等借此大做文章，为王莽大唱赞歌。哀帝迫于社会舆论的压力，以侍奉太皇太后的名义，征王莽回京师长安。

一年后，哀帝寿终正寝。哀帝无子嗣，太皇太后下令把汉王朝的军政大权交给王莽。王莽奏免了大司马董贤，重登大司马的宝座。继立的平帝年幼，元后临朝称制，委政王莽。王莽以成帝赵皇后杀害皇子、哀帝傅皇后骄奢的罪名，迫令她们自杀，又把丁、傅两家外戚赶出京师。为防止大权旁落，他还不准平帝的母亲卫氏入京。这样，王莽大权独揽，玩平帝于股掌之上。他排斥异己，结党营私；又沽名钓誉，广施恩惠；同时，不断向太皇太后要更尊贵的名号。平帝元始元年（公元元年），他获得"安汉公"的称号。

当时，年迈的太皇太后仍握有相当大的权力。对这位太皇太后，王莽是不敢惹的。于是，他指使爪牙上书，说太后至尊，不宜操劳过度，一些小事就不必亲躬了。太皇太后采纳了这个建议，规定唯有封爵一事须奏闻于她，其他事皆由安汉公和公卿大臣平决。自此之后，朝政大权完全为王莽所把持。

正在这时，王莽长子王宇不满其父的专横，便和他的老师吴章、妻弟吕宽密谋劝谏。王莽探知事情真相后，大怒，将王宇送进监狱，宇饮药自杀。宇妻怀子，也被抓进监狱，待分娩后再处决。接着，王莽治吕宽罪，从中央到地方，凡王莽认为异己者，一律指为吕宽党羽而逮捕治罪。连元帝的妹妹敬武公主、梁王刘立、红阳侯王立及平阿侯王仁，也都被胁迫自杀。曾与王莽争夺大司马一职的前将军何武、忠于汉室不阿附王莽的前司隶鲍宣、与卫氏相善的护羌校尉辛通、函谷都尉辛遵、水衡都尉辛茂及南阳太守辛伯等都下狱致死，牵连被处死者达数万人。吕宽之案，使王莽进一步清除了异己。

为进一步稳固自己的权位，王莽费尽心机，使女儿成为汉平帝的皇后。不久，王莽便获得了"宰衡"的称号，位上公。王莽十分得意，让御史给他刻了一枚"宰衡太傅大司马"的印章。

受此殊礼后不久，王莽觉察出日渐长大的平帝对自己的不满，便先下手鸩杀了平帝，拥立了年仅两岁的刘婴做"孺子"，自己做起"摄皇帝"来。王莽代汉自立之心，已是路人皆知，东郡太守翟义及赵明、霍鸿起兵反莽，相继被镇压。

## 无人能阻止王莽当皇帝的脚步

这时，年迈的太皇太后有名无权，已经没有什么力量能阻止王莽代汉自立了。

居摄三年（公元8年），梓潼县一个无赖袁章见王莽有代汉而立之势，决定来一次大的政治冒险。他伪造了两个铜匮，一个上写着"天帝行玺金匮图"，另一个上写着"赤帝行玺某传予皇帝金策书"。"某"指汉高祖刘邦。书中说，王莽继汉而立，为真天子，太皇太后应尊奉天命。图、书中都写着王莽八个大臣的名字，袁章又自造了王兴、王盛两个名字，还有他自己的名字，说这11个人是新王朝的辅佐。一天黄昏，袁章穿着黄衣，拿着铜匮，跑到汉高祖刘邦的祀庙，把两个铜匮交给仆射，仆射马上报告王莽。次日清晨，王莽郑重其事地来到高庙，拜受铜匮，又戴上皇冠去谒见太后，说明自己将承天命代汉而立。然后，来到未央宫前殿，在皇帝的宝座上坐下来，宣布自己代汉而立，定国号为"新"，以十二月为始建国元年正月。

始建国元年（公元9年）元旦，王莽在未央宫前殿隆重地举行了新朝皇帝登基大典。王莽率公卿朝见太皇太后，奉上"新室文母太皇太后"的玺绶，去掉汉朝的封号，并立妻子王氏为皇后。王莽有四子：宇、获、安、临。王宇、王获皆已自杀，王安神志恍惚不清，王莽便立王临为皇太子，封王安为"新嘉辟"；封王宇的6个儿子皆为公，大赦天下。又下诏策命孺子婴为"安定公"，以平原（今山东平原西南）等五县百里之地、人万户，作为安定公的封邑，在那里立刘氏宗庙，奉汉正朔，以孝平皇后为安定太后。宣读完策令之后，王莽拉着年仅5岁的刘婴流涕嘘欷，说："当初周公居摄，成帝长大后便还政了。我原也欲效法周公，无奈天命难违，不得如意。"哀叹良久，中傅把刘婴带下殿，北面称臣。接着，王莽从太皇太后手里拿到了"汉传国玺"。王莽自阳朔三年（公元前22年）步入仕途以来，从黄门郎、射声校尉、骑都尉光禄大夫侍中、大司马、摄皇帝，步步高升，最终代汉自立，建立了他的新朝。

王莽代汉自立后，依照《周礼》设计了一套对社会进行"复古"改革的蓝图，试图缓解自西汉中叶以来的社会危机，巩固新朝地主阶级的统治，是为"新政"。

首先，王莽依照夏、商、周三代的井田制模式，进行土地改革，颁布了"王田令"，更名天下田地曰"王田"；禁止土地买卖；一家男口不满8人而田过900亩者，把多余的土地交出来，分给族人邻里；过去没有土地的，按一夫一妇100亩受田。敢有违犯此令者，流放边远地区。

为了抑制奴婢的增多，在颁布"王田令"的同时，王莽又颁布了"私属令"，更名奴婢为"私属"，禁止买卖奴婢。不听令者，流放边远地区。

颁布"私属令"的次年，即王莽始建国二年（公元10年），王莽又依据《周礼》颁布了"五均"、"赊贷"和"六筦"。"五均"，是由政府来管理工商业经营和物价；"赊贷"，是发放贷款，贫民遇有丧葬、祭祀，或欲经营工商业而无资金的，可向县府丞贷款。祭祀限10天归还，丧事限3个月归还，不收利息；工商贷款岁息1/10，或月息3％。后来，王莽又下令由国家专卖盐、酒、铁；由国家铸钱；由国家管理山林川泽，收山泽税。这五项国营实业，加上国家办理"五均"和"赊贷"，合称"六筦"。

在官僚制度上，王莽也进行了改革。他以传说中的上古官制为蓝本，兼采汉代官制，融会贯通，制定了新朝的官僚制度。在中央，设置四辅、三公、四将、九卿和六监；在地方，分全国为9州、125郡、2203县。在州内设州牧；郡的长官，按爵位的高低分为卒正、连率和犬尹；在县内设县宰。

王莽还对币制进行了改革，多达四次。王莽在经济、政治等方面进行的一系列改革，特别是"王田令"和"私属令"，的确抓住了问题的核心。但是，他没有提出切实可行的改革措施。他的改革方案富于幻想，却根本行不通。王莽的"新政"不但加重了劳动人民的负担，也触动了官僚地主、富商大贾的利益，后者原是对王莽抱有极大的希望的，他们想换一个新皇帝来维护他们的既得利益，并能获取更大的利益。王莽的新政触动了贵族阶级的利益可说是危机四伏。

## 危机四伏，四面楚歌

王莽登上龙座不久，就发现他的龙座不稳。危机首先来自边陲。王莽称帝后，认为天无二主，土无二王，少数民族首领称王违反古制，背于一统，于是他派五威将出使各少数民族。其中北出者到匈奴单于庭，收回汉朝发的印玺，更授新朝的印章。单于看了很不满意，因为"玺"为帝王所用，而"章"乃臣子之物，索要旧的印玺，五威将陈饶当场将旧玺椎碎。单于大怒，挥骑南下攻掠，周边其他各族也相继举兵。边陲烽烟四起，鼓角齐鸣。王莽大怒，征发各郡国士兵，分六路进军匈奴。六路大军并出，战线东西绵延 3000 多里，共募天下的囚徒、丁男、甲卒 30 万人。从江淮到北部国境线上，出征的将士、运饷的役夫，络绎不绝。30 万大军无法同时集结，先期到达的便屯留边境，等待后续部队的到来。这些屯居边境的将士，大肆骚扰当地百姓，抢劫财物，勒索钱粮。内地各郡催征军饷，搜尽锱铢，民不聊生。这样，对匈奴的战争还未开始，边境和内地就乱了起来。为了对付混乱局面，王莽给他的大臣加授将军称号，遣著武将军逯并等镇抚要害城镇，派中郎将、绣衣执法各 55 人到达边陲做监军使者，整饬军纪。谁知这些官员到达边境后，与带兵将领串通一气，索取贿赂，劫掠百姓。一群饿虎又加上一帮饿狼，边陲鸡犬不宁。

外患未除，内乱又起。王莽手下的三个得力干将王舜、甄丰和刘歆，原是汉朝的大臣，王莽出任大司马后，将其作为心腹。但是，在王莽想做"摄皇帝"之时，他们不大赞成，持观望态度。王莽代汉自立后，王舜、甄丰、刘歆都成了开国元老，个个在朝中颇有威望。特别是甄丰，性格刚强，桀骜不驯，王莽首先觉察出甄丰对他代汉而立不满，决定拿他开刀。于是，甄丰从大阿、右拂、大司空降为更始将军。甄丰父子对此极为愤慨，甄丰的儿子甄寻当时是侍中京兆大尹，他想给父亲报一箭之仇，就伪造了一个符命，说新朝应分陕地为两部，立两伯治理，以甄丰为右伯，太傅平晏为左伯，如周召故事。王莽气得发昏，但他权衡了一下，决定暂时隐忍不发，宣布照符命行事。谁知，当甄丰准备动身赴任时，甄寻又上一道符命，说王莽的女儿，即故汉平帝后，黄皇室主当做他的妻子。王莽忍无可忍，勃然大怒，"黄皇室主是天下母，甄寻的符命是欺天"，称其"罪不容诛"，下令逮捕甄寻。甄寻逃跑，甄丰自杀。一年之后，甄寻在华山被捕。王莽的爪牙发现：甄寻的手上刺着"天子"二字，报告了王莽。王莽叫人把刺字的那条胳膊截下来送给他验看，看后说："这哪里是什么'天子'？乃是'一大子'或'一六子'，六者，戮也，表明甄寻父子应当斩首！"随即下令将甄寻杀掉。此案还涉及国师刘歆的儿子刘棻、刘泳、大司空王邑的弟弟王奇以及刘歆的门客丁隆等数百人，王莽一一把他们送上了断头台。

这次事变对王莽震动很大，他感到手下的爪牙不可靠，从此疑神疑鬼，慎加防备。每次外出，他都要先派卫士在京师反复搜索，名曰"横搜"。始建国四年（公元12年），为了一次外出，竟在京师大搜五天！为防备大臣谋反，王莽限定大臣入宫随从吏员的数目。一次，太傅平晏入宫，随从人员超过了规定人数。把守宫门的仆射严加斥责，出言不逊，平晏的戌曹士一气之下把仆射绑了起来。王莽闻知此事后，气得火冒三丈，立即命令执法发骑数百，把太傅府团团围住，勒令交出戌曹士，当即将他处死，这才罢休。

就在这时，后院起火。王莽的孙子王宗欲取祖而代，他画了自己穿着天子衣冠的全身像，又刻了有"维祉冠存已夏处南山藏薄冰"、"肃圣宝继"、"德封昌图"字样的三个印章，明示要代祖父王莽做皇帝，还与舅舅吕宽的家属私下交通。事情泄露后，王莽大怒，据有司按验王宗畏罪自杀。从此，王莽对儿孙们也不放心了，要把他们从身边赶开。

地皇元年（公元20年），一场飓风把王莽视为神圣的王路堂毁掉了。王莽借题发挥，杜撰出洋洋洒洒的一篇诏文，大讲了一通灾变符命，借机废掉了皇太子王临，把他贬为统义阳王，赶出京师；贬"新嘉辟"王安为新迁王，也驱出京师。

原来，王莽连杀王宇和王获，莽妻悲痛难已，哭瞎了眼睛，王莽便叫太子王临居宫养侍。莽妻有一个侍婢，叫原碧，王莽与之私通。王临养侍其母时，也与原碧有了暧昧关系。他担心事泄被诛，就与妻子、刘歆的女儿刘愔策划杀死王莽，承袭帝位。谁知，王临还未下手，王莽就早已察觉，借大风吹垮王路堂一事，把他撵出京师，皇太子的位子也失掉了。地皇二年（公元21年），王莽那位瞎眼皇后病危。王临给母亲写了一封信，说："皇上对子孙太严酷了，前些年大哥、二哥都是三十岁那年被迫自杀身亡的。今年，臣儿也三十岁了，诚恐欲于室中自保全，而不可得耳，不知命丧何处！"王莽探视病中的妻子，发现了这封信，大怒，更疑心王临将有不轨行为。不久，瞎眼皇后病亡，王莽安葬妻子之后，下令逮捕原碧，严加拷问。原碧一一招供，王莽自觉家丑不可外扬，把参与拷审原碧的官员全部秘密处决，尸体掩埋狱中，又给王临送去了毒药，勒令自杀。王临不肯喝，拔剑自刎。

王莽一一击败了想暗算他的人。但与此同时，农民起义的烈火开始燃遍大江南北。对这些起义者，王莽试图用招安的方式，兵不血刃地平息。遭到拒绝后，王莽又试图用迷信手段镇服义军，结果毫无效用。王莽只好加紧武装镇压，他在全国推行军事一体化，设置前后左右中五大司马，州牧赐号大将军，郡卒正、连率、大尹为偏将军，县宰为校尉。王莽授给中央和地方长官以统兵镇压农民起义的军事权力，把全国变成一座大军营。这不但于事无补，而且进一步激化了阶级矛盾。从此，王莽的新朝危机四伏，四面楚歌。

## 荒诞施政，身首异处

边境的烽烟、四郡的义兵、朝廷的阴谋，这一切使王莽焦头烂额、手忙脚乱、穷于应付。不过，在应付这些事变中，王莽虽未采取有力措施，却也花样翻新地将一出出闹剧演绎得前无古人、后无来者。

一个在王莽左右侍候的郎官上疏，说要天下太平，须继立"民母"。他还声称黄帝就是因为娶了120个妃子而成了神仙。王莽御阅后，马上派遣中散大夫、谒者各45人分行天下，采择民间淑女。

一个爪牙见主子如此惊悸，便献计说："当年黄帝曾建华盖而成仙。"

王莽听后，立即命工匠造一九重华盖，高8.1丈，装上4个看不见的轮子，用6匹高头大马拉着，由300个穿黄衣戴黄帽的力士挽着。王莽每逢外出，就让这辆登仙车在前面开道，挽车的300力士齐声呐喊："登仙！登仙！"站在车上的几个力士奋力击鼓，煞是热闹。

王莽的大爪牙崔发献上一计："据《周礼》和《春秋左氏传》，国有大灾，则哭以厌之。《周易》也说：'先号啕而后笑。'应哭天以求救。"黔驴技穷的王莽率领群臣来到长安南郊，仰天叹曰："苍天既然授命于我，为什么不歼灭众贼？若是我的过错，请打雷劈死我！"说完，号啕大哭，昏了过去。醒来后，又伏地叩头不已。为了壮大哭天的声势，王莽命令太学生和黎民百姓每天早晚两次到南郊哭天，派人做粥招待哭天的学生和百姓。凡是哭得悲伤，并能诵读王莽告天策文者，授予郎官的职位。几天之内，就有5000多人得到这个官职。

地皇四年（公元23年），绿林军拥立刘玄为皇帝，年号"更始"。王莽听说后，犹五雷轰顶。为了掩饰内心的惊恐不安，他在四面楚歌声中举行了盛大的婚礼。他把胡须染成黑色，以示自己仍然年少青春。用三万金聘娶杜陵史家的女儿为皇后，亲自到未央宫前殿迎接，成同牢之礼于西堂。同时，册立了和嫔、美御、和人，位视三公；嫔人9名，位视九卿；美人27名，位视大夫；御人81人，位视元士。

连年的兵燹，加上官吏的敲诈勒索、官兵的抢掠，造成空前的全国饥荒，饿殍遍地，尸骨狼藉。王莽派出很多大夫谒者教黎民煮草木为酪，煮出的酪又不能吃。王莽又叫人建了一个大谷仓，置卫士荷戟守卫，美其名曰"政始掖门"。王莽说，这样暴涨的谷价就可以跌下来。饥民从四面八方涌入京师长安，王莽煞有介事地设"养赡官"救济饥民，这些"养赡官"都是吸吮民脂民膏的好手，他们把象征性的一点点赈济粮米中饱私囊，饥民饿死者十有七八。王莽任命的管理长安市场交易的中黄门王业，乘机勾结富商大贾，贱买贵卖，大发横财。一天，王莽听说长安城中饿殍满地，就问王业这是怎么回事。王业说："那只是一些流民。"他拿来一个粱饼肉羹给王莽看，说"城中居民都吃这个"，王莽竟信以为真。

眼见军事上连吃败仗，王莽又玩了一个新花招：遣风俗大夫司国宪等分行天下，宣布废除井田、奴婢、山泽、六筦之禁。王莽本人也搞不清哪些该废除，干脆说："自即位以来，凡是不利于民的政令，全部收回。"但为时已晚，因为釜水已经沸腾，抽薪也无济于事。

地皇三年（公元22年），以绿林、赤眉为主体的各路农民起义军，铺天盖地向王莽统治的腹心地带——洛阳、长安杀奔而来。是年二月，王莽派到东方前线的军事统帅景尚，做了义军的刀下鬼。王莽再派太师王匡、更始将军廉丹到东方督军围剿起义军，莽军大败，廉丹被杀。是年六月，王邑、王寻统率的莽军主力在昆阳（今河南叶县）与绿林军展开决战。莽军大败，王寻被杀，王邑带着数千残兵败将逃回洛阳。昆阳一战，莽军主力丧失殆尽。义军乘胜进击，直逼长安，王莽君臣惊惶失措，举朝震恐。

地皇四年（公元23年）十月一日，起义军攻破长安城的宣平门，拥入城中。次日，长安城中的两位少年朱弟和张鱼率领一些人火烧宫门，用斧头劈开敬法殿的小门，冲入皇宫。王莽逃到宣室前殿，身穿深青透赤的衣服，佩带着玺韨，手里握着虞帝匕首，天文郎捧着占时刻的栻站在他身旁，不断报告时刻的进度。王莽随斗柄而坐，号叫着："天生德于予，汉兵其如予何！"

三日凌晨，群臣拥簇着王莽出了西白虎门，逃入渐台，欲凭借周围的池水进行最后的挣扎。王邑昼夜血战，士卒死伤殆尽，也逃到渐台。义军追至渐台，围了数百重，与据台顽抗的王莽军队激战，强弩对射，矢下如雨。王莽党徒箭尽，义军渡水冲上渐台，双方展开肉搏战。王邑父子、王巡、王揖、赵博、苗䜣、庸尊、王盛等都死于乱枪之下，王莽躲进了一个小房间。黄昏，长安商人杜吴冲进王莽藏身房内，一刀结果了他的性命，摘去绶带。校尉公宾就见杜吴拿的绶带是皇绶，问知王莽所在，跑进那个房间，割下王莽首级。义军众人争相砍斫王莽尸身，把王莽的尸身剁成肉酱。

## 朱温：命丧骨肉之手的悲剧皇帝

朱温当初参加黄巢起义军，并非为了什么劳苦大众的幸福，更没有什么替天行道的思想，而仅仅是出于一种图谋富贵、出人头地的私心，为的是以后做官衣锦还乡，以此"回报"邻里对他的鄙视与轻蔑。在黄巢军中无法混下去时，为了生存，为了富贵前途，他听从谋士谢瞳的计策背叛黄巢而投降了唐朝廷。在唐朝廷内朱温的官职步步高升，最后竟也做起了最高级的富贵梦：称帝。

## 背叛起义军，投靠唐朝廷

唐代后期的大中末年，朱温的父亲突然病死，母亲王氏见生活无着，遂带着孩子投奔到同乡富户刘崇家中。刘崇见王氏正在壮年，农耕蚕织都拿得起来，三个孩子也将要成年，就收留了他们。这样，王氏在刘家为佣，三个孩子也要不停地劳作。

三个孩子壮年之后，性情各异。老大朱昱老实本分，尽心于刘家农田；老二朱存与老三朱温都十分健壮有力，但却不安于劳作，尤其是朱温。

进入乾符年间（公元874年～879年）后，河南、山东地区经常有人揭竿而起，反抗唐王朝，其中以王仙芝与黄巢最为强盛，他们频频在曹、沂、徐、宋、汝、邓一带活动，吸引着许多人前去投奔，朱温也十分向往。一天，朱温决计出走。他约着二兄朱存，辞别母亲与长兄，前去投奔了黄巢。

朱温与兄长朱存加入起义军后，随军南征北战，多立战功。其间，朱存战死江南。朱温则因临阵骁勇，被提拔为队长、偏将军。黄巢攻入长安后，他已成为一员重要将领。

中和二年（公元882年）九月，经过一番权衡后，朱温杀监军严实，投降唐王朝。远在成都的僖宗闻讯大喜，立即下诏授朱温为左金吾卫大将军，河中行营副招讨使，并赐名全忠。自此，朱全忠率军加入了镇压起义军的行列，所至大行杀掠，毫不手软，为唐王朝立下一个又一个战功。

中和三年二月，朱全忠因作战有功，被唐王朝任命为宣武节度使（治汴州，今河南开封），有了自己的势力范围。其后，朱全忠软硬兼施，逐

143

渐兼并群雄，成为势力最强的一个藩镇。

势力强盛后，朱全忠便想直接控制朝廷，甚至还想模仿曹操"挟天子以令诸侯"。唐朝廷此时虽然无地无兵，但内部斗争依然尖锐，尤其是朝官与宦官间的南衙北司之争更是连绵不断，愈演愈烈。各派力量都向藩镇寻找依附与支持。头号藩镇朱全忠自然就成了他们的首要目标。宰相崔胤一直与昭宗皇帝计议诛杀宦官一事，崔胤主张杀尽宦官，宫内事务由宫女执掌。但当时京城的禁军由宦官掌握，权阉韩全诲洞悉崔胤密谋后，挑唆禁军喧闹，上诉崔胤克扣冬衣，要求皇帝解除他兼任的三司使一职。崔胤知道事情泄露，马上致书朱全忠，声称接到密诏，要全忠率军前来迎驾。有了这一借口，朱全忠即由汴州出兵西上。天复元年（公元 901 年）十一月，韩全诲率禁军劫昭宗奔往凤翔。朱全忠入关，乘势收取华州韩建，继续西进。

天祐元年（公元 904 年）正月初，朱全忠上表昭宗，称宰相崔胤专权乱国，离间君臣，理应诛除。昭宗接到上表，罢崔胤宰相，降为太子少傅。朱全忠密令朱友谅将崔胤杀于家中，率大军进屯河中，派牙将寇彦卿向昭宗上表，请迁都洛阳。接着，朱全忠又致书宰相裴枢，要他率百官东行。二十七日，昭宗由长安出发，朱全忠令原留在长安的部将张廷范为御营使，率部护卫昭宗。

闰四月，昭宗至洛阳，朱全忠以部将朱友恭、族叔朱琼分别为左右龙武统军，负责宿卫，其他重要位置也都换上自己的人。五月，昭宗在崇勋殿宴请朱全忠及百官，宴罢，又召朱全忠入便殿，继续宴饮，朱全忠怕有埋伏不敢入内。不久，朱全忠回到汴州，密令朱友恭、族叔朱琼等人杀掉昭宗，立 13 岁的辉王为帝。八月，朱友恭等杀昭宗，假称皇太后令，使辉王祚即帝位。

朱全忠听到昭宗遇害的消息，装作大吃一惊，伏地痛哭。十月三日，他赶到洛阳，又伏在昭宗枢前痛哭不已，并一本正经地朝见新帝。次日，朱全忠借朱友恭、族叔朱琼治军不严，所部士卒扰乱市肆，将朱友恭贬崔州司户、叔琼贬白州司户，接着都令自尽。朱友恭临死大骂朱全忠："卖我以塞天下之谤！"

## 为其嫡长子所刺杀

新帝年少，不通政事，朱全忠这才放心地返回汴州。为防万一，次年二月，他又令人将昭宗诸子全部杀掉。六月，朱全忠又将原朝中重臣三十余人押到白马驿（今河南滑县境内），杀掉后投入黄河。

经过朱全忠几年的经营，唐朝廷可以说已成了朱氏朝廷。即使这样，朱全忠仍不满足，急不可耐地要登基称帝，他命枢密使杨玄晖与宰相柳璨措置此事。杨、柳二人虽然也支持朱全忠登基称帝，但他们总想让他按传统习惯一步一步地受禅，合乎礼法，又名正言顺，因此筹备起烦琐的禅位礼仪来。天祐二年十月，先授朱全忠天下兵马元帅，下一步准备封为魏王，然后再加九锡、受禅。朱全忠对他们的缓慢动作极为不满，借故将二人杀死。

第二年，朱全忠平定了魏博藩镇的叛乱，回到汴州，御史大夫薛贻矩代表哀帝前来慰问。薛贻矩见朱全忠，请行臣礼，朱全忠不肯，但薛贻矩还是像参见皇帝那样拜舞一通，朱全忠也未执意阻止。薛贻矩回洛阳后，对哀帝及众大臣道"元帅有受禅之意矣"。得到这一消息，大臣们立即急急进行受禅的各种准备，哀帝也下了诏书，称二月禅位，朱全忠象征性地加以推辞。

二月，唐大臣共同请哀帝退位，朱全忠所控制的其他藩镇以及湖南马殷、岭南赵隐也遣使劝进。朱全忠表面上又推让了一番，经过几次往复，到三月二十七日，哀帝正式退位。百官以宰相张文蔚为首，携带玉玺，备起仪仗，浩浩荡荡开赴汴州。还未等百官来到，朱全忠便迫不及待地在汴州新修成的金祥殿理事。不过，因为还未正式称帝，朱全忠只是自称寡人，各种笺、表都匆匆去掉唐朝年号。因新年号要等称帝后才有，都暂时只标月日，不写某年。第三天，张文蔚率百官来到汴州。

四月五日，朱全忠改名朱晃，完成了称帝前的最后一项准备工作。四月七日，张文蔚等人乘辂车，诸司、诸部门都备起仪仗来到金祥殿前，献上玉玺，为朱全忠加冕。然后，张文蔚宣读哀帝让位文书，百官群臣在殿前舞蹈庆贺，大呼万岁。朱全忠正式即帝位，建梁朝。定年号为开平。

仪式完毕，朱全忠在玄德殿大宴群臣，举酒对群臣道："朕辅政不久，此次称帝多赖诸公推戴。"群臣多唯唯诺诺，不敢发言。只有薛贻矩等人顺着他的话，颂扬其功德卓著，理当应天顺人，登基称帝。朱全忠十分满意。

梁朝的建立，使黄河流域实现了局部统一。而且，朱全忠在称帝之初，也能实行一些宽松政策，比较注重农业生产，这即使是表象，但比起军阀混战毕竟强了些，这使社会有了一些起色。

开平元年（公元907年）正月，河东节度使、晋王李克用病死，李存勖即位。这年九月，朱全忠亲自率军渡河北上，但河东之兵都坚壁不出。十一月，朱全忠退还洛阳，郁疾致病。

乾化二年（公元912年）初，河东兵大举攻讨幽州，刘守光向梁求救。二月，朱全忠病情稍缓和了些，决定再次率军北上，但遭到河东军偷袭，大败，朱全忠羞愧交加，病情加剧。四月，返回洛阳，朱全忠病情急剧恶化，梁朝上下都在议论嗣君问题。

朱全忠长子友裕已死，另有二子友珪、三子友贞与养子友文，还有幼子友敬等人。此时友文与友贞均在汴州，友珪在洛阳。这三个子嗣中，朱全忠对养子友文更看重一些。

朱全忠夫人张氏已于天祐元年（公元904年）病死。此后，朱全忠即放纵淫逸，纵情声色，常常召几位儿子的夫人入宫服侍，视作妃嫔。朱友文之妻王氏容貌出众，尤受朱全忠宠爱。这也是他看重友文的重要原因。

五月末，朱全忠自知已不久于人世，命王氏去汴州召友文。当时朱友珪之妻张氏也在旁边，马上出宫将此事报告朱友珪。友珪本以为在全忠嫡子中自己年龄最长，理应立为太子，对朱全忠中意友文、一直不肯立自己做太子一事愤愤不平。他得到这一消息，知道父亲要将帝位传付友文，急急与左右随从进行策划。六月一日，宫中传下诏令，贬朱友珪为莱州刺史。按当时惯例，凡被贬官员，多于途中赐死。朱友珪见情况紧急，加快了篡位步伐。次日悄悄进入禁军左龙虎军营，要统军韩勍发禁军相助。当晚，韩勍派牙兵五百人跟随朱友珪进入皇宫，突入朱全忠歇息的寝殿。朱全忠强撑着起身问道："反者为谁？"朱友珪答："非他人也。"朱全忠见是朱友珪，责骂道："汝悖逆如此，天地岂容汝乎！"朱友珪反骂："老贼万段。"命仆夫冯廷谔向前刺杀朱全忠。朱友珪用破旧毯子将朱全忠裹起，秘不发丧。马上派供奉官去汴州，令友贞杀朱友文。

六月三日，假称朱全忠旨意，命朱友珪权主军国之务。六月五日，供奉官返回，称朱友文已死，朱友珪方宣布朱全忠病终，自己即帝位。朱友珪将朱全忠葬于河南伊阙县（今河南伊川西南）。

# 石敬瑭：认贼作父、祸国殃民的"儿皇帝"

石敬瑭是历史上有名的认贼作父的皇帝，他认契丹皇帝作父，极尽卑躬屈膝之能事，大量进贡珠宝，割让土地，总之凡能讨好契丹国的，他无所不用其极，深为世人所不齿。

## 大事成于果断而败于犹豫

石敬瑭是沙陀族人。沙陀本是西突厥别部，后来向东迁到盐州（今陕西定边）一带，是个长于骑射的游牧部落。景福元年（公元892年）二月二十八日，石敬瑭出生在太原汾阳。

石敬瑭出生在一个天下大乱、争战十分剧烈的时代。李唐王朝名存实亡，藩镇割据愈演愈烈，兵连祸结，岁无宁日，武夫悍将主宰一切。石敬瑭长大以后，随其父学习了一些刀枪骑射的本领。他性格沉着，寡言少语，练武之暇，也能读点兵法书籍，逐渐知道了前代名将李牧、周亚夫的事迹。沙陀人向来尚武，不重视文化，石敬瑭显然与众不同。当时任代州（今山西代县）刺史的李克用的养子李嗣源非常器重他，将他招为女婿。李存勖听说石敬瑭擅长射箭，也把他擢居左右。后来，李嗣源又命他督领亲兵部队左射军，倚为心腹亲信。

石敬瑭随李存勖出生入死，冲锋陷阵，立下了汗马功劳。但李存勖当上皇帝之后，却没有封他一官半职，他仍然在李嗣源的麾下当个心腹小校，待遇未免太不公平。石敬瑭心中怨恨不已，然而表面上却丝毫未流露出不满，他在默默地等待着局势的变化，他看到像他一样被李存勖遗忘冷落的功臣宿将不乏其人，而最受猜忌的就是他的丈人、功居第一的李嗣源。

同光三年（公元925年），赵在礼在魏州发动叛乱，朝廷遣元行钦招抚失败。群议均以为非用李嗣源不可，李存勖不得已命李嗣源为统帅，率侍卫亲军前往讨伐。哪知兵到邺都（今河北大名）城下，当晚发生哗变，士兵挟持李嗣源，要他当皇帝。李嗣源不从，士卒纷纷散逃而去。李嗣源这时手中只剩下常山一军，共5000人，马2000匹。李嗣源欲明其不反的心迹，屡次上表申诉，都被元行钦扣下，不得达于朝廷。李嗣源更加疑惧，正在进退两难的时刻，石敬瑭悄悄地附在李嗣源的耳朵上说："大事成于果断而败于犹豫，天下哪里有上将与叛卒共入贼城，日后尚保平安无事的呢？大梁乃天下之要津，假若给敬瑭三百骑兵，先往占据，您再引兵急进，以此为根据之地，自能保全无虞。"一席话说动了李嗣源，遂命石敬瑭率五百骑兵直捣大梁。石敬瑭星夜兼程渡过黄河，赶到大梁城下，先使裨将李琼以劲兵突入封丘门，自己踵其后自西门入，占领了大梁。接着石敬瑭向西挺进，李存勖终被乱兵射伤，后饮奶酪而死。李嗣源进入洛阳，旋即帝位，是为后唐明宗。

老丈人当了皇帝，石敬瑭既是驸马，又是功臣，地位比以前大不相同，官职一年数变，

他先由总管府都校升为光禄大夫、检校司徒，任陕州保义军节度使，赐号为"竭忠建策光复功臣"。次年加检校太傅兼六军诸卫副使，晋封开国伯。不久又升为宣武军节度使，侍卫亲军马步军都指挥使兼六军诸卫副使，晋封开国公，赐号为"耀忠匡定保节功臣"，掌握了后唐朝廷的军事大权。

在后唐明宗统治期间，石敬瑭凭借着皇亲国戚的地位，又功高勋重，在朝廷内部激烈的权力斗争中，始终立于不败之地。到明宗末年，他被任命为河东节度使、藩汉兵马车总管等。在内他是后唐军事力量的最高统帅，在外又是镇守边关要塞的封疆大吏。

公元933年，后唐闵帝即位。闵帝优柔寡断，大权旁落，统治集团内

部矛盾激化。明宗养子李从珂在凤翔发动兵变，前来夺位。闵帝慌忙召姐夫石敬瑭赴阙御敌。石敬瑭与诸将合计一番，决定不妨前去观望形势，再做决断，遂率兵迤逦而来。四月初一，在卫州（河南汲县）东七八里的地方遇上了仅带50名卫士仓皇逃跑的闵帝。闵帝见到姐夫，大喜，以为得到了救星，连忙向他求救，问以社稷大计。哪知石敬瑭不作正面回答，却反问："听说陛下已遣康义诚西讨，战局如何？陛下又何以至此？"闵帝哭泣着说："康义诚也叛变了。"石敬瑭顿时变了脸色，他看到闵帝那失魂落魄的样子，低头打起了小算盘：李从珂骁勇善战，名震军中，现在又招降纳叛，实力大增，而自己羽翼未丰，强弱悬殊，恐怕难以与他相争。与其保这个丧家狗似的皇帝，引火烧身，还不如自己保存实力，暂避风头，窥伺时机。想到这里，他假装长叹了几口气，不阴不阳地对闵帝说："卫州刺史王弘贽乃是精明练达的宿将，我去问问他。"接着就假模假样地去了一趟王弘贽处，带回王弘贽的话："从前天子播迁的例子也不少，但都带着将相、侍卫、库府、法物，使群下有所瞻仰，如今皇上只带着50骑卫，一无所有，臣子纵然想尽忠，又有什么办法呢？"闵帝卫士奔洪进听后勃然大怒，指着石敬瑭厉声斥责："你是明宗的爱婿，与之共享富贵，也应与之共承忧患。今天子蒙难，向你求救，你却说三道四，推卸责任，这不是想要附贼卖主吗？"弓箭库使沙守荣也义愤填膺，拔出佩刀要刺石敬瑭。石敬瑭的亲将陈晖连忙上前格住，斗过几个回合，沙守荣被一剑劈死，奔洪进自刎。石敬瑭索性指使指挥使刘知远引兵入驿，将闵帝左右随从全部杀死，把闵帝撇在驿舍，扬长而去。

## 当上了契丹的"儿皇帝"

石敬瑭虽然和后唐其他大臣一样归附了李从珂，但他想谋反已成为司马昭之心，当时明眼之人都看出迹象来了。李从珂也并不糊涂，他命武宁节度使张敬达为北面行营副总管，屯兵代州（山西代县），以分石敬瑭之权，又命羽林将军杨彦洵为北京副留守监视石敬瑭。清泰三年（公元936年）正月，李从珂过生日时，石敬瑭的妻子入宫祝寿。告辞时，李从珂醉不择言地说："你急着回去干什么？难道要和石郎造反吗？"石敬瑭听到这些，更加疑惧，决心举兵叛变。

清泰三年五月，叛乱爆发了。石敬瑭首先发动政治攻势，上表指责李从珂即位非法，要他自动下台。石敬瑭之所以不敢贸然南下直取洛阳，是因为他担心自己的力量不够强大，不能一举成功。他坐在太原城里用笔墨挑衅，是在等待对方的分裂和契丹的援兵。

在这期间，李从珂派出张敬达、张彦琪等率兵讨伐石敬瑭，石家亲属也都被诛杀。好容易熬过夏天，直到秋高马肥的时候，才盼来了契丹救兵。九月，契丹主耶律德光亲率5万骑兵，号称30万，自扬武谷而南，不日抵太原城下。第二天，契丹纵兵冲杀，唐军大败，步兵死者近万人，只有骑兵保全，逃回晋安寨。唐军投降者千余人，石敬瑭下令全部杀死，太原之围始解。

当天晚上，太原城北门外，秋风瑟瑟，战旗猎猎，在灯笼火把的照耀下，一幕历史上罕见的丑剧鸣锣开场。只见44岁的石敬瑭由众官簇拥着，口称："儿臣叩见父皇！"随后拜倒在年仅33岁的耶律德光脚下。礼毕，两人携手入城，耶律德光喜形于色，石敬瑭毕恭毕敬、低声下气。

接着契丹和石敬瑭合围晋安寨，又是一连数月对垒不下。既然举起了叛旗，就应该有一个号召天下的样子，石敬瑭恨不得马上当上皇帝，可又不敢向老子耶律德光明说，心里疙疙瘩瘩很不痛快。十一月的一天，耶律德光对他说："我千里来援总要成功，看你相貌器量，真像个中原之主，我就立你当天子吧。"这话正说到了石敬瑭的心坎上，但他又不敢立刻接受，便装模作样地辞让了几次，在将吏的一再劝说下，石敬瑭才假装勉强地答应下来。耶律德光作册文，授石敬瑭为大晋皇帝，筑坛于太原北门外的柳林，择日举行登基大典。届时耶律德光亲手脱下自己的袍服衣冠，替石敬瑭穿上，石敬瑭就穿着一身契丹服装，不伦不类地南面就座，接受群臣的朝贺，当上了契丹的"儿皇帝"，改元天福。

不久，晋安寨中的唐将杨光远、安审琦杀死张敬达举兵投降，石敬瑭拔掉这颗钉子，就率师南下，一路上，后唐将官纷纷投降。李从珂见大势已去，登楼自焚。石敬瑭开进洛阳，后定都汴梁，从此开始了五代的第三个王朝——后晋。

石敬瑭仰仗契丹的支持当了皇帝,自然对耶律德光感激涕零、言听计从。当初在太原时,耶律德光说:"桑维翰对你尽忠,你应用之为相。"石敬瑭就任命桑维翰为门下侍郎、同平章事。石敬瑭准备南下洛阳,想留个儿子留守太原,也向耶律德光求旨。耶律德光令他把各个儿子排成一队,亲自挑选,指着他的养子石重贵说:"这小子眼大,就留下他吧。"石敬瑭立即照办。

石敬瑭在位的 7 年间,始终对契丹媚事奉承。他给耶律德光写信,每次都用"表",还称耶律德光为"父皇帝",自己称臣,称"儿皇帝"。契丹使臣来到后晋,他总是跪拜接诏,恪尽儿臣之礼。天福三年(公元 938年)十月,契丹遣使册封他徽号曰"英武明义皇帝",夸奖他深明"父子大义",他高兴万分,命左右金吾、六军仪仗、太常鼓吹出城像迎天书一样将册封诏书吹吹打打、轰轰烈烈地迎到崇元殿前,陈列供奉。

石敬瑭给契丹进贡的财物不可胜数。当初契丹军队回国之时,他遣威塞(今河北涿鹿)节度使翟璋在管区内筹集 10 万缗犒军钱。此州土地贫瘠,百姓穷困,石敬瑭为让契丹满意,仍严令搜刮,以致民不堪命。此后,他每年除了依照原约贡献金帛 30 万之外,逢时过节、吉凶庆吊都额外奉送礼物。从中原到契丹,一年到头,满载玩好珍异的车子络绎不绝,耶律德光以外,契丹的太后、皇后、皇子皇亲、将相大臣都有财物可得。后晋承兵火之余,府库殚竭,所有贡献给契丹的财物负担都转嫁到了百姓头上。

在石敬瑭的残酷剥削下,后晋人民生活在水深火热之中,当时天灾人祸也极其严重,水旱、蝗灾接连不断,仅仅天福七年(公元 942 年)五月的一个月里,就有 5 个州郡发大水,18 个州郡遭旱灾。天福六年九月,黄河在滑州决口,东泻千里,百姓扶老携幼,登上丘岭避洪水。然而躲得过大水,却躲不过人祸,饿死者难计其数。即使这样,石敬瑭仍不放松对人民的盘剥,一时之间,饿殍盈野,流民遍地。有些想安定下来从事生产的百姓也因州县徭役繁重,责之重赋,威以严刑,不得已重新踏上流浪的道路,社会经济遭到了严重破坏。

取皇位难,保皇位更难。石敬瑭既是皇帝又是奴才,既是绵羊又是豺狼，是一个集高贵与卑贱、软弱与凶残于一身的人物。他在位 7 年间，像范延光一样不服他领导，觊觎皇位的人层出不穷，好多藩镇只是表面上供奉他罢了，暗地里对他并不多么恭顺。契丹的父皇帝更不把他放在眼里，稍不如意就加斥责。他整天就像睡在丛棘烈火上一样，辗转反侧，不得安生。在这种内外交困之下，天福七年，石敬瑭生起病来，到了六月，在保昌殿一命呜呼，死时 51 岁。

# 下　篇
# 臣道：为臣事君之鉴

　　臣字，在甲骨文中形似一只竖立的眼睛，表示俯首屈从之意，指侍奉皇上的大臣。在中国的传统社会里，为臣之道有很多种，其中最重要的就是不要权大压主，不要引起君主的怀疑和恐惧，否则就自身难保了。为臣之道，不仅要忠心事主，更要有所建树，有所作为。为臣之道，体现了人类生存的智慧，是一门高深的学问。大臣，尤其是权臣，也就是指对君主的权力或储君的权力具有威胁的人，当他们受到怀疑或处于不安定状态的时候，他们是怎样思考的呢？他们的生存之道是什么呢？纵观历史，不外乎三种选择：一曰"事"（忠心侍奉），二曰"去"（离开政治旋涡中心），三曰"行大事"（谋取国家大宝）。至于三种行为的结局，就只能留待历史去评说了。

# 第五章 同室操戈，举兵问鼎帝王梦

对于同姓江山，那些不安分的藩王们莫不想染指。于是，地方上的割据藩王们同室操戈，举兵问鼎帝王之位。但由于他们兴的是不义之师，行的是不端之事，因而不得人心，最终的事实证明，他们的举动不过是黄粱一梦。

## 吴王刘濞：起兵叛乱的诸侯王

刘濞（公元前215—前154年），西汉诸侯王，刘邦的侄子。封吴王。他积极在封国内扩张势力。后来汉景帝采纳御史大夫晁错建议，削夺王国封地。刘濞以诛晁错为名，在景帝前元三年丁亥带领楚、赵等七国公开叛乱，史称"七国之乱"，后被周亚夫击败，刘濞兵败被杀。

### 大封同姓王埋隐患

西汉初年，百姓休养生息，生活趋于安定，鸡鸣犬吠之声时闻于村野。然而，在这安乐祥和的景象背后，又一场梦魇般的战争正在酝酿之中……

经过四年的楚汉战争，刘邦一统天下，建立起大汉王朝。然而新王朝所面临的是被数年战争破坏殆尽、近乎瘫痪的社会经济。大批农民四处流亡，政府亦财政吃紧，举步维艰。司马迁在《史记·平准书》中称："汉初，接秦之弊……自天子不能具钧驷，将相或乘牛车，齐民无藏盖。"所以西汉初年，高祖刘邦采取休养生息的政策，致力于农业生产，对农民实行轻徭役、薄赋敛的政策。同时，为了巩固刘氏王朝的政权，刘邦又着手

历史的博弈
帝道与臣道的较量

解决了像韩信这样的异姓诸侯问题，广封同姓王，以便强宗固本。

休养生息的政策作为西汉最高统治者的基本国策，在刘邦之后的惠帝、吕后、文帝、景帝执政时亦得到广泛推行。同时各诸侯国也贯彻执行，并纷纷招揽人才，发展本国的经济，致使各诸侯国经济实力大增，在汉王朝的统治之中处于举足轻重的地位。随着各诸侯国经济实力的增强，其政治欲望也不断膨胀，给汉王朝政局带来了不稳定的因素。到了文帝三年（公元前176年），济北王兴居起兵谋反；六年，淮南王刘长谋反。面对这种局势，汉初政治家贾谊曾上书文帝《治安策》，将中央与地方诸侯的关系比喻为一个人生了病，腿肿得像腰一般粗，脚趾肿得像腿一样粗，如果不尽快医治，必定是很危险的。因此，他给文帝开了个药方，即"欲天下之治安，莫若众建诸侯而少其力"。文帝采纳了他的建议，着手把一些诸侯国分小，以削弱其势力。这虽然在一定程度上遏制了一些诸侯的势力，却未能从根本上解决中央同地方诸侯的关系，相反，却在一定程度上刺激了各诸侯国的政治野心，使中央同诸侯之间的关系进一步趋于紧张。这犹如烈日下的一堆干柴，一点即燃，诸侯发难已在所难免，由此引发了历史上著名的"七国之乱"。

诸侯各国中，经济发展最迅速、实力最为强劲的当属吴国。吴王刘濞是汉高祖刘邦的二哥刘仲之子。当年，惯于游手好闲的刘邦鬼混于街头巷尾，衣食不免时常依求于二哥刘仲。刘邦称帝建国后，不忘乃兄，封刘仲为代王。同年，北方少数民族攻打代地，没有多少才能的刘仲无法抵御，不得不弃代南逃，来到洛阳。念于手足之情，刘邦不忍加以军法处置，就将刘仲由代王降为合阳侯，并封其子刘濞为沛侯。高祖十二年（公元前195年），黥布谋反，刘邦亲征。这年刘濞20岁，以骑将身份随从刘邦东破黥布军。战乱中，荆王刘贾为黥布所杀。当时，吴、会稽一带的人性情粗犷、剽悍，刘贾膝下无子，而刘邦诸子尚年幼，若无一位得力之人去镇抚他们，恐其闹事，于是就封身强力壮的刘濞为吴王，统辖吴郡53个城。等刘濞拜任后，高祖又召见他，细观其貌，不觉有悔意，暗自揣度："刘濞有反相。"但已拜任，又无法收回成命，便抚其后背，语重心长地说："汉朝后五十年，东南可能发生叛乱，难道是你吗？然而天下同姓为一家，你切要谨记，勿思谋反！"刘濞被委以重任，自是感激涕零，此时怎敢有不臣之心？忙叩头连称："不敢，不敢。"

## "我家大王其实并无大病"

刘濞执掌吴国大权以后，积极响应汉政府休养生息的政策，大力招揽人才，致力于本国政治、经济的发展。吴国地处东南，土地肥沃，又东临大海，境内的章郡即山盛产铜，优越的地理环境为吴国经济的迅速发展提供了雄厚的物资条件。吴王广招天下流亡之人，即山采铜铸币，又在东南沿海地区大力发展盐业，煮海水提取盐巴。这为吴国提供了可靠而丰厚的财政收入。同时，吴王刘濞又采取了一系列有利于农业发展的政策，免除吴国百姓的赋税；每逢节日，还亲自到所封地内慰问官员百姓，随时访查人才，对闾里也多有赏赐。因此，百姓生活安乐，一心向吴。其他地方的人，特别是犯事之人，纷纷奔吴国而来，而吴王对此也不加以限制。这样，经过三十余年的发展，吴国国力大增，民众上下一心，无不愿为吴王效力。吴国也渐渐在各诸侯国中处于领先地位。司马迁在《史记·平准书》中记道"故吴，诸侯也，以即铸钱，富埒天子"，吴钱"布天下"。当时，汉政府除了封王之地，功臣所封百余人的侯地外，所管辖的三河、东郡、颍川、南阳几地，从江陵向西至巴蜀，北从云中到陇西，加上内史共十五个郡。所以，以吴国的经济实力足以抗衡中央所辖的十五郡。

伴随着吴国国力的日益强大，吴王刘濞的政治野心也急剧膨胀。特别是在惠帝、吕后时期，政治上无为而治，刘濞根本不将他们放在眼里。及至文帝时，吴王傲上之意已明显地表露出来。一次，吴王刘濞的世子入京拜见皇上，而后与皇太子饮酒博戏，相互发生争执，竟对皇太子十分不恭敬，于是皇太子将博局掷到吴世子脸上，两人打斗起来，吴世子因此被杀。吴王闻听儿子丧命京师，悲痛欲绝，暗自发誓，必为儿子报仇。他得知朝廷派人将世子尸首送归吴国，着其就地安葬，便愤怒地说："天下一家，我儿死在长安就理应葬在长安，何必要送回来呢？"遂派人将世子尸骨又送回长安下葬。吴世子之事激化了吴王同中央的矛盾，不臣之心随之萌发。自此，吴王刘濞声称有病在身，不再上朝。

长安城里自然明白吴王"病"在何处，于是每逢吴国派来使臣朝见时，就扣押起来，严厉追问吴王的情况。吴王为此亦渐渐担心起来，恐因此招来大祸，所以加快商议对策。到秋请时，皇上又责问吴国的使臣，使臣对曰："我家大王其实并无大病，只因陛下屡次诘问派来的使臣，恐无言以对，所以推说身体不爽。俗话说：'察见渊中鱼，不祥。'大王从开始诈称有病，到今天醒悟，被陛下责问日益急迫，更加闭门不出，唯恐陛下怪罪下来，被诛杀，可又实在不知如何是好。如今，我家大王只期盼陛下能捐弃前嫌，和好如初。"文帝遂将此事了结，放还吴国全部的使臣，并赐吴王几杖，以示其老，可以不朝见皇上。吴王悬着的一颗心这才有了着落，谋划造反之事也暂且有所放松。

## 联合诸王，密谋起事

景帝三年（公元前154年）冬，楚王刘戊朝见皇上，晁错借机上谏景帝，以楚王为薄太后服丧期间，曾有私奸行为，请以此为由将其诛杀。景帝虽听从了晁错的建议，但没有杀楚王刘戊，只是下诏赦免其死罪，将其所辖三郡中的薛和东海两郡削去。在此前两年，赵王刘遂有罪，朝廷借机削去其常山郡，又以胶西王刘印私卖爵位、有奸情之事，削其六县。三王遭削，这无疑向各诸侯表明：朝廷已正式采纳晁错的建议，着手进行削藩。

削藩的紧锣密鼓使刘濞的叛逆之心更加坚定，特别是楚王、胶西王、赵王的遭遇，促使他破釜沉舟、铤而走险……

当朝廷商议如何削吴时，吴王亦加紧谋划怎样举事。刘濞遍思各诸侯能与他同谋共事的，唯有胶西王刘印和楚王刘戊。他谙熟胶西王的性情：喜好兵法，鲁莽好战，诸侯亦皆畏惮他。近来又被朝廷所责，削去六县，心中必愤愤不平，或许可共谋大事。他遂派极富口才的中大夫应高前往联通刘印。

应高出使胶西，为加强事情的保密性，未带任何文书信符。他对胶西王说："吴王虽然不才，却有夙夜之忧，不便亲自到外边来，所以派卑臣来向您陈述他的忧虑之心。"胶西王刘印因被削去六县，心中正闷闷不乐，更担心将来不知会发生什么样的事。今见吴王派人来，甚为高兴，急问应高吴王对抵制削藩有何高见。应高不急不躁、镇定地说："当今皇上任用奸佞之人，听信谗言，篡改祖宗的法律，侵削诸侯封地，对诸侯各王越来越刻薄，惩罚日益加重。俗话道'括糠及米'。吴王和胶西王都是名声在外的人，一旦被查处，恐怕就不能再得安宁，更难以无拘无束、自行其事，也只能看别人眼色、低首做人了。吴王身体有病，不能上朝请安已有二十余年，常担心被皇上猜疑降罪，无法向皇上辩白，处处谨慎小心，时时提心吊胆，颤颤栗栗，唯恐皇上怪罪下来，祸患临头。吴王听说大王因封爵之事被削去六县，心中甚为不平。即使您有不周之处，也不至于以削地作为惩戒啊。现在仅为此类琐事，朝廷就大动干戈，谁知将来诸侯们的命运又会如何呢？"说罢，应高紧锁双眉，连连摇头，叹声不息。刘印亦忧心忡忡，沉思良久不语。"如若朝廷果真别有用心，先生您有何高见呢？"应高瞅得胶西王已经动心，便试探道："人常言：同恶相助，同好相留，同情相求，同欲相趋，同利相死。如今，吴王自与大王同忧同利，诚愿大王能顺应天意，抓住机遇，不惜生命为天下剪除祸害，匡扶正义，不知大王意下如何？"刘印顿然明白了吴王的用意，惊骇地说："寡人怎敢如此？皇上虽急于苛责诸侯，可是生死本来由命，安敢不事皇上？"应高对刘印的失色不予理睬，仍沉着地说："如今御史大夫晁错把持朝政，迷惑天子，侵夺诸侯之地，掩蔽忠良，堵塞贤臣，朝廷上下无不嫉恨他，诸侯亦皆有讨逆之心，只是不便言明。今人事至极，彗星出现，蝗虫乱飞，天象亦有昭示。这是万世不遇之机，当是圣人兴起之日。吴王时时期盼着能够诛除晁错，追随大王左右，翱翔于天下。如若大王能竖旗举事，必能所向者降，所指者下，没有敢不服从的。现在大王只需承诺一言，吴王便率部众攻掠函谷关，取荥阳敖仓之粟，拒汉兵，修治寓舍，恭候大王。大王若有幸临之，那么天下可定。而后大王可与吴王分治天下，共享天年。"刘印闻此言，心中不觉大喜，欣然接受了吴王的建议。

应高就此秘密返回吴国，向吴王具实禀报。因事关重大，吴王仍不放心，又亲自秘访胶西，会晤刘印，当面与他定下密约。胶西国内群臣听说大王要举事，遂进谏道："大王对此应三思而行。顺承皇上一帝，可享天下太平。如果现在同吴王一起谋反，即使事成，而两主并行，祸患必由此而生。更何况两国辖地加起来不足汉朝的十分之二。更不用说这一定为太后带来危险。因此与吴王约合起兵，非长远之计。"但刘卬置若罔闻，派使者前往齐、菑川、胶东、济南约合其他诸侯国，密谋举事。

早在文帝十五年（公元前165年），齐王刘则死，无子，文帝于是将齐地分为六国，分归于齐王将闾、济北王志、菑川王贤、胶东王雄渠、胶西王卬、济南王辟光。因此，胶西王与他们是同辈兄弟，齐、菑川、胶东、济南四国也就毫不犹豫地答应了刘卬，约定共同举事。除此之外，参与谋反的还有赵王刘遂。刘遂是刘邦之子刘友的儿子。刘友被吕太后幽禁而死，文帝即位后，便立其子遂为赵王。景帝时，刘遂因对朝廷削其常山郡而怀恨在心，常思如何出此恶气，所以，吴王谋反时，刘遂趁机起兵。赵相建德、内史王悍闻听此事，苦苦相劝，刘遂非但不听，竟将二人诛杀，随后发兵坚守西部边界，等候吴楚之兵，一起进攻关中。同时，又派人去联络匈奴，匈奴亦应允。

## 以"清君侧，诛晁错"的名义起兵叛乱

再说"七国之乱"的另一领导人物楚王刘戊，他是高祖刘邦的四弟刘交之孙。刘邦兄弟四人，长兄刘伯，早逝；次兄刘仲，乃刘濞之父；老三即高祖刘邦。刘交不同于诸位兄长，自幼喜好读书，曾与鲁穆生、白生、申公同受业于丘伯，学习《诗》。秦末，随刘邦反秦，屡立战功。刘邦即位后，对他甚是重用。废除楚王韩信后，将其地分为二国，刘交为楚王，统薛、东海、彭城三郡共三十六个县。因长子辟非早夭无子，刘交死后，便以颇有才华的儿子郢客为嗣，郢客即楚王位四年，病逝，其子刘戊继位。因为文帝特别尊崇叔父，故刘交之子爵位颇高。景帝时，也因宗室之故，亦封刘交五子为侯。因此，楚国在汉王朝中颇具特殊地位。楚王刘戊，毫无乃祖乃父的儒家之风，生性淫暴，倚恃自家在汉王朝的特殊地位，骄横之性日益滋生，毫无拘敛。在为薄太后服丧期间，刘戊纵情声色，放荡不羁，为此，被削去东海和薛两郡，仅剩彭城一郡。自此他对朝廷大为不满，在吴王欲举事之初，便积极参与，与之达成协议。至此，吴

王的羽翼丰满，于是颁令国中："寡人虽年已六旬，仍亲自出马为将；少子年十四，亦入伍为卒。国内年长同寡人者，年少同小儿者都应在征兵之内。"由于吴王三十余年的勤政建设，深得民心，诏令一出，民众踊跃报名，迅速征集二十万大军。

景帝三年（公元前154年）正月甲子日，吴王刘濞在广陵（今江苏扬州）誓师起兵。胶西王印、楚王戊、赵王遂、济南王辟光、菑川王贤、胶东王雄渠亦诛杀当地汉政府官员，举兵响应。霎时，西起淮水，东到大海的广大东南地区易帜举事，以"清君侧，诛晁错"为名，共同发兵叛乱，并派使臣下书昭示各诸侯：

吴王刘濞敬问胶西王、胶东王、菑川王、济南王、赵王、楚王、淮南王、衡山王、庐江王、已故长沙王子：有幸赐教寡人。因汉有贼臣晁错，无功于天下，侵夺诸侯封地，派吏弹劾严讯治罪于诸王，因而不忍其欺辱。又不以诸侯人君礼对待刘氏骨肉，弃绝先帝功臣不用，进任奸宄，扇动天下，意欲危害社稷。陛下身体多病，不能省察实情。今欲举兵诛讨逆臣，谨听诸位教诲。敝国虽然狭窄，地方有三千里；人虽少，但精兵可有五十万。寡人与南越有三十余年的交往，其君王亦不辞寡人之请，分兵以随寡人，又得三十余万兵。寡人虽不才，愿以身随从诸王。长沙以北，西向蜀及汉中，由长沙王子负责攻守；越、楚王、淮南三王和寡人共同向西进发；齐地诸王和越王严守河间、河内，而后入临晋关（蒲津关），可与寡人相会洛阳；燕王、赵王本与胡人有约，燕王北定代和云中，率胡兵入萧关（陇山关），直奔长安。匡正天子，以安高祖之庙。愿诸王勉励。楚元王之子、淮南三王有的得不到沐洗十余年了，怨恨入骨髓，很久以来就想出口气。

寡人未得诸王之意，没敢联合他们。如今诸王如果能以存亡为重，振弱伐暴，以安刘氏天下。敝国虽贫穷，寡人节衣食之用，积攒金钱，修整兵革，聚积粮食，夜以继日，三十余年，愿与诸王勉励共用。能捕斩大将的，赐金五千斤，封万户；捕斩列将的，赐三千斤，封五千户；捕杀裨将的，赐二千斤，封二千户。捕杀二千石的，赐千斤，封千户；捕杀千石的，赐五斤，封五百户，都是列侯。汉军如有人以军带城邑降者，有兵万人，邑万户，可为大将；有人户五千的，可为列将；有人户三千的，可为神将；有人户千人的，可为二千石。以下小吏都以不同功劳授爵封赏。其他封赐都是汉法的两倍。愿诸王以此明令士大夫，不敢欺骗。寡人金钱在天者往往而有，非必取于吴，诸王日夜用之弗能尽。有应该赏赐者应告诉寡人，寡人将派人送去。以此敬告诸位。

吴王刘濞在广陵誓师举兵，使长安朝野上下乱作一团，景帝急忙召见晁错，商议对策。晁错建议景帝亲自带兵平定七国之乱，他留守长安。景帝闻此沉默不语，拿不定主意。窦婴上谏称袁盎有退兵之计。景帝于是召见袁盎。

## 周亚夫用守城之计击败叛军

景帝迫于无奈诛杀晁错，而后一面派袁盎出使吴国劝说吴王放弃谋反，一面加紧调拨人马：授命绛侯周勃之子周亚夫为大将军，主攻吴楚兵马；曲周侯郦寄率兵击赵；将军栾布攻打齐地诸王；大将军窦婴屯兵荥阳，监齐赵兵西进。单说袁盎到吴国后，未及见到吴王，吴王刘濞已知其来意，笑着对部下说："寡人已是东帝，不知谁当拜谁。"（意为景帝应朝见他）遂不见袁盎，并将其扣留在军中，欲让他一同反叛。袁盎不肯，刘濞便有诛杀之意，令人严加看守。且说袁盎在吴国做相之时，从史曾与他的侍女偷情，袁盎知道后，并未将此事挑破，佯作不知。从史知道事已泄露，怕被治罪而逃走。袁盎发觉后，亲自将他追回，并把侍女赐给从史。自此，从史感恩不尽，常思报谢。而今看守袁盎的领头人正是那位从史。所以袁盎因此得以逃脱，回到关中。

周亚夫统率大军到达荥阳，而后进军洛阳，看到剧孟，大喜："七国反叛，来势凶猛，没有想到洛阳竟安好无损，又见到剧孟。原以为叛军已占有剧孟，没有想到剧孟会没有动静。如今我大军到此重会剧孟，据守荥阳，荥阳以东不足为忧了。"等军进淮阳后，周亚夫请教曾事从父亲的老谋士邓都尉有何破敌良策。邓都尉说："吴兵现在士气旺盛，无法同他们正面交锋。而楚兵进军轻率，看样子不能持久。方今为将之计，不如引兵到东北坚守昌邑，那时吴王一定以其全部精锐攻打梁王所在地。而将军可

161

深挖沟、高筑垒，只作坚守；而后派一支轻骑兵断绝淮泗之水，截断吴军的粮饷运道。等到吴军精疲力竭，又无粮草之时，再以全部精锐之兵攻之，必获全胜。”于是周亚夫采纳了邓氏之计，按兵不发，静候时机。

吴楚两国一并发兵，气势汹汹，卷土而来。楚王刘戊率军西进，力克棘壁（今宁陵县西南）乘胜前进，所向披靡；吴王率军北渡淮水，直抵梁孝王辖地。梁孝王十分担心，派云将军出兵，却连伤两员大将，铩羽而归。梁孝王只好一面坚守城池，一面派人求救于周亚夫。周亚夫对此视而不见，不出一兵一卒相救。梁孝王大怒，派人到皇上面前参奏周亚夫，皇上遂派使臣让亚夫救梁，但将在外君命有所不受，亚夫仍按兵不动。幸好梁王的使臣韩安国与原楚相张尚之弟张羽带兵据守（张尚为谏楚王而死），屡屡击退吴王，才保城池不失。吴兵欲西进，怎奈梁据城坚守，久攻不下，便转头向东进击周亚夫。军到下邑，吴王欲同周亚夫决一死战，周亚夫却坚守不出。这时吴军粮草供应不继，士兵饥饿难忍，死者甚多。吴军几次挑战，欲速战速决，但周亚夫仍不为所动。吴军此时因不堪饥饿，军心摇动，已有士兵逃亡。周亚夫见时机成熟，遂出动大军，吴兵已无斗志，望风披靡，溃不成军。吴王仅带壮士数千人连夜逃遁，欲过长江，走丹徒，保住东越，固守东南。不料，汉已派使臣联通东越，东越派人趁吴王外出慰劳士兵之际将其杀死，割其头，驰传各地。吴军一败，楚王无力独撑大局，随之而溃，楚王刘戊亦兵败自杀。

## “像我这样的人死有余辜”

吴王发兵之初，以大臣田禄伯为大将军。田禄伯曾向吴王谏曰：“吴楚两军西进，没有奇路可走，行动缓慢，难以取得成功。我愿率领五万人马，沿江淮而上，收淮南、长沙之地，进武关，和大王会合，这可谓出奇制胜。”然而吴王的太子劝谏吴王，认为吴以清君侧之名出师，不宜将兵权交给异姓人，让外人掌握了兵权，若倒戈反击，将如何是好？况且田禄伯带兵另行出击，利弊如何，尚难以确定，而吴军的整体力量却马上就被分损却是显而易见的。吴王听信太子之言，拒绝采用田禄伯的策略。吴国的少将桓将军亦谏劝吴王道：“吴国步兵多，步兵利于在地势险要的地方作战；汉军骑兵多，车骑兵利于在平原地带作战。所以吴军不应贪于城池的争夺。所过城邑攻不下的，不要强攻，应尽快直奔洛阳攻取武器库和敖仓的粮食，据守太行山、黄河之险，以号令诸侯。到那时，纵然不入关，天下大局也将确定。如像现在这样缓慢进军，计较于一城一池，等汉军主力进入梁、楚交界地带，那时恐怕大事不妙，望大王三思。"吴王闻此拿不定主意，请教于各位老将。老将却认为那只是年少气盛者急功近利之举，临时用用可以，却不能成就大事，于是吴王对桓将军的策略亦弃而不用。

吴王统率吴军，缓慢西进，未等渡淮水，各宾客已被封为将、校尉、侯或司马，唯有周丘没有被重用。周丘是下邳人，逃亡到吴，除了喝酒，无所事事。因此吴王对他很不以为然，没有任用他，也没有封赏他。此时周丘却自去求见吴王，申诉道："臣无能，不得已待罪行间。臣虽不敢奢望求得封将封侯，只愿得到大王一汉节，必有报于大王。"于是吴王赐他汉节，随他而去。周丘得到汉节后，连夜赶到下邳。下邳闻听吴王已反，都坚守城池。周丘到下邳后，先召见县令。县令到，周丘令人杀之，而后召见本地亲戚、豪吏鼓吹道："今吴王大兵将至，到后，若杀尽下邳人，不过一顿饭的工夫。如果今天大家投降吴军，不仅家家可以保得安全，而且有功者还能得以封侯。望大家能识时务，趁机立功，休做不明之举。"于是众人皆顺从周丘，并布告百姓。周丘不费吹灰之力就将下邳占领，且一夜之间得三万余人。他一边使人回报吴王，一边带兵向北进军，等到达城阳时，已有十万大军，并一举打败城阳中尉军。但此时他已得知吴王败走，知大势已去，便欲退守下邳，未至，途中发病而死。

胶西王印、胶东王雄渠、济南王辟光围攻临菑，三月未能攻下。汉兵至，三王各带兵回本国，齐地因此未发生大的战争。胶西王刘印兵归后，遂袒跣，席槁，饮水，以谢罪于太后。其太子刘德说："汉兵已走远，臣看汉军已疲惫至极，可以袭击，臣愿收拾大王的余兵袭击汉军，击之不能取胜，再逃入海中，也为时不晚。"刘印说："现在士气已崩溃，斗志尽失，无法再战。"因而未听从儿子之计。这时汉军将弓高侯韩颓当给刘印送信说："奉诏诛不义之人，降者赦免其罪，恢复原来的待遇；不降者全部消灭。大王打算走哪条路呢，可三思。"刘印肉袒叩头于汉军军营，进见韩颓当说："臣印奉法不严，惊骇百姓，才劳苦将军远道而来，敢请菹醢之罪。"韩将军执金鼓见刘印，说："大王苦于军事，愿听大王为何发兵。"刘印顿首膝行说："今日之事，全因晁错得天子信用，擅变高皇帝法令，侵夺诸侯的封地。印等认为这是不义之行，恐怕因此而败乱天下，七国才联合发兵，打算共诛晁错。今闻晁错已诛，我等谨慎罢兵回来。"韩颓当对此却冷笑不止，突然发问道："大王如果认为晁错不好，为何不上书奏闻皇上？没有虎符诏令，擅自发兵攻打他国，恐怕并非仅仅是想诛杀晁错吧？"言毕，出示诏书，掷于刘印："大王自行做个了断吧！"说完拂袖而去。刘印自叹道："像印这样的人死有余辜。"于是自尽身亡。太后并太子皆死。胶东王、菑川王、济南王皆被杀。景帝于是废掉这些封国，归属汉中央直辖。

前去围攻赵王的郦将军畏敌不前，等了十个月，待栾布攻下齐地后，才挥军北上，迫使赵王自杀。济北王因部下劫持，没有参加叛乱，才得以保全性命，迁徙为菑川王。

# 李建成：历史上最可怜的太子

李建成（公元589—626年），唐高祖李渊长子。他虽为太子，而其弟秦王李世民功绩卓著，人心所归。他清平刘黑闼的反叛，以求立功树威。后又与其弟李元吉合谋，下毒于李世民酒中，李世民未死。李世民于武德九年（公元626年）六月，告李建成、李元吉淫乱后宫之罪，翌日李渊召二子入宫，同众大臣审核，至玄武门，李建成被世民所杀。李元吉为尉迟敬德所杀。李世民继位后，追封李建成为息王，谥"隐"，史称"隐太子"。

## 与李世民并肩作战

李建成是唐朝第一位皇太子，却与九五失之交臂，是他生性残暴、淫

历史的博弈
帝道与臣道的较量

164

乱，还是功德不堪君王位？细细探究其一生，或许可得知一二。

中国封建时代是家天下的社会，每朝每代都是由一姓统治天下，它告诉人们这样一个事实：江山是父子兄弟、同宗同族齐上阵，共同打下来的。中国古代以强盛闻名后世的唐王朝也是这样建立起来的。

唐高祖李渊共有四子：长子建成，次子世民，三子玄霸，四子元吉。玄霸早逝。四子同为窦氏所生，血脉相连。大业十一年（公元615年），隋炀帝派李渊到山西河东做慰抚大使，去镇压那里的农民起义军。两年后，又任命其为太原留守，为隋王朝支撑着北方统治。然而全国各地风起云涌的农民起义使隋王朝岌岌可危，统治阶级内部也出现了分化瓦解之势，人心思变，各怀异志。尤其是大业九年（公元613年），隋朝贵族杨玄感起兵反隋，直接促使隋王朝内部的分崩离析。身为隋朝贵族的李渊，与隋皇室有着较近的亲戚关系，他的姨母是隋炀帝的母亲，但这并不妨碍他有了反隋之心。大业十三年，李渊决定起兵举事，遂派心腹连夜赶往河东通知长子李建成马上携家人到太原。自从李渊调守外地后，长子李建成自然而然地接替了父亲在家中的位置，担负起了一家老小的衣食住行和安全，安居于老家河东。得知父亲欲举大事，李建成命家人即刻打点行装，连夜起程，直奔太原而来。然而因形势紧迫，未等李建成携家人到达太原，李渊已起兵。河东的隋朝官员发现李建成举家逃走，知大事不妙，急令各关口严加追查。李建成和弟弟李元吉不得不抄小路，躲追兵，绕关卡，终于护卫家人安全抵达太原。李渊见儿子和家人到齐，一直悬在嗓子眼的心这才放下，并任命李建成为左领军大都督，封为陇西郡公。接着李渊即命李建成与次子李世民一并去攻打西河郡。兄弟二人并肩作战，不久克复西河重镇。随后李渊建大将军府，设三军：李建成为左领大都督，左统军隶；李世民为右领大都督，右统军隶。同年七月，李渊亲率大军南下关中——隋朝的统治心脏。以四子元吉为镇北将军，留守太原，李建成、李世民随父入关中。

入关后，李建成同司马刘文静被派往关中东部，屯兵永丰仓，兼守关中东部的咽喉——潼关，以防御东部力量。次子李世民随同李渊围攻长安。随着围攻长安的节节胜利，李建成亦率军从新丰赶赴灞上。历经四个月的艰苦作战，十一月，攻克长安。于是李渊拥立代王杨侑为天子，尊炀帝为太上皇，改元义宁。杨侑封李渊为唐王，总理万机；李建成身为长子，顺理成章地封为唐国世子。

## 李渊为李建成的前途感到担心

虽然李渊已控制了长安地区，但全国的形势危机并未随之解除。大部分地区仍处在农民起义军、军阀割据势力或隋朝残余势力的控制之下。因此，当务之急是在全国范围内完成军事上的统一。义宁二年（公元618年）正月，以李建成为抚军大将军，东讨元帅，李世民为副统帅，将兵十万，兄弟二人再次联手，东征洛阳。当时，李建成和李世民也没想到，这次东征竟是兄弟俩最后一次并肩作战。四月，已决意篡夺帝位的李渊，召李建成和李世民回到长安。五月，李渊代杨侑自立为帝，建国号唐，是为唐高祖，改年号为武德。李建成也由唐王世子转封为皇太子。唐王朝建立起来了，但全国大部分地区尚处于四分五裂、各自为政的状态，因此军事任务仍十分艰巨。但李建成既然成为太子，将来皇位的继承人，所以不便再带兵征战，只好留在朝中，辅助父皇处理军国大事，完成统一的重担随之落到了弟弟们的肩上。特别是富有战斗经验的李世民，成了统一战争的总指挥，最终完成了统一大业，同时也奠定了他在唐王朝中的政治地位和军事地位。

无论对于哪一个打天下的王朝而言，战争使手足之情更深，而和平之时却反目成仇。伴随着唐王朝的发展壮大，李家的和睦亲情渐渐消失殆尽，李建成受封为皇太子，弟弟李世民、李元吉也同时分别受封为秦王和齐王。此后李建成留在长安辅助李渊处理政务，齐王李元吉镇守太原，秦王李世民包揽了对外的军事作战。但唐朝建立之初，迫于强敌压境之急，太子有时也不得不披挂上阵，征战沙场。李渊称帝之时，活动在陇右的薛举忽然大举进犯，长安顿时人心惶惶，形势十分危急，李渊急派李世民出击薛举，去稳定陇右。适逢此时，司竹地祝山海，自称护乡公，领导农民起义，有兵千余人，声势颇大。李建成遂率将军桑显和镇压祝海山，大获全胜。接着，占据凉州的李轨被安兴贵等人所杀，安兴贵举众降唐，李建成奉命前往接应。当时正值酷暑时节，而李建成却沿途驰猎无度，所统率的士兵苦不堪言，成帮结伙地逃走，以致所剩之人不过半数。李渊对此大为不满，但李建成毕竟是太子，不便过责，可是心里却不免为李建成的前途有些担心。为使李建成将来能成为有所作为的治国明君，李渊经常强令他研习时事，诵读经书。除了军国大政以外，其余事务一律放手让李建成自行决定，以此来锻炼他的政治能力。李渊还选派礼部尚书李纲、民部尚书郑善果辅助李建成处理政务。李渊的这些安排全是为了李建成着想，渴望自己的事业后继有人，能代代相传，而不是像隋代那样两世而亡。

然而，李建成并没有学会怎样广施皇恩、收笼人心。武德四年，稽胡的酋帅刘仙成拥部落数万人侵犯唐朝边塞，李渊又诏令李建成率军前往征讨。李建成军驻扎在鄜州后第二天，便与前来骚扰的刘仙成军相遇，发生激烈冲突，李建成大破刘仙成，当场杀死数百人，俘虏了千余人。为了消灭这群胡人，李建成故将胡人的数十名渠帅（头目），全都授给官爵，让他们回本部落去招抚群胡。刘仙成战败后，与其大将商量后决定请求降唐。李建成意欲趁机将他铲除，因为刘仙成还有一定的兵力。于是李建成扬言增设州县，令刘仙成等为官，他以增设州县须要有城邑为借口，将群胡召来修城邑。等胡人到达筑城之地时，李建成命早已埋伏好的军队将前来筑城的胡人全部抓了起来。刘仙成闻听有诈，就带领余众投奔了军阀梁师都。李建成遂将抓到的六千余胡人全部诛杀，为此便有了残暴之名，大失人心。李渊对他也渐渐失望。

## 兄弟相残之迹遂渐露端倪

武德二年，割据北方的刘武周勾结匈奴侵犯并州，太原留守李元吉兵败失太原，逃回长安。刘军渐逼长安，形势危急，李渊急调李世民前往迎敌，收复太原。平定刘武周后，李世民得干将尉迟敬德。至武德四年，李世民平定关中，东败王世充，北败窦建德，唐朝建立之初面对的强敌如今都成了李世民的手下败将。此时，李世民战功显赫，已是朝中无人能比的人物。李渊对李世民所表现出来的各方面才能，大其是军事、政治才能，大为赞赏，他觉得将来把大唐的江山托付给李世民更让他放心，遂不顾隋朝兄弟相争的教训，竟私下里许诺李世民将立其为皇太子。没有不透风的墙，李建成得知了这一事关自己前途命运的消息。自此，兄弟二人遂生互相防范、猜忌之心，在统一战争中曾拥有的携手御敌、共同浴血沙场的手足之情已不见踪影，兄弟相残之迹遂渐露端倪。

武德四年，窦建德的部将刘黑闼起兵反唐，在山东一带十分活跃，到处击败唐军，声势大振，东部地区再次告急。于是，李渊只得再派李世民东征，刘黑闼兵败后逃往突厥，李世民凯旋而归。两个月后，刘黑闼卷土重来，继续抗击唐军。当时，李建成的谋臣王珪、魏征对李建成说："殿下虽然处于嫡长之位，论功绩却无多少可称著的，论仁厚又没有广布天下。可是秦王功勋卓著，威震四海，人心归向，殿下如何自安呢？如今刘黑闼率败亡之士，众不过万人，加上粮草不济，脚跟未站稳，若此时派一大军前往，可以不战便擒敌。诚愿殿下请旨前讨，这样不仅可以立战功，而且能够广交山东英豪，培植自己的党羽，以巩固太子之位。"王珪、魏征皆是深谋远虑之人，他们这个建议对李建成是十分有益的。所以，李建成采纳了他们的建议，请师出征，果然不出王珪、魏征所料，刘黑闼兵力少，一无援兵，二无粮草接济，终被李建成所擒。李建成得胜而归，名声大振，收到了预期的效果，李渊对李建成的态度亦有所改变。

当李建成积极巩固自己的地位时，李世民在战胜群雄过程中已产生了谋夺皇太子之位的心思。李世民是位十分勤奋且有头脑的政治家，无论征战南北，他都坚持攻读经籍，并注意广收人才，即使是敌手，他亦能以情动人，以致在他周围聚拢了一大批为其效命的文臣武将。在他东征王世充、窦建德的过程中，著名大将秦叔宝、公孙武达、程咬金、李世勣等皆归顺于他。李世民因军功显赫，受封为天策上将，位在诸王之上，仅次皇太子，并在秦王府设天策府作为他的军事最高顾问决策机构。不久，他又开文学馆广招四方士人，其中著名的有房玄龄、杜如晦、长孙无忌等十八学士为其谋臣。他让著名画家阎立本为十八学士画像，这便是"十八学士登瀛洲"的起源。十八学士实际上是李世民的私人智囊团。这样，李世民周围形成了一个拥有一流人才的集团。无论军事力量还是政治力量，都在整个唐王朝中处于举足轻重之位。李渊的王朝没有皇太子可以，没有秦王

历史的博弈
帝道与臣道的较量

却是难以维持。超人的才能智慧，特殊的地位，及其聚集在身边的天下精英，也必定使李世民怀抱大志。即使李世民不想去夺兄长之位，他手下的个个叱咤风云之士，又怎能甘心让李世民屈就于皇太子位下呢？因此，夺位称帝已不仅仅是李世民的梦想，更是以他为首的李世民集团的梦想。

### 兄弟在父皇面前展开争宠夺嗣战

在李建成东征刘黑闼的时候，李世民和房玄龄微服拜访了道士王远知。王远知给李世民算了一卦，称他有天子之相，将来是位有作为的天子。自此李世民称帝之心萌生。

李建成得胜回到长安后，发现形势对他仍是不利。为巩固太子之位，他也广招天下贤能之士，同时联合了四弟李元吉，准备两人联手共同对付李世民。从此之后，李建成和李世民的矛盾由暗转明，由地下转为公开。李建成同李世民之争夺便在父皇面前开始了。

李渊很早丧妻，及其为帝后，美女如云，宠妃颇多。因而诸妃的家人亲戚也就分掌了宫府内事，竞相求请恩赏。当李世民刚刚平定洛阳时，李渊就让贵妃等人急奔东都洛阳去选王世充所留下的宫人及府库珍宝。这些贵妃不仅自己多求财物，还为她们的亲戚求官职。当时李世民有权掌管他所占有的地区中的一切大权。李世民以财账已封上奏和官爵已封了有功的人为借口，对诸贵妃的求请一概拒绝，因此李世民颇不得诸贵妃欢心。当时为李渊所宠爱的婕妤张氏无人敢得罪，可李世民偏偏不理她那一套。李世民身为陕道行台，受命处理所辖区政务。淮安王李神通随李世民作战有功，李世民便赏给田数十顷。后来张婕妤私下上奏要李神通那块地，李渊不知李世民已将此地给了李神通，便手诏赐给了张氏。李神通以李世民的教令发在诏书之前，不肯让地。张婕妤矫情上奏说："陛下所诏赐妾父的土地，为秦王所夺，给了李神通。"李渊闻听大怒，卷起衣袖，手指李世民训斥道："岂有此理，朕的诏敕不执行，你的教令却为州县所接受，是何意？"事过几日，李渊对此仍念念不忘，叫着李世民的小名对裴寂说："这小子掌管兵权太久了，在外专制一方，又为那些读书的汉人所教化，再也没有我往昔的安宁了。"李世民在得罪张婕妤后，又得罪了李渊所宠幸的尹德妃。尹德妃的父亲尹阿鼠倚仗女儿得宠于皇上，横行霸道，为害一方，没人敢惹他。秦王府的重要谋臣杜如晦一次经过他家的门前，尹阿鼠家的奴僮数人将杜如晦从马上撕扯下来，一顿殴打，还骂他说："你算什么东西，竟敢走到我家门前还不下马！"当尹阿鼠得知家奴打了杜如晦，担心秦王会上告到皇上处，所以来了个恶人先告状，让女儿上奏李渊，说："秦王左右的人无不凶暴霸道，如今都欺凌到妾父头上，望陛下为妾身做主！"李渊又是大怒，把李世民召来一顿痛斥。李世民为自己辩解，但李渊不听。后宫中与李世民有仇的人，见李世民受责，无不欢欣，并火上浇油。有交好于东宫太子李建成的，便趁机为其进言，述说李建成如何仁慈宽厚，体察民情。从此后，李渊对李世民的恩礼渐薄，废立之心又左右不定起来，李建成和李元吉又转而蒙恩受宠。

李建成和李元吉与宫内的嬖幸关系密切，张婕妤、尹德妃和建成、元吉有淫乱之事，所以，张、尹在李渊面前多非李世民而称赞李建成。李建成稳定后宫后，又与诸公主和六宫的亲戚结好，不仅对诸公主、六宫亲戚的骄恣蛮横、兼并良田、侵夺他人犬马不加干涉，反而与他们同流合污，为他们的恶行打掩护，以争得他们在皇上面前的美言！在李建成与李世民争宠的较量中，李建成取得了优势地位。

然而，李世民毕竟手下有军队、有谋臣、有武将，且个个都是名震天下的人物。要想真正击败李世民，单在父皇面前争宠夺爱是无济于事的。为此，李建成和李元吉进一步私下扩建自己的军队，到处交结壮士，广招人马。在长安李建成募来为非作歹的少年两千余人，养在东宫里，分别屯守在左、右长林门，号称长林兵。他又以重金贿赂了中书令封伦，为朝臣之援。兄弟之争已是人人皆知的秘密，李建成欲先发制人。

## 不除掉李世民，李建成寝食不安

武德七年，李渊诏令在宜州的宜君县建仁智宫，六月宫成，李渊决定亲自去仁智宫看看，命李建成留守长安。此前，李建成令庆州总管杨文翰招募健儿送往京师，想趁父皇站在自己这边时，先下手诛除李世民。正巧赶上李渊要离京一些日子，这真是天赐良机，于是，李建成派郎将尔朱焕、校尉桥公山带甲以赐杨文幹，令他起兵来响应。桥公山和尔朱焕等人走到豳乡时，忧惧政变不成反害了自己，便驰奔宜君县，去找李渊，报告了李建成阴谋兵变的事。李渊闻知大惊，即以他事为借口，诏令李建成到仁智宫。李建成不知事情败露，便受诏前往，李渊见李建成至，大怒。李建成见事情泄露，心中惊慌不已，忙叩头请罪，并投身于地，作欲自尽状，为侍卫拦住。当夜，李渊将李建成关在幕中，派殿中监陈万福看守。而杨文幹不知李建成已被囚禁，便举兵反叛。李渊召来李世民，商量对策。李世民说："杨文幹只是小人物，狂暴之徒，成不了气候，州府官员应该就能将其擒获。纵使他有喘息之机，也只须派一员将就行，父皇不必担忧。"但是李渊仍不放心，说："杨文幹起兵，事牵建成，恐怕响应他的人不少，最好是你亲自去征讨，等你回来，立你为太子，我不能学隋文帝那样诛杀自己的骨肉。废建成后封他为蜀王，蜀地偏僻，范围小，容易控制。如果将来他不能以臣事你，你也容易制伏他。"李世民心中自是十分高兴，因为这次父皇许诺和上次大不一样，上次李建成并没有这许多过错，父皇的许诺也就难以兑现，而今李建成准备起兵，既然能杀李世民，也难保证不杀父。所以，李世民自认为父皇已站到自己这边，但他口头上并不能这样说，只是默不作声，带兵走了。

李建成的败露，使李元吉大惊失措。他之所以参与李建成的东宫集团，也有他自己的打算：既然老二有夺嫡之意，我老四为何不可当皇帝呢？同时，他也清楚，论才能、品行，他是无法赶上二哥的，如果自己想上台，首先得整倒二哥，二哥倒了，再取大哥之位，便易如反掌！所以，李元吉积极参与反秦王的斗争是有他自己的打算的。李建成被押，李元吉四处为解救李建成奔走，他找了后宫中最受李渊宠爱的妃嫔和李建成的太子妃去李渊那里说情，又让封伦站在朝臣的立场上劝说李渊。李渊经不住他们的内外夹击，又犹豫不决了。他们说李建成之所以要政变都是被李世民逼的，他身为太子本是皇位的继承人，没有必要杀人，可是李世民恃功自傲，企图夺太子位，他这才出此下策。在他们的劝说下，李渊又一次改变了立李世民为太子的主意，令李建成还京师居守。李渊只是以兄弟不能相容，将李建成训斥一番，把责任推到中允王珪和左卫率韦挺、天策兵曹杜淹等人身上，将他们流放到巂州。

政治斗争是无法以亲情作为评判尺度的。作为父亲，李渊不忍心任何一个儿子受到伤害，他希望儿子们和睦相处，共扶朝政。然而老父的慈爱与宽厚，并不能阻止兄弟之间的相残。

不除掉李世民，李建成是寝食不安的。既然起兵不成，那就另想办法。一次，李渊和李世民打算去李元吉处。李元吉令其护军宇文宝埋伏于寝帐之内，意欲刺杀李世民。李建成担心此事不易办成，便制止李元吉这样做，李元吉生气地说："这都是为了兄长你，于我有何利害！"李建成安慰他说："我知道你为我好，可是做事要干净利落，必须成功！上次事发后，世民必有警惕，要置他于死地，必须想个万全之策，不能再冒险行事。"

于是兄弟俩又谋划鸩杀李世民。为此，李建成宴请李世民，声称兄弟当尽弃前嫌，和好如初。李世民明知其中有鬼，可又不便直说，只好硬着头皮前往东宫赴"鸿门宴"。席间，李建成貌似真诚地向李世民承认了自己的错误，希望能得到弟弟的原谅，饮酒和好。李建成一再相劝，李世民只得将哥哥递来的酒一饮而尽。李世民不知酒中有毒，喝下去之后，感到肚子不舒服，不久，就疼痛难忍，吐血数升。随李世民前来的淮安王李神通见状大惊，狼狈地扶李世民回西宫，西宫里顿时忙作一团，赶紧抢救。不知是用药少，还是药力失效，李世民竟奇迹般地活过来了。这位从十七八岁随父征战、二十出头便指挥千军万马的军事统帅，身经百战，出生入死，没有在沙场上栽过跟头，却险些倒在兄弟所设的鸿门宴上。

李渊得知消息，急忙来看望李世民，见李世民已无事，便十分愧疚地对李世民说："我家起兵于晋阳，本来是你出的计策；克平天下，也几乎依仗于你。想让你代替建成为太子，你又不肯接受。建成自从住进东宫，也有年头了，如今也不忍心夺他的位置。看你们兄弟在一起，终究是不会和睦相处，同处京师，不是长远之计，你回洛阳住，自陕往东，全都由你管辖。你可建天子旌旗，依汉梁孝王故事办。"李世民听罢，理解老父此时的心情，禁不住流泪道："今天陛下所授，实在不是儿臣所希望的，儿臣不能远离陛下。"说罢呜咽不止，悲不自胜。李渊劝慰道："早在汉代，名臣陆贾还有传位之过，何况我为天下之主，以天下为家。东西两宫，近在咫尺，看着你们兄弟如此不和，朕心忧如焚，可你二人同为朕的骨血，朕不想委屈了你，又不忍心将太子重罚。这委实让朕为难至极！"言毕长叹不已，"你自去洛阳，辖一地算了，朕会时时想着你的心意，不要悲伤。"李世民只得准备起程。李建成见李世民没死，又深得父王同情，并得以专陕东事务，这不是和他平分天下吗？于是李建成与李元吉密谋：秦王今去洛阳，又得土地又得兵，定会后患无穷，这是放虎归山。将他留在京师，不过是一匹夫耳，易于制约。于是，又密令朝中数人上书奏称：秦王左右大多是山东人，听说回洛阳，都非常高兴，看他们的样子，是自今一去，就不再来长安了。李渊此时再次食言，留李世民在京。这样长安城里的龙虎相争就在所难免了。

## 被自己的兄弟活活射杀

自打李建成欲鸩毒李世民未成后，双方加紧了政变的脚步。李建成和李元吉日夜在东宫谋划，加强与后宫的关系，以后宫来谮毁李世民。李渊对此心里十分困惑，不知应当怎么办。杨广弑父杀兄的历史他是再清楚不过了。他试图调和兄弟两人的矛盾，可是皇位只有一个，要做到一碗水端平，何其难哉！李世民从死亡线上挣扎过来，更加提防李建成和李元吉，并收买李建成、李元吉那边的人。所以，李世民很快就能得知他们的阴谋。其手下大将李靖、李世勣等人劝李世民道："大王因功高被人猜疑，又数被太子和齐王陷害，几乎丧命。今太子、齐王不轨之心日强，几乎肆无忌惮，望秦王早作决断，靖等愿为大王效犬马之力。"被李建成、李元吉收买的封伦也私下里劝李世民诛除李建成和李元吉，以探李世民之心，但李世民不同意他们的要求、建议，因为他深知父亲的苦衷，那是父皇所最担心，也是最痛心的事。封伦见状，进谏于李渊说："秦王恃其有大功于朝廷，不甘心居太子之下。如果陛下不想立他为太子，诚愿陛下早点给他安排个地方。"进而又说，"建成在上次作乱的时候就声称：能临四海者，不能顾念他的亲戚兄弟。汉高乞羹，说的就是此事！"李渊默不作声，而此时的兄弟争夺已是山雨欲来风满楼了！

武德九年，北方的突厥再次侵犯边塞，李渊诏令齐王李元吉率兵迎敌。李元吉趁机想将秦王府中的干将调离京师，留下无兵将的李世民在京师，将其置于死地。他与李建成合谋定下日期举兵诛除李世民。当时，朝廷内外太子、二王的耳目很多，所以，双方的消息彼此知道得也很快。眼见秦王府名将被调走，形势迫在眉睫，长孙无忌、房玄龄、杜如晦、尉迟敬德、侯君集等日夜劝说李世民先发制人。他们认为：形势危急，如果不用计，国家社稷势必危亡。周公是圣人，能说他是无情于骨肉吗？为保存社稷，应当舍小义而顾大局。如今大王当断不断，坐受宰割，于义何成？如果我们的意见大王听不进去，那么我们众人只好鼠窜于山泽，不能再陪伴大王左右。于是，李世民下定决心，向李建成和李元吉反击。

六月三日，李世民在秦王府做了周密部署后，前往宫中拜见父皇，密奏皇太子李建成和齐王李元吉淫乱后宫，并申明："儿臣无损于兄弟之情，今天太子、齐王欲趁儿臣府中众将被调离之机，置儿于死地，好像是为王世充、窦建德报仇。儿臣今天枉死为鬼，永远离别父皇，魂归地下，实在是耻于见诸贼于九泉。"李渊闻听此言大惊，想不到太子和齐王竟干了这样的丑事，惊愕得不知说什么才好，良久，方对李世民说："明日审问此事，你也早点过来。"说也凑巧，李世民之言皆被张婕妤听去。张婕妤知道事关自己的身家性命，急忙通知了李建成。李建成又急忙召李元吉商议对策。李元吉道："我们先掌握宫中侍卫兵，再声称有病不去朝见。"李建成道："办法好是好，可是不与他同入朝，怎知事情发生什么变化呢？"两人遂决定明日还是去见父皇。事情如此急迫，两人竟无良策，临阵慌了手脚。

第二天，秦王李世民提前赶到，并带上了尉迟敬德等心腹干将九人以保护自己。在玄武门内布置妥当，守玄武门的是侍卫何常，他原是李建成的人，但已为李世民收买过去。此时李渊已召裴寂、萧瑀、陈叔达、封德彝、宇文士及、窦诞、颜师古等人见。大臣走南门，自然不知北门的这些状况。李建成和李元吉等天快大亮时，只身骑马到了玄武门，他们本以为已掌握宫中侍卫兵权，又见何常当值，便放心地进了玄武门。然而，等进了玄武门时，方发现里面没有自己的人。等李建成和李元吉骑马走到临湖殿时，愈觉气氛不对劲，心中顿然明白，急忙拨马往回走，然而为时已晚。就在这时，一个熟悉的声音从背后传来，他们不用看也知道这是谁在喊。李元吉反应极快，急忙抽箭搭弓，回头便射，谁知平日不费吹灰之力就能拉开的弓，此时竟然连拉三次未能开弓。李建成被眼前的情景惊呆了，未及回过神来，李世民的箭已经飞来，正中李建成心窝，应声落马。李元吉被李世民的手下射中，正欲逃走，被尉迟敬德追上，手起刀落，李元吉人头落地！

玄武门政变的消息，立刻传到了东宫、齐王府。东宫和齐王府的三千余兵马前来攻打玄武门，由于城门紧闭，无法冲进去，但飞矢已至殿屋。此时，李渊正在南海池中的龙船上与裴寂、萧瑀商议废立之事，突然发现尉迟敬德全副武装站在岸边，惊异地问："发生什么事了？"尉迟敬德告诉他："太子和齐王谋反，已被秦王处死，现今东宫和齐王府的兵正攻打玄武门，秦王怕陛下受惊，特派臣来护驾。"时过不久，秦王府的数百精骑赶来应战，内外合击，才将东宫、齐王府的兵击溃。李渊得知李世民杀了李建成和李元吉，虽然心痛不已，却无计可施，遂对裴寂道："事已如此，该怎么办呢？"萧瑀、陈叔达劝慰道："臣听说内外没有法规，父子不亲，失而不断决，反而蒙受祸乱。建成和元吉自起义以来，没有参与国家的策划；立为皇太子和封王爵后，又没有建功树德。二人怀疑秦王，相互勾结，终成萧墙之祸。而秦王功盖天下，内外归心，立他为皇太子，交付以军国大政，陛下也可释社稷重负。"李渊见事已成定局，只好说："这本是我的心愿！"六月七日，李渊下诏：立秦王李世民为皇太子。八月，李渊退位，李世民即位，是为唐太宗。

李建成死时年仅38岁，他的儿子：承道、承德、承训、承明、承义一并坐父罪而被诛杀。李世民即位时，追封建成为息王，谥曰隐。

## 胤礽：两度被废立自有其缘由

清太子爱新觉罗·胤礽（1674—1725年），原名保成，康熙帝第七子，

175

母为孝诚仁皇后赫舍里氏，除早殇诸兄弟外序齿为皇二子。因同母兄、嫡长子胤禔幼殇，故其作为唯一嫡子于两岁时被立为皇太子。胤礽聪慧好学，文武兼备；监国理政期间举朝称誉，颇具令名。但因康熙帝对其太子的极度溺爱兼之朝中激烈的结党纷争，致太子心理扭曲，后期骄奢淫逸，君储矛盾无法调和，历经两立两废，随之诸皇子展开激烈夺储之争，史称"九子夺嫡"。最终被禁锢咸安宫内，直至幽死。

## 康熙培养太子用心良苦

清自努尔哈赤建立政权，直到康熙帝继位，都没有实际预立太子的制度。所以，清初围绕皇位的继承问题，争结朋党、手足相残的事情屡屡发生。皇太极继位是如此，福临继位也是多尔衮与豪格相争而妥协的结果。总之，清初皇位争斗的血腥味极浓。康熙帝即位以后，决意改革大清的皇嗣制度，以期避免手足之间的互相残杀。他决定仿效中国历代预先册立皇太子这种公开建储的办法，他曾说："帝王绍基垂统，长治久安，必建立元储，懋隆国本，以绵宗社之祥，慰臣民之望。"康熙十四年（公元1675年）十二月十三日，他宣布立皇次子胤礽为皇太子。胤礽就成了大清历史上第一个公开册立的皇太子，也是唯一一个公开册立的皇太子，所以称胤礽为大清第一太子，意即于此。

中国自周代至明朝，立储的原则都是立嫡立长，即所谓嫡长子继承制。康熙帝立胤礽为皇太子，也是遵循了这个原则。康熙帝共有35个儿子，20个女儿。皇长子是胤禔，是惠妃纳喇氏所生，因非嫡出，所以没有资格。皇次子胤礽是孝诚仁皇后赫舍里氏所生，是为嫡子，所以胤礽得立为皇太子，此时只有一岁半。

胤礽被立为皇太子之时，康熙帝本人只有22岁。这位年轻有为、励精图治的皇帝对自己选定的接班人充满着喜爱之情，虽然胤礽只有一岁半，还是咿呀学语的孩子，康熙帝仍不无骄傲地称赞他"日表英奇，天资粹美"。

胤礽四岁时，康熙帝就开始亲自教他读书。后来康熙帝在西郊海淀建畅春园，园内的无逸斋典雅恬静，康熙帝让胤礽在此读书。6岁起，康熙

历史的博弈
帝道与臣道的较量

帝即命大学士张英、李光地为皇太子的师傅，延馆在宫，孜孜教诲。

在皇位世袭的时代，皇太子的好坏直接关系宗庙社稷，正如明太祖对太子所说："天子之子与公卿士庶人之子不同，公卿士庶人之子只关系一家之盛衰，天子之子系天下之安危。你主神器之重担将对天下负责。公卿士庶人不能修身齐家，败的只是一身一家，若天子不能正身修德，他所败的岂止一身一家，而是宗庙社稷不保，天下生灵都跟着遭殃，这是多么可怕！能不引以为戒吗？"所以，古代帝王都重视对太子的培养。康熙帝曾说："自古帝王莫不以豫教储贰为国家根本。"他唯恐皇太子不能深通学问、明达治礼，所以对胤礽谆谆教导，耳提面命，督以礼节，勤加训诲。

胤礽 14 岁时正式出阁读书。一天，康熙帝在畅春园对太子的老师达布塔、汤斌、耿介等人说："过去圣贤训教储君因不得其道，以致颠覆，这种情况常有。唐太宗可以称得上英明之主，却不能保全太子，朕深悉其中原因。"于是，特别告诫诸大臣，尽心教导胤礽。他也戒谕胤礽读书写字要勤奋，不许有一日懈怠，他赐名胤礽读书的学堂为"无逸斋"。

从康熙帝给胤礽安排的每天读书的时间，便知康熙帝培养太子的良苦用心。

每天早上五点开始，满文师傅达布塔、汉文师傅汤斌、耿介，进入无逸斋，太子按要求背诵学习内容一百二十遍，这是康熙帝规定的。上午七点到九点，康熙帝下早朝之后，来无逸斋检查胤礽的功课，并吩咐对皇太子不能过分夸奖，而应严加要求，然后回宫。上午九点到十一点，是太子练字时间。上午十一点至下午一点，太子进膳后，把上午所学内容读一百二十遍，然后教师检查背诵。下午一点至三点，太子练习射箭。下午三点到五点，康熙帝再来无逸斋，众皇子都来侍读。下午五点到七点，康熙帝与众皇子一起练习射箭。天黑以后，胤礽在无逸斋一天的功课结束。

胤礽天资高，悟性强，读书也很勤奋。据清代有关史料记载，皇太子在无逸斋读书，不论寒暑，无一日间断。所以，其学业精进，不仅精通满汉文字，文学水平也很高，而且长于骑射，每当随康熙帝巡幸游猎时，不仅猎获颇丰，而且能够即景赋诗作文，对此，康熙帝喜不自胜。

太子作为储君，一经册立，便拥有了特殊地位。国有大典，诸王百官先向皇帝朝贺，然后去东宫礼拜。胤礽自幼为太子，一开始就受到了太皇太后、皇太后和父皇的无比宠爱。而且大学士、领侍卫内大臣索额图倡议为太子制定服御、仪注等制度，几乎与皇帝的相当。这种一人之下、万人之上的独特地位，养成了他随心所欲、恣意妄行、暴戾任性的恶劣品性，他虽读圣贤之书，却无圣贤之德。

## 胤礽的储位开始岌岌可危

随着年龄的增长，胤礽的恶劣品性表现得愈加严重。他肆意凌辱贵胄大臣，平郡王纳尔素、贝勒海善、公普奇等均曾遭其鞭笞，他甚至当着康熙帝的面辱骂师傅徐元梦。他贪财好利，趁着随侍康熙帝巡幸之机，所到之处，即向地方官索要贡献。有一次，他随康熙帝南巡至江宁，知府陈鹏年供奉不能令胤礽满意，他便要以轻慢皇上之罪将陈杀掉，后经大臣们多方求情，才免其死罪。蒙古王公向朝廷进贡名马，胤礽竟派人于半路劫夺，致使蒙古诸部王公颇有不服。更令人不能容忍的是，胤礽在康熙帝面前，也时常毫不掩饰地我行我素，"率易任情"，礼节上颇多疏忽，康熙帝常常以此相责，父子之间渐生猜疑。

康熙二十九年（公元1690年），蒙古准噶尔部贵族噶尔丹叛乱，康熙帝御驾亲征，返回途中生病。康熙帝自感病情比较严重，到达舍里乌珠，便召太子驰驿往迎。但胤礽看到病中的父皇，毫无关怀和担忧的样子，令康熙帝很不高兴，骂他无忠爱君父之心，没有让他在跟前侍奉汤药，令其先行回京。由于胤礽视疾表现不佳，康熙帝认为他不孝，从此对他的眷爱之心顿衰。

然而，最终导致父子感情恶化、太子被废的根本原因还在于权力之争。

随着太子一天天长大，康熙帝有意锻炼他的政治才干。康熙帝命胤礽参加各种政治活动，并逐渐赋予他更多的权力。康熙三十二年（公元1693年），二月，康熙帝第二次亲征噶尔丹，命太子监国。国家大事经诸大臣议定以后，均由太子决断。随着太子手中权力的不断增加，他身边也迅速形成了以索额图为首的太子党。胤礽的势力大增，其权力欲也不断膨胀，不甘心长期居于太子之位，他又不善掩饰，曾说："古今天下，岂有四十年太子？"希望早日登基的心情表露无遗。这当然是大逆不道的。

胤礽急于承继大统，但"螳螂捕蝉，黄雀在后"，众皇子都在觊觎他的储君之位，他们各植朋党，暗地里积极活动，其中以皇长子胤禔、皇四子胤禛、皇八子胤禩最为活跃。势力最大的是胤禩和胤禛。胤禩是众皇子中最有才华者之一，又善于笼络人心，王公大臣中不少人都称赞他有才有德，不务矜夸。胤禛则有其母舅隆科多一派官僚支持，就连胤礽的师傅张英、汤斌、徐元梦、熊赐履等人也归心胤禛。每当康熙帝有病，胤禛常常痛哭，请求入侍汤药，极尽殷勤。康熙帝认为胤禛至孝，所以每次巡狩都令其扈从，军国大计多征求他的意见，祭祀大典也让胤禛代之。胤礽的储位开始岌岌可危。

胤礽成为众人攻击的对象，不断有人在康熙帝面前告太子及其同党的状。康熙帝亲征还京之后，又有人弹劾索额图倡议太子服御、仪注与皇帝相当之罪，康熙帝虽对索额图不满，但念其有功于朝廷，而没有追究。但胤礽急于抢班夺权的言行令康熙帝不能容忍，他指责胤礽"欲分朕威柄，以恣其行事"，明确表示："大权所在，何得分假于人？"为了不致大权旁落，康熙帝采取打击太子亲信、剪除其党羽的政策。礼部拟定祭奉先殿仪注，将太子拜褥放在槛内，康熙帝命移到槛外，礼部尚书沙穆哈害怕将来太子责怪，请求把谕旨记于档案。康熙帝知道沙穆哈党附太子，便责沙穆哈有轻君之罪，将他革职。康熙帝又以膳房人花剌等"私在皇太子处行走，甚属悖乱"，立即将他们处死。

索额图是太子一党领袖，康熙帝念其有功于朝廷，迟迟不忍下手。想当年，索额图帮康熙帝出谋设计，将跋扈的鳌拜擒伏诛杀。后来平三藩之乱，以及中俄尼布楚条约的谈判，索额图都立有大功。但胤礽的言行使康熙帝日益不满，索额图的做法也令他不能再容忍。康熙四十一年（公元1702年）冬，康熙帝南巡，太子从行。但刚走到德州，胤礽就病了，康熙帝将他留在德州治病，召大学士索额图前往侍奉。康熙帝这样安排，目的是欲抓索额图的小辫子以乘机治罪。太子病很快好了，索额图奉太子回京。康熙四十二年（公元1703年）五月，有人告发索额图暗助太子潜谋大事。康熙帝立即将他逮捕拘押，经过调查，虽然没有证据，最后还是以在德州时索额图乘马至太子中门方下为罪名，将索额图斩首弃市，其妻妾子孙全部没官为奴。因受牵连被杀的大臣也有好几位。

太子的亲信被杀的杀，被革职的革职，胤礽对康熙帝的不满情绪与日俱增，父子关系急剧恶化。康熙四十七年（公元1708年），胤礽随康熙帝巡狩塞外，康熙帝怀疑胤礽有加害自己之意。九月初四，康熙帝到达布尔哈苏台，先召诸王大臣到行宫，然后令胤礽跪在旁边，下诏废太子胤礽。罪状就是胤礽想为索额图报仇，每夜逼近布城窥视，有加害之意。"令朕未卜今日被鸩，明日遇害，昼夜戒慎不宁"。若真如康熙帝所说，问题确实相当严重，但也不能排除康熙帝疑忌太重的因素在内。因为一年前康熙帝就暗示胤礽要有大事发生，实际就是要废太子，只是胤礽没能理解。所以此次借巡幸之机，以太子图谋不轨为由，将他废掉。

康熙帝对诸王大臣说："胤礽不法祖德，不遵朕训，肆恶虐众，暴戾淫乱，朕包容二十年了。像这样不孝不仁，太祖、太宗、世祖所缔造，朕所治平的天下，断不能托付给此人。"说罢，失声痛哭，扑倒在地。众位大臣赶紧上前扶起，康熙帝定了定神说："胤礽不肖，使朕心中愤懑，以至于此。"于是传旨将胤礽拘押，杀索额图之子格尔芬、阿尔吉善及其亲信数人，将东宫官属全部发遣盛京。回京之后，康熙帝发布废太子诏，这样，当了三十三年皇太子的胤礽，终于被废。

## 胤礽被废点燃了众皇子的希望之火

胤礽被废主要是康熙帝怀疑他参与了索额图的篡权阴谋。皇太子被废后，其他皇子对储君之位虎视眈眈，且都在积极活动。此时康熙帝心绪很坏，关于皇储之事他需要认真考虑一番，于是特传谕旨："诸皇子中如有谋为皇太子者，即国之贼，法所不宥。"

胤礽被废，对他的打击实在太大了，以至于被拘押之后，忽患狂疾。用现代医学观点看，就是得了精神分裂症。但这件事对康熙帝的打击似乎更加沉重。胤礽是他年轻时一手册立，并一向是他的希望所在，为培养胤礽他付出了半生心血，一旦废黜，确实可惜。而且，胤礽被废无疑宣布他的皇嗣制度改革的失败，这对一个雄才大略的皇帝来说，也是难以接受的。但由于胤礽的所作所为，实在令他过于失望，他废黜胤礽实出无奈，其内心是非常痛苦的，所以他当众历数胤礽罪状后，失声痛哭，而且因愤懑而仆地。后来颁布废太子诏书之前，他又反复强调储位重大，不可轻移，再次"呜咽不已"。太子被废之后，他六夜不能安睡，一提起太子，便泣不成声。他在亲自撰写的昭告天地、宗庙、社稷的文告中，也充满了不胜痛切和悲观失望的情绪。他说："不知臣有何罪，生了胤礽这样的儿子，不孝不义，暴虐恫淫，若非鬼魅附身，狂易成疾，生血气者岂忍为之？"

康熙帝对胤礽的言行品德虽然很失望，但他又不太愿意从太子自身找原因，所以他总是怀疑胤礽是鬼魅附身才导致行为狂悖。这充分反映了康熙帝既对胤礽不满，又不愿承认自己培养失败的矛盾心理。

胤礽被废之后，使众皇子的希望之火点燃了。胤褆是最早蓄意夺取太子地位的人。康熙帝宣布废黜胤礽时，胤褆就打起了立嫡不成必立长的算盘。他竟赤裸裸地要求杀掉胤礽，说："胤礽所行卑污，失人心，现在要杀胤礽，不必出自父皇之手。"康熙帝大惊，没想到胤褆为得储君之位竟要杀自己的兄弟，大怒，骂胤褆为乱臣贼子，不谙君臣大义，不念父子至情，是吴三桂再世，下令将胤褆关起来。

夺储活动最猖獗的是皇八子胤禩，胤禩既有才能，又会笼络人心，此刻王公大臣多保举他。胤褆被关起来以后，告发了胤禩的阴谋。原来胤礽还没被废之前，胤禩让相士张明德给自己看相，然后宣扬自己是大贵之相。他还让张明德找人暗杀太子。康熙帝得知后大怒，将张明德凌迟处死，胤禩被革去贝勒爵位，拘禁起来。

胤禩被关起来以后，皇三子胤祉又告发他令蒙古喇嘛巴汉格隆诅咒胤礽，并用妖术镇压。康熙帝令廷臣严讯，罪证确凿，康熙帝下令革胤禩王爵，囚禁起来。

胤褆、胤禩等人欲争太子之位的丑行，使康熙帝对自己废黜太子的决定产生了怀疑。废黜太子之前，康熙帝不止一次地听过胤褆、胤禩说太子的坏话，这都多少影响了康熙帝对胤礽的看法。看清了胤褆和胤禩的嘴脸后，康熙帝认为他们所言全是蓄意陷害，这样，康熙帝自欺欺人，认为胤礽的狂悖行为都是鬼迷心窍的结果，便决定再给胤礽一个机会，当然也是再给自己一个机会。

## 太子结党，二度被废

康熙帝想再立胤礽为太子，便召胤礽及诸王大臣说："近日太皇太后及皇后都梦见太子被冤的事。而且锁拿太子之日，天色忽暗。朕进京前一日，大风旋绕驾前。"这段话似乎是说上天已经垂兆，太子被废是冤枉的，接着又说："朕详加体察，太子平日虽有暴怒捶挞下人之事，并未致人于死，亦未尝干预国政。前此狂疾，皆由胤禔压魅所致，以致本性汩没耳。每念前事，不释于心。因召至左右，加意调治，今已痊可矣，特奏请太后释之，诚朕之福，亦诸臣之福也。"又对胤礽说，"古放太甲，卒成令主，汝其勉之。"

这段话既为胤礽以往不法行为开脱，又为自己重立胤礽找到了借口。

康熙四十八年（公元 1709 年）三月，康熙帝下诏复立胤礽为皇太子。虽然康熙帝说胤礽已经悔改，能够恪尽子职，唯诚唯谨，但实际上胤礽并没有多少改变。其废而复立的主要原因是康熙帝不愿承认自己培养皇太子的失败，欲再搏一次。当然这其中也包含了他对胤礽的那份眷爱。

但正所谓朽木不可雕也，胤礽的恶劣习性并没有丝毫的改变，终于二度被废，然涉嫌谄附太子而被杀被贬的官员却非止一人。

胤礽第二次被立为太子，康熙是下了很大决心的，并对胤礽寄予厚望，希望他能真正地洗心革面，做一个仁孝太子。应该说形势对胤礽是非常有利的，来自诸位兄弟的威胁也已大大消减了，争储最积极的胤禔和胤禩都受到了沉重打击。胤禔因诅咒压魅太子在前，欲杀太子在后，被革去王爵，囚禁于宗人府，已被清除出政治舞台。而皇八子胤禩也曾欲谋害太子，而又援结党派争立储位，正好犯了康熙帝的大忌，认为他阴险，"密结党羽，大背臣道"。所以胤禩虽然还有些势力，但康熙帝对他的野心有高度警惕，已不太可能立他为太子。尚有势力争储的只有皇四子胤禛和皇十四子胤禵，但此时他们只是在暗中积蓄力量，还没有能力与胤礽公开对垒。如果胤礽稍有政治远谋，能够韬光养晦，争取弥合与父皇之间的感情裂痕，取得父皇的信任，其太子地位可以说固若金汤。

康熙帝希望胤礽得到锻炼，将来成为一个有为的天子，但却不能容忍太子结党威胁自己的皇权，太子过早地觊觎皇权，在康熙帝看来这就是最大的不孝。胤礽重登太子宝座，不仅没有很好地反省，总结一下经验教训，反而依然如故。他为了巩固和扩大自己的势力，照旧招纳旧部，一些贪图日后荣华富贵的官员也迅速投入其中，太子周围很快就形成了包括步军统领托合齐、兵部尚书耿额、刑部尚书齐世武、都统鄂缮等人在内的新太子党，加上原先太子党官员在内，势力迅速膨胀，直接威胁着康熙帝的皇权，再次犯了康熙帝的大忌。皇帝与太子之间的裂痕不仅不能弥合，反而日益加深，渐有不可收拾之势。

为了巩固皇权，康熙帝再次采取坚决措施，严厉打击太子党人。康熙五十年（公元 1711 年）十月，康熙帝在畅春园召见诸王大臣，以"谄附太子，援结党羽"的罪名，将步军统领托合齐等人一并收监，处托合齐磔刑（分裂尸体），他的儿子都统舒起及尚书耿额、齐世武均处以绞刑，鄂缮被革爵夺官。其他一干人都受到不同程度的处罚。康熙帝对群臣说："我们父子之间，本来没有什么，都是这些人从中挑拨生事。"后来，合齐死在狱中，康熙帝命将他挫骨扬灰，不准收葬。太子的随从得麟，也受牵连被处磔刑，而且将他父亲福陵关防官阿哈占开棺戮尸。

胤礽复立之后，不仅结纳党派，而且日常生活也大讲排场，饮食服饰陈设等比康熙帝规格还高，令康熙帝大为不满。康熙五十一年（公元 1712 年）四月，康熙帝再次指责胤礽结党妄行，图谋不轨，尤属无耻之甚。九月，下令将胤礽再次拘押起来。十月，颁诏废黜胤礽太子之位。康熙帝认为他作恶已极，"断非能改"，将他囚禁于咸安宫。

胤礽再次被废，固然是其咎由自取，但对康熙帝而言，是个惨痛的失败。他不得不承认过早公开预立皇太子，弊病很多，不可轻立。康熙五十二年（公元 1713 年），他在一道上谕中说："宋仁宗三十年未立太子，我太祖皇帝并未预立太子，太宗皇帝也未预立太子。汉唐以来，太子幼冲，尚保无事，若太子年长，其左右群小，结党营私，哪能不出事呢？……今众皇子学问见识，谁也不比谁差，俱已成年，已经分封，其所属人员，未有不各庇护其主者，即使立之，能保将来无事吗?"所以，康熙帝得出结论：立皇太子之事不可轻定。"必能以朕心为心者，方可立之"。为此他对诸皇子进行长期考察，严禁群臣再言立太子之事。

## 对权力的贪欲足以淹没一切

胤礽第二次被废，康熙帝对他已经完全失去了信心，但一些心向太子的大臣以及胤礽本人仍不死心，图谋再立。

就在康熙帝宣布废太子的诏书下发后，立即就有人上书，说前次废太子是有人暗中作祟，要假借万岁之手达到自己的目的，希望这次能谨慎决断，别为奸人所误。这实际是反对废太子，只是不敢明言而已。

胤礽本人也私下活动，不久就发生了"矾书案件"。康熙五十四年（公元1715年）四月，厄鲁特蒙古策旺阿拉布坦起兵反叛，西北吃紧，康熙帝打算在众皇子中选一人代父出征。被监禁的胤礽听说此事之后，他亲自用矾水写密信一封，让为其福晋治病的医生贺孟頫带给正红旗都统公普奇，希望他保举自己为大将军。这事被皇八子胤禩的同党辅国公阿布兰知道了，胤禩也想得到这个位子，以便为争立太子创造条件，他立即让阿布兰告发了此事。康熙帝憎恨朝臣暗中与废太子勾结，下令将贺孟頫斩首，将公普奇交部重处。

康熙五十六年（公元1717年）五月，大学士王掞上密折建议立储君，洋洋千言，说："希望皇上深念国本之重，考虑多少年来您所钟爱又苦心栽培的人，手颁诏谕，早定储位，则是宗庙社稷之幸，臣民之幸啊！"王掞虽未明言复立胤礽，但其意所属一目了然。后来，他又在朝廷议论推选抚远大将军时，再次举荐废太子胤礽，惹得康熙帝很不高兴，将他哄出朝堂。

自从胤礽二度被废之后，皇子们为了争夺储君之位，对胤礽落井下石者大有人在，目的是防止他东山再起。翰林院检讨朱天保上书为胤礽鸣不平，他说："皇太子虽然因为狂疾而被废，但其不良品性的养成，皆因身边小人所致，如若挑选硕德名臣，像赵申乔这样的人辅导他，其善良的品性就会很快显现出来，我们将看到太子圣而益圣、贤而益贤。否则恐藩臣觊觎储位，皇家骨肉相残，就会接踵而至，无可复言。"康熙帝看了朱天保的疏奏后，感慨良久。内大臣阿灵阿是胤禩一党，朱天保建议再立胤礽，他们肯定不同意。在胤禩的授意下，阿灵阿弹劾朱天保，说其别有用心，是为了"异日宠荣耳"。康熙帝也认为朱天保取媚于胤礽，将朱天保和他姐夫戴保处斩，他的父亲侍郎朱都讷也被处死，十几人受牵连而被革职。

康熙六十年（公元 1721 年）正月，王掞趁入贺万寿节之机，再次劝康熙帝早立储君。御史陶彝、柴谦等十二人也先后上疏请立太子。康熙帝很不高兴，严厉斥责王掞说："朕六十年大庆，王掞等人不高兴，认为朕已衰迈，说应该立太子。王掞是视清朝之安危与他们汉人没有关系，所以才如此。"又说，"王掞的祖父王锡爵在明神宗时，就力请立朱常洛为太子，结果没多久神宗就死了，以致天下大乱。王锡爵就是亡明之贼，应该剖棺斩首，以祭神宗之陵。王锡爵已灭了明朝，王掞也想把我当成明神宗，想动摇清朝啊！"康熙帝的一番话说明他绝对不会再立胤礽为太子了。

王掞与陶彝、柴谦等十三人被发往西北边陲军前效力，因王掞年迈，又让他儿子奕清代为前往，时称十三忠臣一孝子。

当时，朝臣请立太子的奏章很多，康熙帝都认为是不入耳之言，非常反感，常常"酷罚示威"。为了使朝臣彻底放弃对胤礽的幻想，康熙帝在给诸臣谕旨中说："二阿哥再次册立为皇太子，教训数十年不能成就，朕为宗庙社稷及朕身计，故严行禁锢。所以不杀者，恐如汉武帝之后悔，致后人滋其口舌也。朕并无可悔之处，见今时常遣人存问，赍赐佳物，其子朕为抚养，凡次皆为父子之私情，不能自已，所谓姑息之爱也，人何得以此生疑耶？"

看来康熙帝心意已决，所以胤礽及其追随者的一切努力，只能徒劳。康熙六十一年（公元 1722 年）十一月十三日，康熙帝临终之时，才遗诏皇四子胤禛为皇太子，承继大统，是为雍正帝。二三十年的扑朔迷离的储位之争终于落下了帷幕。

雍正帝即位之后，即封胤礽之子弘晳为理郡王，又下诏在祁县（今属

**185**

山西）郑家庄，修盖房舍，将胤礽移居于此囚禁。雍正二年（公元 1724 年）十二月，长期遭受监禁的胤礽得病而死，是年五十岁。

胤礽自幼得立太子，却又两遭废立，终生监禁，下场实属可悲。这主要是其暴戾不仁、任情胡为所致，但其中也隐含了康熙帝的猜疑与众皇子大臣之间的倾轧。而这一切说明：在封建君主专制的时代，对权力的贪欲足以淹没一切。

历史的博弈
帝道与臣道的较量

# 第六章　权倾天下，风流总被雨打风吹去

权臣作为中国历史上非常重要的政治力量，在数千年的文明长河中书写了绚丽多彩的篇章。历史上有很多权臣，他们总是希望通过自己的力量来改变历史的进程，他们位高权重，他们忠心事国，但由于专权太过，最终不免身败名裂。

## 商鞅：改革的祭品

商鞅是卫国君主的宗亲，以国为姓，叫卫鞅，又名公孙鞅。后仕于秦，帮助秦孝公推行新法，成为战国中期杰出的改革家，对秦的国富民强作出了巨大贡献，被秦国封为商君。后秦惠文王即位，将其五马分尸，车裂而死。

### 只要你的法子能使秦国强大起来

战国中期，小国逐渐被大国所吞灭，中华大地形成七雄并立之势。其中秦国称雄西方，齐、楚、魏、赵、燕、韩割据中原。中原诸雄一直视秦国为"西戎"，很少与其发生政治、经济、文化方面的交往，亦不允许秦参加会盟，甚至向秦发动进攻，夺其西河。这种情况，逼迫秦孝公进行改革，以富民强国，向中原扩张势力。于是，他就颁布了一道求贤令：不论国内国外，谁有办法让秦国富强起来，就重用他，封给他土地。

商鞅出身于卫国公室，文化水平较高，喜好刑名法术之学，出侍魏国宰相公孙痤，为中庶子（高级家臣），管理公族事务。公孙痤知道商鞅志向远大，能干出一番大业，就打算将商鞅推荐给魏惠王。正巧公孙痤病

重，魏惠王前来探视，并向他求教："万一你有不测，该把国事托付给谁呢？"公孙痤就借机进言："痤之中庶子公孙鞅，虽然年轻，但有奇才，希望您把国家大事托付给他。"魏惠王不置可否。公孙痤又屏退左右，说："您如果不重用他，便一定将他杀死，别让他跑到其他国家去。"魏惠王点了点头，走了。

魏惠王一走，公孙痤马上叫进商鞅，说："魏王不肯重用你，一定会杀死你，你快逃走吧！"商鞅不以为然地说："既然您推荐我的话他不听，您要他杀我的意见他肯定也不听。"公孙痤死后，魏惠王没有杀他，可也没重用他。于是商鞅不得不为自己的仕途进行筹谋了。

西行人秦，商鞅以"霸道"说服了秦孝公，被委以改革大任。

适逢秦孝公下求贤令，重金征召有识之士，这与商鞅建功立业的志向不谋而合，他立即起程奔向秦国。通过秦孝公的亲信景监的推荐，商鞅谒见孝公，说了一大套仁义道德、尧舜禹汤这些帝王之学，使身处"父子无别，同室而居"、"贵族身亡，以人殉葬"、"一人犯罪，诛及三族"文化背景下的秦孝公听得云山雾罩，不知所云，听到半路竟打起了瞌睡。事后秦孝公埋怨景监："你怎么把一个神志不清的人弄到我这儿来了？"景监也埋怨商鞅："你看你都说了些什么！"商鞅说："我说的是帝王之学，看来他不能接受。再烦你去替我说一下，我这次去说，保证他喜欢听。"

过了几天，孝公又召见商鞅，商鞅说得仍是滔滔不绝，孝公听得仍是昏昏欲睡，结果仍是孝公怨景监，景监怨商鞅。商鞅说："我讲的是王者之学，看样子还不对他的胃口。烦你再通报一次，我保证他听得津津有味。"

又过了几天，孝公再次召见。商鞅说："我上两次说帝王之学，是王道，您不感兴趣，今天我就说说霸道。"孝公点了点头："倒不是我反对王道，只是实现王道太费劲儿了，得努力奋斗一百多年，至少也得几十年才有些成效，我哪儿等得了呢？你有什么富国强兵的简单法子赶紧说出来吧！"商鞅说："王道在于顺乎民情，教化人民；霸道则不一定顺着民意，而是让他们改变习气。老百姓习惯了过苦日子，如果叫他们改变一下，就能过上幸福的生活，他们准会反对。如果实行霸道，就得有决心，百姓喜欢的事不一定马上就做，百姓不喜欢的事该做要坚决去做。等到见到成效，百姓得到好处了，他们也就明白过来了。"孝公有了兴趣，插话说："只要你的法子能使秦国强大起来，我就有法子叫他们服从。"商鞅说："要想富，就要重视农业；要想强兵，就得奖励将士。有了重赏，百姓就能拼命；有了严惩，百姓就不敢犯法。赏罚分明，朝廷就有了权威，改革也就容易进行了。"说得孝公点头称是。商鞅又特别加上了几句话："不过，要想富国强兵，进行改革，就得信任人，能叫他一心一意去干；要是一听到有人反对就改变主意，不光白费劲，朝廷也没了威望，只能给小人作乱留下机会。您可要拿定主意，下定决心啊！"

正当孝公听得入神之际，商鞅戛然而止，起身告辞。孝公急了："我正听得起劲，你往下说啊！"商鞅说："您把我说的这些想好了，三天以后我再来往下说。"

到了第三天，孝公迫不及待地请来了商鞅，商鞅就把自己具体的改革方案一一说给孝公听，君臣一问一答，忘了吃饭、睡觉。

但真正把改革事宜交给贵族大臣讨论的时候，却没有这么简单了。因为商鞅改革的范围涉及秦国政治、经济、社会、文化的方方面面，目的是建立农本、法制的中央集权国家，受到最大打击的，是那些一直支配国家政治、经济的卿、大夫等贵族阶级、封建领主。

一天，孝公听取大臣们对改革这件事的看法。商鞅首先就改革的一些原则问题作了阐释："做事情要当机立断，否则机会便一纵即逝。改革超越了世俗常规，肯定会受到世人说三道四的。所以在计划实施阶段不必向百姓宣告，只让他们享受成果就行了。不迎合世俗是为大德，不盲从大众是为大功。只要能富国强兵，何必拘泥于以往！只有果断行事，从旧习惯入手改造，人民才能获得利益。"

大臣甘龙驳斥商鞅："圣人不改变习俗而引导人民，不改变法令而能治好国家。从习惯上引导人民，水到渠成，会取得好的效果；驾轻就熟，更加务实。"

商鞅答辩道："凡夫俗子依赖习俗，学者只满足于知识，这两种人只知道在官吏的统治下遵守旧有法律，而不知道向前迈出一步。而自古至今，礼与法不是一成不变的。夏、殷、商三代礼各不同，而终成帝业；春秋五霸方法各异，而均成霸主。任何时代都是智者制定法律，愚者遵循；贤者修正礼节，愚者受它束缚。"

大臣杜挚也坚决反对改革，以为照已有的方法去做，才不会出差错，如果别出心裁，则有亡国之虞。

商鞅激烈地抨击道："汤王、武王没有依从古法而成为王者，夏桀、殷纣没有改变古礼而导致亡国。不跟古人学，才当汤、武；墨守成规，必成桀、纣。不能以为违反了习惯就遭到责难，也不能以为遵守了旧礼就得到称誉。"

这次辩论，终于使反对派理屈词穷，使左右为难的孝公下定了改革的决心。

## 变法加剧了同地主权贵的矛盾

公元前359年，商鞅起草了第一步变法方案，秦孝公命令颁布全国施行。其主要内容是：

设立户籍，五家为"伍"，十家为"什"，实行连坐法。一家有罪，九家如不举发，连带受罚，处以腰斩；如果告发，给予杀敌人相同的奖赏。这样，使得人民互相监视、告发，以此加强法令的权威。并且施行"居民身份证"制度，投宿旅舍，必须带证明凭证；没有凭证，不能来往，不能住店。

家庭管理，实施分家居住制度。一家有两个以上成年男子，必须分家独立，否则课以两倍税金。以此来增加人口，促进生产力的发展。

奖励军功，按功劳大小决定官职的大小和爵位的高低。功劳以获得敌人首级多少为标准，斩一首级为一功，升一级。功劳大的田宅车马、奴婢衣服任其享受；有钱而没有功劳一律不得享受。贵族、宗室也以此论。而私斗者双方都课以刑罚。以此鼓励与敌作战，达到强兵的目的。

奖励耕织。只要谷物与布匹上缴到一定数量，便可免除赋税和劳役，这叫"务本"；凡是经营"末业"做买卖生意，连同妻儿一概没入官府为奴。以此来刺激农业生产。

从此，贵族领主失去了特权，秦国成为地主制度的国家。极力反对变法的大夫甘龙、杜挚等人被削职为民，一批反对新法的人被处以腰斩、抽筋、下油锅、车裂分尸等酷刑。几年以后，粮食增加了，生活富裕了，人民的思想意识也发生了很大的变化。公元前354年，秦发兵攻魏，占领了魏国少梁（今陕西韩城县南），打了一个大胜仗，后又夺回西河，逼得魏国求和。魏惠王非常后悔没听取公孙痤的话杀了商鞅。商鞅也因其赫赫大功，被封为商于（今河南淅川县西南）侯，称为商君。

公元前350年，商鞅又实行了第二步的变法。这次变法的主要内容是：

迁都咸阳，大造宫殿，使秦宫焕然一新；将原来的乡、邑、聚等合并为县，全国共设四十余县，每县设令、丞，负责政务，由国王直接任命。中央集权制正式建立。

废止井田制，推行税亩制。旧时为备车战，田间辟有南北、东西通车大道，叫阡、陌，成为"井"字，后因少用兵车而多用步骑，故颁令开垦阡陌，破除以此为标志的封建领主的"封疆"标志和制度，谁开垦的荒地归谁所有，并且可以自由买卖，大大提高了农业生产力。按亩征税，也大大增加了国库收入。

商鞅仍用严厉手段推行这次改革，据说有一天竟杀了七百多人，将渭河的水都染红了。

但是，这时作为太子的驷也批评起新法来了。商鞅也知道自己终究要在他手下称臣，但他更知道，这是对改革的严峻考验。他以为，国家法令必须人人遵守，才有威望；太子犯法，师傅担当责任。于是，将太子驷的两个老师，一个割了鼻子，一个脸上刺了字。

据说，在变法之初，商鞅为了取信于民，曾将一根柱子竖在南门上，然后发出命令："谁能把这根柱子扛到北门，赏银十两。"围观的人根本不相信，以为是开玩笑。商鞅一看，没一个去扛的，又加到五十两。人们怂恿一个傻乎乎的人去扛，果然，得到了赏银。从这件事的反面，我们也看出商鞅变法的力度和严刑峻法之烈，也预料到他得罪的人之多，结冤仇之深。"作法自毙"是其必然结局。

## 人们巴不得您早点死呢

实行变法十多年后，秦国国力大为增强，内政清明，生活安定，逢战必胜。这时的商鞅应该急流勇退了。但是，他没有这么做。他曾骄傲地把自己比作五羊皮大夫百里奚。家臣赵良忠言相劝："百里奚是秦穆公想尽法子请他出山当国相的，您是厚着脸皮托景监介绍给孝公的；百里奚得到穆公信任后，就积极推荐蹇叔，自己情愿给他当助手，您却独揽大权，从不想办法推荐别人；百里奚当政六七年间，多次平定晋国内乱，中原诸侯个个敬佩，而您则只讲武功，不讲信义，夺了河西；百里奚处处替百姓着想，轻赋减役，不用刑罚，百姓安居乐业，您把百姓当奴隶，用酷刑管制百姓；百里奚生活节俭，外出不用车马、不打伞，您却一出行便几十辆车马，一大队卫士，前呼后拥，吓得百姓躲闪不及。百里奚一死，举国痛悲，如丧考妣；您把太子的师傅割去鼻子、脸上刺字，一天之内杀几百人，上下结怨，谁不恨您？说句不好听的话，人们巴不得您早点死呢！您还不早为自己准备退路，反而被左右小人谄谀逢迎，沾沾自喜，自比五羊皮大夫，我真为您担忧哪！"

面对当头棒喝，聪明一世、糊涂一时的商鞅竟感到不可理解："我为秦国尽心尽力，人们怎么都怨恨我？"赵良将他"霸道"的血淋淋的实质揭示给他听："您推行新法有两大毛病。一是只说服了国君，只得到了他一个人的支持，而没有别的人来帮助您，您是一意孤行；二是您虽然是替老百姓打算，但不管人家愿意不愿意，强制推行，不许百姓替他们自己打算，老百姓就是得到了好处，也照样恨您。自古以来，没有一位圣贤只凭自己的威力而违反百姓的意志取得成功的。顺天者昌，逆天者亡，百姓就是天，违反了百姓意愿，就是违背天意，没有不失败的。您要想有个好结局，摆在您面前的只有一条路，您快点推荐一个替代您执政的人，自己赶快隐居起来，安分守己地耕种几亩田地，或许还能保全您的性命。"

可惜商鞅舍不得锦绣富贵和一人之下万人之上的炙手可热的权势，错过了功成身退的机会。

公元前338年，孝公忽然得了一场重病，竟遽然而逝。据《战国策》

载，临终前，孝公曾想将君位传给商鞅，商鞅坚辞不受，又错过了一个保命的机会。所以，等待这位政治家、军事家的，只能是一个悲惨的结局。

太子驷即位，是为秦惠文王，他的师傅和那一群反对变法的顽固派重新登上了历史舞台。他们以谋叛的罪名，下令逮捕商鞅。

商鞅仓皇失措，如丧家之犬，扮成百姓模样，想逃往魏国。到了函谷关（今河南灵宝县南），天黑了，他便投店住宿，而店主人非要凭证不可：“商君命令谁敢不遵？我要留您住下，我的脑袋就没了。”他只好连夜奔逃出关，到了魏国。

魏国人恨死他了。这要从他夺西河那一仗说起。他带领秦兵围住西河，魏国大夫公子印对魏惠王说：“我与商鞅是旧交，让我带兵，或许能与他讲和。”于是，公子印带五万大军救援西河。刚到吴城，他就接到商鞅的一封信：“我与公子像亲兄弟，哪能对阵？但国君给我下命令，我总得有个交代。这样吧，您我退兵，到玉泉山订盟约，既避免了百姓战乱之苦，又成全了咱俩的交情。”第三天，两人在玉泉山会面。正在饮酒之际，商鞅背信弃义，叫手下拿住了公子印，押送到了秦国，又叫手下人化装成公子印的模样，骗开魏军营门，奇袭了吴城，逼得魏国只好以让出西河求和。今天，商鞅落难至此，魏人怎肯收留他？

于是，商鞅只好回到他的封地商于。秦惠文王发兵围住商于，将其逮捕，用最残酷的刑罚将他处死，并杀尽他的全家。有的说，他是被五牛分尸的；有的说，他是被五马分尸的；有的说，他是被车裂而死的……

## 周亚夫：不懂中庸终丧命

做官由不得自己的性子——周亚夫不懂中庸而亡。在朝廷事君，稍有不慎，轻则丧命，重则丧家，甚至有族诛之祸。所以历史上一些能臣，不懂中庸之法，虽然他一心为皇上效力，但由于事君乏术，最后只落得悲惨的下场。

## 军营中只听将军的号令，不闻有天子的诏命

周亚夫是汉朝开国将军周勃的儿子，可以算是名将之后。他通晓兵法，善于治军，也可算得上是一代名将。

周亚夫为人耿直，不懂变通，虽不致使皇帝厌恶，却也并不讨人喜欢。司马迁的《史记·绛侯周勃世家》有一段详细真实的描述，极能说明当时的情形，大意如下：

"汉文帝亲自到军中去慰劳军士，车驾直接驰进营门，无人阻拦，将军以下的各将领都乘马出来迎接。

等到了细柳营，只见军吏士卒都手拿利刀、身披铠甲，机弩上也搭着箭枝。天子的先行官来到营门，立刻被军士挡住，无法进去，便对守营门的军吏说：'天子即将驾到了！'守卫营门的都尉却说：'军营中只听将军的号令，不闻有天子的诏命，将军曾经严肃告诫过。'过了一会儿，天子的车驾到了，但军吏仍不开门。文帝无法，只好派人拿着天子的符节去见周亚夫说：'天子要亲自劳军。'周亚夫这才传命打开营门。守门的军吏又对天子的随从说：'将军有规定，军营中任何人的车马都不能奔驰，违命者斩。'于是，天子只得让人拉着马缰绳慢慢地前行。等到了营内，周亚夫也并未跪拜迎接，他身穿盔甲，对文帝长揖道：'臣甲胄在身，不能下拜，请以军中之礼相见。'汉文帝终于被周亚夫的这种精神所感动，他起身扶着车前的横木，改变了原来严肃的面容，并派人向周亚夫称谢说：'皇帝恭敬地慰劳将军。'慰劳完毕，天子的车马就离开了。随行的大臣看到这种情景，都为周亚夫捏了一把汗。因为周亚夫虽是为国治军，为汉室江山治军，且并无越轨之处，但毕竟对皇帝显得有点傲慢无礼，不如其他的军营显得隆重恭敬。谁知汉文帝在看完了周亚夫的细柳营后，却十分感慨地说：'这才是真正的将军啊！先前灞上的驻军和棘门的驻军，与周亚夫的细柳营一比，真如儿戏一般。那两位将军，是很容易被袭破而俘虏的，至于周亚夫将军，谁能打败他呢！'大臣们听到文帝这样称赞周亚夫，才放下了心。"

多亏汉文帝是一代明君，他虽对周亚夫有隐隐的不快之感，但因他能

克制自己，能从国家大事考虑，还不至于表现出来，甚至在临死的时候对太子刘启（即后来的汉景帝）说道："如果将来国家发生了急难，特别是有人叛乱时，周亚夫可以委以重任。"

果然，汉景帝初年，晁错建议削藩，使早就图谋不轨的吴、楚等七国联合叛乱。危急之时，汉景帝忽然想起了文帝临死前说的话，在站列两边的群臣中找出周亚夫，授他太尉之职，要他指挥军队前去平叛。周亚夫既未推辞，又未谦让，只是接受任务，更无其他言语。汉景帝虽然找到了一位愿意前去平叛的将军，觉得高兴，但同时又觉得周亚夫有些傲慢，可能有点不大尊重或是看不起自己这个年轻的皇帝。周亚夫也确实不负景帝之望，出兵之后，屡破敌计，屡设奇谋，仅三个月，吴王刘濞被杀，吴、楚叛乱被平定。吴、楚是叛军主力，他们失败后，其余五国也在汉将的进击之下节节败退，没用多久，作乱藩王或是自杀，或是伏诛，七国叛乱很快就平定了。

## 只知谋国，不知谋身

平定七国叛乱，周亚夫功劳很大，赢得了人们的一致称誉，汉景帝也重用了他。景帝前元七年（公元前 150 年），周亚夫被擢升为丞相。丞相为文官之长，帮助天子处理各项事务，职位是十分显要的，但弄不好也极容易把自己陷进去，像周亚夫这种性格，绝对干不长久。

首先找周亚夫麻烦的人就是梁王刘武。刘武与景帝同为窦太后所生，是一奶同胞的兄弟，而且只有这兄弟两人。窦太后十分宠爱小儿子刘武，对他"赏赐不可胜道"，刘武自己也往往"入则侍景帝同辇，出则同车游猎"。但就是这样一个人物，却偏偏恨上了周亚夫，这恐怕就埋下了祸根。

梁王刘武之所以恨周亚夫，还是因为公事。当时，周亚夫主持平叛，率领军队开到了河南一带，吴、楚联军正全力攻梁，周亚夫等人分析了形势，认为吴、楚联军锐气正盛，汉军难与其争锋，决定把梁交给吴、楚联军，任由他们攻打。梁王向汉景帝求救，景帝也命周亚夫援梁，但周亚夫给他来了个"不奉诏"，而是派骑兵截断了吴、楚联军的粮道。吴、楚联军久攻不下，锐气尽失，又断粮草，被迫找汉军主力决战，周亚夫则深沟壁垒，养精蓄锐，一举打败了吴、楚联军。虽然平叛胜利了，但却与梁王结怨。

周亚夫只知谋国，不知谋身，终使梁王怨恨。因此，梁王每逢入朝，经常与母亲窦太后说起周亚夫，极尽中伤诬陷之能事。时间一长，假话也成真话，何况梁王所说并非假话，只是对事实的理解不合实际而已。窦太后听信了梁王的谗毁，经常向景帝说周亚夫的坏话。

景帝前元四年（公元前153年），立长子刘荣为皇太子，但因其母栗姬逐渐失宠，景帝就想废掉太子，另立王皇后之子刘彻为太子。在中国的封建社会，立太子是大事，因为将来国家社稷的命运在很大程度上都握在他一个人的手里，稍有不慎，就会引起巨大的灾难，况且废长立幼一般是不允许的。周亚夫初登相位，认为太子并无过失，随意废立，会引起混乱。周亚夫秉性直爽，不懂劝谏艺术，对景帝"固争之"，与景帝发生了争执。后来景帝说废立太子是家事，不需外人插手，周亚夫这才无奈罢休。周亚夫的劝谏不仅未能说服景帝，反而使景帝觉得他太过张狂，太蔑视皇帝，因而深为愤怒。

## 欲加之罪，何患无辞

景帝中元三年（公元前147年），窦太后要景帝封王皇后的哥哥王信为侯。王皇后为人十分乖巧，专会讨好窦太后，因而博得了窦太后的欢心，稳住了地位。至于封外戚为侯，并非没有先例，但景帝估计周亚夫不会同意，就先去找他做工作。果然，周亚夫断然否决，他说："高祖皇帝曾经与诸大臣歃血盟誓：非刘氏而王，非有功而侯，天下共击之。"周亚夫搬出高祖的话压人，倒还罢了，还直言不讳地说："王信虽是皇后的哥哥，但却并无功劳，如果把他封了侯，那就是违犯了高祖的规约。"这自然使景帝十分恼怒，只是周亚夫持之有故，言辞确凿，无懈可击，景帝才不好发火，只能"默然而沮"。

周亚夫阻止了王信封侯，但从此加深了与景帝之间的矛盾，更得罪了王信。梁王与王信过从甚密，又都恨极周亚夫，于是，两人联手，内外夹攻，一起陷害周亚夫。

这件事发生不久，匈奴部酋六人来降，景帝非常高兴，并想把他们都封为列侯。其中有一人，是以前汉朝投降匈奴的将领卢绾的孙子，名叫它人。卢绾曾伺机南归，但终不得志，终于郁郁而死。卢绾的儿子也曾潜行入汉，病死在汉朝。卢它人乘隙南归，才有这六人来降。周亚夫认为不能封卢它人为侯，便对景帝说：“他的先人背弃了汉朝而投降了匈奴，现在又背叛匈奴而投降了汉朝，陛下如果封这样的人做侯，那么又怎么能责备做臣子的不忠于君主呢？”这次，景帝认为“丞相之议不可用”，断然拒绝了周亚夫的建议，封六人为侯。其实，周亚夫的话很难说对与错，这本就是个公说公有理、婆说婆有理的事，要看具体情况而定。景帝拒绝周亚夫，倒不全是出于他的话的对与错，多半出于这样的心理：不能事事都听你的，总得听我一次。周亚夫见景帝不从，也还知趣，就上书称病辞官，景帝也不挽留，任他辞退。

但还有一个问题，周亚夫既然得罪了景帝，又有功劳威望，景帝便不会对他放心。一次，景帝专门宣召周亚夫，想“考验”一下，看他是不是个知足的人。

一日，景帝特赐食于周亚夫。周亚夫虽已免官，尚居都中，见召即到。周亚夫趋入宫中，见景帝兀自独坐在那里，行了拜谒之礼，景帝跟他随便说了几句话，就命摆席。景帝让周亚夫一起吃饭，周亚夫也不好推辞。只是席间并无他人，只有一君一臣，周亚夫就感到有些惶惑。等他到了席前，发现自己面前只有一只酒杯，并无筷子，菜肴又只是一整块大肉，无法进食。周亚夫觉得这是景帝在戏弄他，忍不住地就想发火。转头看见了主席官，便对他说：“请拿双筷子来！”主席官早受了景帝的嘱咐，装聋作哑，站着不动。周亚夫正要再说，景帝忽然插话道：“这还未满君意吗？”周亚夫一听，又愧又恨，被迫起座下跪，脱下帽子谢罪。景帝才说了一个“起”字，周亚夫就起身而去，再也没有说话。

几天过后，突然有使者到来，叫他入廷对簿。对簿就是当面质问，澄清事实，核实错误罪行。周亚夫一听，就知末日已到，但还不知犯了什么罪。等周亚夫到了廷堂，问官交给他的一封信。周亚夫阅后，全无头绪。原来周亚夫年老，要准备葬器之类，就让儿子去操办。买了五百副甲盾，原是为护丧使用，又有许多朝廷使用的木料等，可能是周亚夫的儿子贪图便宜，买了下来，他使佣工拉回家去，又未给钱，使得佣工怀恨上书诬陷。景帝知道此事后十分恼怒，正好借机找碴，派人讯问。周亚夫根本不知道这些事情，无从对答。问官还以为他倔犟不服，就报告了景帝。景帝怒骂道："我何必一定要他对答呢！"就把他交大理寺审讯。周亚夫入狱，其子惊问何故，等弄清了原委，才慌忙禀告父亲。周亚夫听了以后，什么话也没说，只是长叹了一口气。

大理寺当堂审讯，问道："你为什么要谋反呢？"周亚夫说："我的儿子所买的东西全系丧葬所用，怎能谈得上谋反呢？"

大理卿无话可说，但又知皇上欲置其于死地，必须找个借口，于是发出了石破天惊之判词："你就是不想在地上谋反，也想死了以后在地下谋反！"周亚夫一听，完全明白是怎么回事了，欲加之罪，何患无辞。再也无话可说。被关入狱中后，他五日不食，绝食而死。一代名将竟落此下场！

# 晁错：血溅东市的"智囊"

汉文帝时，晁错因文才出众任太常掌故，后历任太子舍人、博士、太子家令（太子老师）、贤文学。在教导太子中授理深刻，辩才非凡。晁错兼习儒、法和文学，分析问题目光敏锐，见解精辟，被太子刘启（即后来的景帝）尊为"智囊"。因七国之乱被腰斩于西安东市。

## 由农家子弟一跃成为太子家中的总管

晁错大约于高祖七年（公元前 200 年）出生于古城颍川郡，自幼聪颖好学，博览群书。少年时就曾只身一人饱受风餐露宿之苦，步行几百里到轵县拜著名法学家张恢生为师，随他学习申不害、商鞅的法家学说。后来又研读词章，学习文学。十几年的苦读生涯，不仅培养了他坚强正直、无所畏惧的性格，也使他期盼着有朝一日能像申不害、商鞅那样以严刑峻罚来安邦治国，建功立业。后来，他以贤良文学被推为太常掌故。太常掌故是太常寺的属官，负责保存文物典籍，研究国家典章制度，记录国家重大事件。就这样，晁错来到都城长安，走上了西汉前期那纷繁复杂的政治舞台。

文帝时，由于经历了秦末的大战乱，研习《尚书》的人已经很少。当时只有齐地秦朝遗老伏生通晓《尚书》，他是原来秦朝的博士，这时已经90多岁了，不可能再请他到长安来了。于是晁错就以太常掌故的身份被派往济南，跟随伏生学习《尚书》。晁错凭着自己坚实的基础，经过两年苦读，基本掌握了伏生的学说。回朝后，他向文帝上书汇报自己的学习结果，获得文帝赞赏而被升为太子舍人，后又升做门大夫，均是太子属官。不久又升任博士。

大约是在任博士期间，晁错上书给文帝，提出皇太子要通晓"术数"，即治国方略。他说："君主之所以地位尊贵显耀，可以名扬后世，原因就在于懂得治国方略。君主懂得如何驾驭臣下，群臣就会畏服；懂得如何听取大臣汇报奏事，就不会被欺骗和蒙蔽；懂得如何使万民生活安定并获得实际利益，就可得到天下人的拥护；懂得如何使臣子以忠孝之礼侍奉君父，可以让他们的品行更加完美。以上四点，我认为都应是皇太子抓紧学习的。"文帝阅后非常赞同他的意见，就提升他为太子家令，把辅佐太子的重任交给了他。太子家令是太子府中最重要的属官之一，掌管府中庶务，实际上就是太子家中的总管。晁错凭借自己清醒的头脑、敏锐的观察力及广博的学识，对当时的现实问题进行了深入分析，多次提出十分中肯的建议，深受文帝和太子的喜爱和信任，称赞他为"智囊"。

## 向皇帝进言抗击匈奴的策略

文帝是一位贤明的君主，他比较谦虚，鼓励进谏。在这种情况下，晁错除了辅佐好太子外，还多次上书，对当时的军国大事发表意见，提出自己的建议。

当时匈奴势力强大，多次骚扰汉朝北方边境，掠夺人口和财产，这种威胁直到文帝时也未因实行和亲而解除。每念及此，文帝总是忧心忡忡，曾经多次让大臣在朝堂上公议，但都没有提出好的解决方法。晁错认真地总结了过去的经验教训，并结合西汉前期的实际情况，向文帝进呈了《言兵事疏》，论述了自己抗击匈奴的战略和策略思想。他认识到了在战争中激励士气和选择良将的重要性，重点论述了地形、士卒训练程度、武器装备三者之间的关系。他指出，如果武器装备不精良，就等于把士兵断送给敌人；如果士兵未经严格训练，不会打仗，就等于把将领断送给敌人；如果将领不会用兵，就等于把君主断送给敌人；如果君主不能知人善任、选拔优秀的将领，那就要葬送整个国家。以上四点都是用兵的关键问题。晁错还分析了匈奴军队与汉朝军队的长处和短处，主张以己之长，击敌之短，并提出联合其他归顺的少数民族，充分发挥他们的长处，与汉军配合抗击匈奴。

文帝对其建议十分赞赏，特地下诏给予嘉奖。晁错接着又向文帝上了《守边劝农疏》和《募民实塞疏》，提出了"徙民实边"的策略，即由政府采取减免赋税、帮助建造房屋、提供农具和种子等优惠政策，招募内地人民移居边疆，选派德才兼备的官员进行管理，实行农耕战守合一，匈奴来犯时，可以组织边民与其作战，匈奴退走，边民即可耕种。他还建议让全国百姓向边塞输纳粮食，以换取一定的爵位来赎罪。晁错提出的这一系列建议迅速被文帝采纳，对于防止匈奴进犯起了很大作用。

文帝十五年（公元前165年），诏令全国推举贤良、方正、文学之士，晁错被选中。文帝就"直言极谏"等问题提出征询，在参加对策的100多人当中，晁错回答得最好。晁错在对策中提出了一个尖锐的问题，矛头直指文帝，他指出：文帝即位已经16年了，可是百姓仍然没有富起来，盗贼没有减少，边境也不安宁，原因就在于皇帝没有能够亲自听取群臣的意见。对此文帝不仅没有发怒，反而提升晁错为中大夫，掌谏议顾问。

诸侯王日渐强大，独霸一方，对中央虎视眈眈。晁错为削藩不遗余力，甚至置身家性命于不顾。

## 提出削夺诸侯王封地抑制其势力发展

西汉诸侯王问题由来已久。刘邦在消灭了韩信等异姓诸侯王以后，又错误地认为秦朝二世而亡是没有分封子弟为诸侯的缘故。于是，他一面消灭异姓诸侯王，一面又陆续分封刘氏宗室子弟为诸侯王，希望这些同姓诸侯王能够像群星拱卫太阳一样捍卫皇室，保持刘氏江山万古永存。诸侯王拥有很大权力，可以在封国内自行征发兵役徭役、调动军队、征收赋税和任命官员。他们占据了全国大部分领土和近 2/3 的人口，形成了弱干强枝的局面。

刘邦在世时，各王年龄尚小，羽翼未丰，对中央政府还未构成威胁。到文景之时，尤其是文帝时，由于他自己就是以诸侯王身份被大臣拥立即位的，为笼络刘氏宗室，又分封了许多诸侯王，此时诸侯王多已长大，其势力也迅速膨胀起来，开始不服从中央约束，自己制定法令，大肆僭越各种仪式，甚至搞分裂割据和武装叛乱。文帝三年（公元前177年），济北王刘兴居起兵反叛；三年后，淮南王刘长又勾结匈奴和闽越，密谋造反；吴王刘濞因其子被皇太子误伤致死一事20多年不来朝贡……这一切都表明诸侯王国对汉朝中央已构成了严重威胁。西汉著名政论家贾谊就曾经把当时天下大势比作一个浮肿的病人，腿肿得比腰还粗，指头肿得比大腿还粗，并疾呼要及时治疗，否则就会有生命危险。晁错也多次上书，提出用削夺诸侯王封地的办法抑制其势力发展，但均未被文帝采纳。

公元前157年，文帝去世，景帝即位。晁错又多次向景帝疾呼，请求削藩。他以吴王刘濞为例，对景帝说："二十多年来，吴王一直不来朝贡，按律早就应当治罪，先帝百般容忍，不忍加罪，并说他年纪大了，不便跋山涉水，还封赐给他几、杖，希望他改过自新，可是他却越来越狂傲骄横，私自开采铜山铸钱，煮海水制盐，大肆招诱亡命之徒，阴谋叛乱。如果不及早削夺其封地，将来就没有办法对付他了。"

景帝何尝不知道诸侯王的威胁，也非常愿意削夺诸侯王的封地，但又顾虑诸侯王们造反，迟迟不能下定决心。为此，晁错说："如果削夺他们的封地，他们会造反，但即使现在不削夺他们的封地，他们将来也一定会造反，不如趁早动手，祸患还小点。现在不削夺其封地，将来造起反来，祸患就大了。"

景帝最终还是下定了决心，支持晁错强行削藩，但这要冒着极大的风

**201**

险，不仅诸侯王人心浮动，惶惶不安，而且朝廷中也有不少官员强烈反对。晁错一心只为削藩，不知却把自己置于非常危险的境地。朝中一些主张削藩者也都暗暗地为晁错捏着一把汗，劝晁错一定要谨慎从事，免遭不测。就连晁错年已六旬、白发苍苍的老父亲也感受到了其中的危险，于是不远千里，特地从颍川赶到长安劝说晁错："皇上刚刚即位，就让你当了御史大夫，地位已经够高了，怎么还不安分守己，多管闲事呢？你好好想想，诸侯王都是皇上的亲骨肉，他们怎样，与你有什么关系？你天天吵嚷着要削夺他们的封地，他们哪一个不对你恨之人骨！你就是不为自己着想，也该为我的媳妇和孙子们想想吧！"晁错之父也同大多数人一样，认为天下是皇帝的天下，他要怎样就怎样，作为臣子只要俯首听命、不失君臣本分也就罢了，为何还要去管过多的闲事呢？特别是皇帝自家的事更不应该去管。

晁错却说："父亲，您说的我都懂，但是如果不这样做，天子的权威就无法树立，国家也将处于动荡之中，我这样做，就是为了尊天子安宗庙啊！"

"你这样做，刘氏江山可能安定了，而我们晁家却危险了！我已老了，不愿看到大祸临头的那一天，你好自为之吧！"没过几天，就从家乡传来了晁错之父回家后服毒自尽的消息。

晁错为了国家安宁，他把种种非难、恐吓及个人的生死全都置之度外，毅然开始实施削藩计划，于是在景帝三年（公元前154年），一场影响深远的削藩运动拉开了帷幕。

## 晁错毁坏了太上皇宗庙的围墙

皇帝的宠信，自己的严厉刚直，引起了同僚们的忌妒。以"清君侧"为号召的"七国之乱"爆发，善谋国却不善谋身的晁错难逃血溅东市的厄运。

晁错凭着自己的卓越才识，在文帝时就颇受赏识。景帝即位以后，立即提升他做了京都长安地区的最高行政长官——内史，对他更加宠信，言听计从，程度丝毫不亚于丞相和九卿，许多法令也是经他之手制定的，这引起了许多同僚的忌妒和不满。

丞相申屠嘉就是上述人中的一个，但对于这位炙手可热的人物，却又无可奈何，只好慢慢地等待着，寻找机会惩办晁错。一天，机会终于来了，晁错毁坏了太上皇宗庙的围墙！

原来，晁错的内史府设在汉高祖的父亲太上皇庙围墙外的一片空地上，中间与太上皇庙还隔着一道矮墙。内史府原来向东开门，出入极不方便。晁错便命人将那道矮墙凿开，向南开门。申屠嘉得知后，觉得机会终于来了，想借此事好好惩罚晁错一下，便命令府中小吏连夜起草奏章，弹劾晁错，说他蔑视太上皇，应以对先帝先祖的大不敬之罪论处，罪当处死。谁知，申的奏章尚未发出，便被人得知并连夜通知了晁错。晁错听到风声后便即刻进宫，向景帝坦白了擅开太上皇庙围墙之罪，景帝很爽快地原谅了他。

第二天上朝时，申屠嘉便弹劾晁错毁坏太上皇宗庙的围墙，请求处死晁错。景帝看完奏章后，冷冷地对他说："晁错因府门不便，另开新门，凿穿的不是真正的宗庙围墙，只是宗庙空地外边的一道矮墙，并没有损及宗庙，况且这是朕让他干的，不能算犯法。"申屠嘉本以为抓住了晁错的一个大把柄，一定可以置他于死地，没想到却碰了个钉子。

散朝后，申屠嘉回到相府，咬牙切齿地对属下说："我后悔没有先斩后奏，让晁错那小子抢先了一步。"说罢，不住地大口吐起血来，虽几经名医调治，但心病未除，最终不愈而亡。

申屠嘉死后，景帝提任御史大夫陶青为丞相，升晁错为御史大夫。这样一来，晁错更加显贵了。

景帝曾经将晁错削藩之策交给群臣讨论，大臣们都知道皇帝支持晁错，虽然心里有不同意见，但当着景帝的面，又不敢公开与晁错争辩。只有窦太后的堂侄魏其侯窦婴站出来反对，他指责晁错别有用心，想挑拨刘氏宗室子弟间的关系，并劝景帝不要理会晁错的建议，结果被晁错当众驳斥得张口结舌，从此对晁错心怀怨恨。

晁错与中郎将袁盎的关系也势如水火。每到一处，只要晁错在场，袁盎扭头便走；袁盎如果在场，晁错即使后到，也会立刻抽身返回。虽然同朝为官多年，二人竟从未在一起说过话。袁盎曾任过吴国相，晁错升任御史大夫后，就秘密派人调查袁盎，结果发现他曾收受过吴王贿赂。于是晁错便上奏景帝，请求重治其罪。景帝没有同意，只是下诏削去其一切官职，贬为庶人。

## 只有斩杀晁错，叛乱方可被平定

景帝三年（公元前154年），晁错开始将自己的计划付诸实施。诸侯王平日里大都骄纵跋扈，要想抓住他们的把柄实在是太容易了。楚王刘戊在薄太后大丧期内仍与宫女寻欢作乐，虽被免除死罪，却被趁机削夺了东海郡；胶西王刘印收受贿赂，卖官鬻爵，被削去六个县；赵王刘遂接着因为过失被削去了常山郡。随后，晁错又请景帝下令削夺实力最强的吴王刘濞的会稽、豫章两郡，他也知道，此举事关削藩大局，如果成功，再削其他诸侯王就会易如反掌，否则必将战乱四起，难以收拾。

朝廷中讨论削夺吴王封地的消息传到吴国后，刘濞迅速派人联络了胶西、楚、赵及胶东、淄川、济南等国，约定联合叛乱。景帝三年（公元前154年）正月，刘濞征集了国内从14岁到62岁的男子共20万人首先在广陵发难。他以"清君侧"为借口，向全国发出布告，声称汉朝中央出了奸臣，无功于天下，却侵夺诸侯封地，离间刘氏骨肉，排斥先朝功臣，惑乱天下，皇帝因体弱多病不能明察，故诸侯起兵清君侧，以安定天下。另外六国迅速响应，一起反叛。

叛军攻势很猛。吴军渡过淮水后与楚军会合，并力攻梁，企图解除西进的后顾之忧；胶西、胶东、济南、淄川四国合力攻齐；赵国屯兵境内，伺机与匈奴勾结南下，叛军势力遍及关东，一时间天下震动。各地的告急文书像雪片一样一封接一封地送往长安。年轻的景帝被吓得惊慌失措，立即召集群臣商议对策，可大臣们你看看我，我看看你，谁也不做声，最后全都把目光集中到晁错一人身上。兵来将挡，水来土掩，晁错十分从容地分析了形势，指出吴楚叛军虽然一时势大，但名不正，言不顺，内部矛盾重重，各怀鬼胎，难成大事，当前的关键是要顶住吴、楚进攻。他建议景帝亲征荥阳，激励士气，自己留守关中，然而此时的景帝已经被叛军吓坏了，不仅根本听不进晁错的建议，还对他提出亲征一事产生了怀疑。

叛乱发生以后，晁错还提出要进一步治袁盎的罪。他对属下说："袁盎受过刘濞贿赂，多次包庇他，说他不会造反，现在刘濞却带头造反了，应该追究他知情不举之罪。"属下听了后却说："现在这样做也没有什么用处，况且袁盎作为国家大臣，似乎不可能参与吴楚的阴谋。"晁错听了，也犹豫不决。没料到此事被袁盎知道了，他惊恐万分，心想：无毒不丈夫，先下手为强，于是连夜求见对晁错也心怀不满的窦婴，对他讲了一通吴王之所以谋反的原因，并表示自己有办法平定叛乱，请求窦婴帮助他面见景帝。

这天晚上，晁错正在宫中与景帝面对面地坐着，商量调兵之事。二人正计议间，忽然窦婴入宫，说袁盎有平叛良策，请求景帝召见袁盎。景帝答应了，不一会儿袁盎来到宫中，看到晁错也在，心不由得往下一沉，以为这下可完了，被晁错抢先告了自己。景帝抬眼看了看袁盎，劈头就问："你曾担任过吴国相，一定了解吴国的情况。现在吴楚叛乱，你可有良策解决吗？"袁盎听出景帝并没有治自己罪的意思，于是故弄玄虚地对景帝说："陛下，不用忧虑；此乃小事一桩，叛军指日就可平定。"

景帝听了，心里仍然没底，于是说："吴王私自开采铜山铸钱，煮海水制盐，获利甚丰，以吸引天下豪杰。现在等得头发都白了，才起兵叛乱，一定是准备妥当了，否则是不会轻易起兵的，怎么能说是小事一桩呢？"

袁盎忙答道："吴王有铜、盐之利，或许获利丰厚，但他是不会招募到什么豪杰的。如果那些人真是豪杰的话，就只会辅佐吴王全心全意效忠陛下了，怎么会帮助他谋反呢？吴王所招募的，全是些无赖子弟与逃亡的犯人，他也正是听了这些人的挑唆才谋反的。"袁盎话一出口，就给景帝吃了个定心丸，也使晁错放松了警惕。

"那么袁大人一定有良策了？"冷不丁地晁错在旁边插了这么句话，他也想知道袁盎葫芦里到底装的是什么药。

"有什么计策，快讲！"景帝也在催促着。

袁盎抬起头来左右看了看，一言不发。景帝以为他有重要机密禀告，便命侍从全部退下，又催促袁盎快讲。袁盎又抬起头看了晁错几眼，吞吞吐吐地说："臣所要说的计策，除了陛下，任何人都不能知道！"景帝只好示意晁错也暂且退下。晁错气得七窍生烟，但皇帝已经下了令，只好愤愤地退了下去。

这时屋内只剩下袁盎和景帝两个人了，袁盎才缓缓说道："陛下您难道不知道，吴、楚等国发布的文告上明确地说，当年高祖皇帝分封子弟为王，以拱卫中央，但如今贼臣晁错却屡屡寻找借口，一点一点地削夺他们的封地，他们才被迫起兵的。他们的目的实际上是要联合起来诛杀晁错，请求恢复封地。如今之计，只有斩杀晁错，并派使节把这一消息通知诸王国，叛乱就可兵不血刃地被平定！请陛下三思！"

景帝听了，觉得他说的也有道理，沉默了好长时间，才说："如果真是这样的话，朕决不会因为爱惜一个人而得罪诸侯，让百姓再受刀兵之灾。"他接着封袁盎为太常，命他秘密整治行装，准备出使吴国。

十多天后，丞相陶青等上书弹劾晁错，指责他建议皇帝亲征，自己留守，有失臣礼，大逆不道，应当处以腰斩之刑，并株连全家。景帝为了一时苟安，批准了这一奏章……

## 晁错的鲜血未能阻挡住叛军，却唤醒了皇帝

晁错的鲜血未能阻挡住叛军前进的步伐，但唤醒了皇帝。

景帝杀死晁错以后，立即派袁盎以太常之职出使吴国，劝说刘濞退兵。十几天过去了，景帝仍旧没有得到吴楚等国退兵的消息。恰在这时，校尉邓公从前线返回汇报军情，未等他开口，景帝就急切地问道："你从前线回来，听到晁错被杀后，吴楚准备退兵的消息了吗？"邓公说："刘濞处心积虑地筹划谋反已经十几年了，这次借削夺封地的机会起兵造反，哪里真是为了晁御史？晁御史恐怕诸侯王力量大了难以控制，所以才请求削藩，谁知计划刚刚开始实施，皇上就误听小人之言把他杀了，这就堵住了忠臣之口，并为诸侯王报了仇，亲痛仇快，可还会有谁为陛下献计呢？"景帝听了之后也深感懊悔。

再说袁盎到达吴军中后，根本没有见到刘濞，还险些被杀掉。面对着

皇帝的诏书，刘濞冷笑着说："我已做了东帝，还接什么诏书！"这样，刘濞就自己揭穿了"清君侧"的骗局。

晁错用鲜血唤醒了景帝。景帝迅速起用周亚夫为将军，率兵平叛，用了三个月的时间就将叛乱平定了。

# 杨素：权倾大隋的多面能臣

杨素是隋朝的权臣、诗人，杰出的军事家、统帅。他出身北朝士族，北周时任车骑将军，曾参加平定北齐之役。他与杨坚（隋文帝）深相结纳，是一个能笑着打硬仗、打恶仗的将军。他不满足于自己仅仅是一个军事家，而是要求更多的权力。他几乎以一己之力废掉了太子，可谓权势熏天。

## 笑着打硬仗、打恶仗的将军

消灭陈朝，统一全国，是隋文帝杨坚的既定方针。开皇八年（公元588年）十月，隋文帝感到时机已经成熟，遂发兵攻陈。

准备工作是相当充分的：先是舆论攻势，列举陈后主的20多条罪状，抄写了30万份，散发到江南；再就是发兵51万，兵分八路，从长江上游、中游、下游三个方向同时攻击。

文帝的次子、晋王杨广担任总指挥。三个进攻方向中长江下游是主攻方向，由杨广直接率悍将贺若弼、韩擒虎攻击陈朝都城建康。长江中游的集团军是辅助攻击力量，由宜阳公王世积、落丛公燕荣二人统领；长江上游的集团军也是一支主攻部队，其目标是进击武昌以西的陈军江防部队，阻止陈军向下游机动，保障下游隋军夺取陈朝都城。所以隋文帝对上游集团军特别重视，令秦王杨俊、清河公杨素、荆州刺史刘仁恩分三路东进，由杨俊、杨素任行军元帅。杨俊是文帝的第三子，势必要任行军元帅，而实际上是虚职，真正的指挥者是杨素。

对杨素的此次任用，朝臣中是有异议的，因为在不少人的心目中，杨素是个"美须髯、工书法"的文士，而不是一员武将。

文采风流的杨素，实际上是一个富有奇策妙计的铁血将军。

杨素出生于北魏的一个官僚家庭，年轻时落拓不羁，有文士不拘小节的习气，擅长书法，写得一手好文章。出仕做官之后，仍与诗人薛道衡等人交往密切，喜欢结交文人墨客。

杨坚是在担任北周丞相时开始深交杨素的。凭着政治家的眼力，他感到杨素不但有文韬，更有"夷凶静乱"的武略，所以举荐为汴州刺史、徐州总管，封为清河郡公。杨坚代周当上皇帝后，加封他为上柱国。杨素多次向文帝进献攻陈的计策，文帝任命他为信州总管，驻军永安，督造战船，训练水师。

永安即白帝城，扼守瞿塘峡口的长江北岸，地势险要。杨素在这里打造了"五牙"、"黄龙"、"平乘"、"舴艋"等各式战船，其中"五牙"船最为庞大，船上起楼 5 层，高 100 多尺，前后左右各设 6 根拍竿用以接舷水战时拍击敌船，每船可容纳士兵 800 人。

十月的长江，西风凛冽。杨素接到进军攻陈的命令后，立即率水军出永安、过三峡，顺风顺流东下，很快便抵达陈军驻守的险滩狼尾滩。狼尾滩怪石林立，易守难攻，陈朝将领戚欣率领几千人和百余艘"青龙"战船驻守此地，阻止隋军东下。面对如此险峻复杂的地势，有些将领有畏惧心理，杨素分析说："我军东进，如果连狼尾滩都攻不破，怎能震撼敌军？但敌军占据有利地形，我们不能硬拼。如果白天进攻，敌人会发现我军虚实；不如发动夜袭，利用夜色掩护，杀他个措手不及。"杨素派部将王长袭领步兵从南岸攻击戚欣的水寨，令刘仁恩率骑兵从长江北岸兼程西上，自己亲率几千艘战船为主攻。三路人马约定在同一时间发动突袭，戚欣摸不清隋军虚实，不敢恋战，驾船逃跑。陈军顿时乱作一团，大部被杨素俘虏。

兵贵神速，杨素未加停留，继续东下，到达西陵峡的峡口岐亭。岐亭守将吕仲肃严阵以待，把自家的私产全捐献出来充作军用，发誓要死守阵地，士气十分高昂。杨素多次侦察，都无隙可乘、无计可施，于是决定正面强攻。他亲自率水军攻打吕仲肃的水寨，起初的几次战斗，隋军损失惨重，有 5000 人被杀，死者的鼻子也被陈军割去报功请赏。一时间人心惶惶，怯怕死拼硬战。杨素果断下令："狭路相逢勇者胜！要不惜一切代价进攻！"他组织了一批又一批的敢死队，连续不断地发动人海攻击，经过 40 多次血腥的厮杀，陈军日渐支持不住，吕仲肃被迫放弃岐亭，率残兵退守荆门延洲。杨素令"五牙"大舰日夜不断地追击吕仲肃残部，在延洲聚歼敌军，吕仲肃只身逃脱。此战之后，陈朝水军闻风丧胆，杨素所向披靡，于开皇九年春天抵达汉口，胜利完成了从侧翼进攻陈朝的作战任务。

这年正月，韩擒虎攻陷建康，活捉了陈后主，陈朝宣告灭亡。隋文帝奖赏诸将战功，封杨素为荆州总管和越国公。

陈朝虽已灭亡，但江南仍时有叛乱势力，少则聚众几千，多者拥兵数万，威胁统一的局面。隋文帝任命杨素为行军总管，负责平定江南。

开皇十年，杨素率军一路扫荡零散的几股叛军，进抵钱塘江西岸，准备剿灭最大的一股叛乱势力、自称天子的高智慧。高智慧有几万人马，在钱塘江东岸安营扎寨，连营百余里，声势浩大。杨素召集诸将研讨进攻方案，副将来护儿建议说："叛军以逸待劳，船只众多，长于水战。如果正面进攻，不易取得胜利。不如主力部队严阵以待，让我带几千名尖兵偷渡过江，火烧敌营，大军乘机掩杀，使叛军进退两难、损兵折将，杀伤其有生力量。"杨素听后大喜，当天夜里就令来护儿行动。来护儿率兵悄悄渡江登上东岸，四处放火。高军从睡梦中惊醒，见烟焰漫天，一时间惊慌失措。杨素乘机发大军猛攻。两军自凌晨战至下午，高军损失惨重，高智慧率残部乘战船沿江败逃入海，取海道往南逃窜。

杨素兵分两路追歼叛军，一路由部将史万岁率两千人马自东阳进入山区扫荡小股残余势力；一路由自己率领走近道经余姚追截高智慧。杨素追到永嘉，截住高军，一阵大杀，擒获数千人。高智慧如惊弓之鸟，一口气逃到泉州，投靠了另一股叛乱势力王国庆。史万岁率领的那路人马，跋山涉水千余里，历时 3 个月，经 700 多次战斗，荡平了沿途的叛乱者。由于转战太急太远，和杨素的大部队失去了联系，史万岁便把捷报装在竹筒中，浮水顺流而下，终于将消息告知了杨素。

杨素知史万岁大捷，更加精神振奋，准备继续南下，一举扫平王国庆。此时，隋文帝念他长期鞍马劳顿，下诏召他回长安接受赏赐。杨素认为，叛军还未最后消灭，如不一鼓作气穷追猛打，必将后患无穷。他写了一封奏疏，请求暂缓回京、继续进兵，同时激励部下将士，猛追穷寇，一劳永逸！

隋文帝接到奏疏，颇为欣赏，当即准奏。而王国庆收拢了高智慧残部之后，愈发嚣张而有恃无恐。他自以为海路艰险，隋朝北方军队不擅航海，短期内难以到达，因而放松了戒备。杨素乘敌麻痹之机，率船队走海路迅速驶抵泉州。王国庆一觉醒来，见隋军突至，大惊失色，不敢防守，弃城向各岛散逃。杨素分遣诸将，跟踪追击，各个击破。王国庆穷途末路，被迫交出了高智慧，率领本部人马向杨素投降。

杨素转战江南几千里，用兵不到一年，速战决战，一口气干净利落地平定了江南，显示出高超的军事指挥才能。

当他凯旋长安的时候，满朝文武没人再把他视为只会舞文弄墨的文士，都知道他是一位可以笑着打硬仗、打恶仗的将军。

## 巧妙利用独孤皇后吹枕边风

杨素当然并不只满足于自己是一个军事家，他要更多地发挥谋略，当一名政治家，获取更大的权势。

尤其是在他代替老臣苏威当上尚书右仆射以后，这种欲望愈发强烈得难以抑制了。

营建仁寿宫，大败突厥，杨素进一步获得了政治资本。

苏威是西魏大臣苏绰的儿子，为人愚笨少才，但与世俯仰、不露棱角，所以谨厚圆滑，久居高官。杨素很瞧不起他，常对他冷嘲热讽，早有取而代之的心思。平定江南之后，文帝自然要重用杨素，苏威也看出了苗头，主动提出让贤，杨素顺理成章地坐上尚书右仆射的高位，与另一位资深大臣、尚书左仆射高颎一起执掌朝政。

杨素一向心高气傲，看得起的人不多，但他对高颎是有些敬畏的。

高颎不但确有文武大略，明达世务，更有着别人所无法比拟的政治背景。隋文帝的皇后独孤氏，是北周大司马、河内公独孤信的女儿。独孤信有个亲近的僚佐叫高宾，高颍便是高宾的儿子。在杨坚策划代周的过程中，高颍是得力的助手。杨坚即位称帝后，任命高颍为尚书左仆射，晋封渤海郡公，朝臣中没人能与他相比，文帝常常只称他的姓而不叫他的名。后来又亲上加亲，把太子杨勇的女儿嫁给高颍的儿子高表仁，赏赐的物品不可胜计。

杨素知道：对于权势如日中天的大臣来说，是无法与之争锋的；而古往今来，单独靠军功保有权势的人也不多见，自己还必须做些别的事情，赢得文帝的欢心。

不久，传出消息：文帝决定在扶风修建仁寿宫。杨素立即请求主管这项工程，因为开皇二年，高颍就曾在旧长安城东南负责创建新城，建设了规模庞大的大兴城，使文帝十分满意，现在自己何不也在这方面显示一下才华呢？

文帝批准由杨素监造仁寿宫，杨素心里琢磨：如何把握动用土木的规格和标准？文帝一向提倡节俭，这是人所共知的，若搞得太豪华，弄不好会惹麻烦；但是，文帝即位已经13年了，节俭的意识有所淡化，现在既然提出修建行宫，又怎能修得平平庸庸呢？修得豪华了，大不了挨一通训斥；可要是修得寒酸了，弄不好会惹来杀身之祸。

杨素打定了主意：宁奢勿俭，不惜人力和物力，以军事化的管理方式加速修建！

工程迅速开始了。平山填谷，严厉催工，服役的百姓大多累死了。劳累倒下的，就推进坑洼里，盖上石块泥土，就势垫成平地。死了一万多个人，仁寿宫终于建成了，建得巍峨壮丽，台榭错落，宛转相属。

文帝从传言中得知：杨素用极不人道的办法修建了一座极其漂亮的仁寿宫。他不便径直来视察，先派高颍来检查，高颍回去报告说：建得过于绮丽，死的民夫太多。文帝听后，不大高兴。杨素知道后，有些担忧，但是他马上觉得事情无妨，可以向独孤皇后求援，请她在文帝面前开释开释。

这位独孤皇后，有两大特点：一是"参政欲"，二是"妒嫉心"。她时常干预朝政大事，意见又往往与文帝相合，宫中称为"二圣"。她14岁嫁给杨坚，让杨坚发誓不与别的女人生子女；杨坚当皇帝后，独孤氏更是妒忌成性，不准后宫嫔妃亲近皇帝。既然有这样一位不甘寂寞、敢说敢干的皇后，为什么不想法让她劲吹"枕头风"呢？

杨素前去拜见独孤皇后，说："帝王的法度，原本应有离宫别馆。现在天下太平，修建这么一个行宫，怎能说是奢侈浪费！"独孤皇后听着有理，便多次开导文帝，文帝也就不生气了。后来文帝驾临仁寿宫，实地游览了一番，反倒高兴起来，说杨素一片忠心，大加奖赏，赐钱一百万，锦绢三千匹。

获得丰厚的财物，杨素并不在意。从仁寿宫一事中，他得到了两个关键的启示：独孤皇后大有利用的价值；高颎是自己扩大权势的拦路石。

## 想方设法扩大权势

杨素敬畏高颎，并不等于他不想超过高颎。高颎考察仁寿宫后的奏报，差点使杨素惹上麻烦，不削弱高颎的权力，自己怎能上升？可是，皇上如此信赖高颎，谁能改变皇上的态度呢？

想来想去，只有独孤皇后一个人能做到。以自己目前的实力，公开与高颎竞争是不行的，不妨暗中做手脚，在独孤皇后面前说高颎的坏话，使她再在皇帝面前说高颎的坏话。

没有多久，杨素就得到了一个"打小报告"的绝佳机遇。

仁寿宫修好后，文帝在那里秘密临幸了一个宫女。但消息毕竟还是走漏出去，独孤皇后便秘密杀了那个宫女。文帝大怒，又不敢对皇后发作，便独自一人骑马驰出宫苑，不走道路，跑进荒山野谷二十多里。高颎、杨素快马追上，扣马苦谏。文帝叹息说："我贵为天子，竟然得不到自由！"高颎劝解道："陛下怎能为了一个妇道人家而忘了天下！"文帝略有悔悟，驻马许久，直到半夜才返回宫中。独孤皇后也感到自己做得过分，见到文帝后，流涕道歉，高颎、杨素二人也从中调和劝解，文帝与皇后又和好如初。事后，杨素单独面见皇后，添油加醋地将高颎的话复述了一遍。由于父辈的关系，皇后本来很信任高颎，但听说高颎称自己是一个妇道人家，心中甚是恼恨。从此开始讨厌高颎，时常在文帝面前诋毁高颎，文帝因此而渐渐疏远高颎。

杨素感觉到了其中的变化，心中暗自欢喜。转眼到了开皇十八年（公元598年），边疆陡起战事，突厥达头可汗进犯边塞。文帝任命杨素为灵州道行军总管，出塞迎战。

以前隋军将领与突厥作战时，由于惧怕突厥骑兵的凶猛冲击力，一般都布成方阵。所谓方阵，就是用兵车和其他障碍物结成四边防御的屏障，步兵持长兵器在兵车上迎战，骑兵布置在方阵中央。这种阵势虽利于防守，但攻击力不强，只能自卫而已。

杨素领兵出塞，遭遇达头可汗。杨素对部下说："方阵是一种单纯自卫的办法，不是取胜之道。我们应该以骑阵对骑阵，主动出击，以攻为守！"部下有人表示担忧，但杨素态度坚决，断然抛弃了旧法，令部队布成骑阵。为了树立必胜的信心，他亲自操练骑阵，严肃纪律，对流露出胆怯的士兵立斩不赦。一时间人心震怖，无不竭力操练。

达头可汗得知杨素变更了阵式，非常高兴，得意地说："这是老天爷要帮助我啊！"他下马仰天而拜，然后率领十余万精骑杀奔而来。

两军对阵，杨素召来部将周罗睺，命令他率一部铁骑先行攻击，如不胜而回，就全部斩首。周罗睺等人领命而出，殊死搏战，以一当十，令突厥骑兵十分震惊。战斗进行了一段时间，杨素见时机成熟，下令骑兵主力部队奋然突击，后退者格杀勿论。隋军迅猛冲击，大破突厥骑兵，达头可汗也身负重伤，落荒而逃。

此战大获全胜，文帝下诏褒奖，赏赐万钉宝带和两万匹丝绸。杨素的儿子杨玄感随军征战有功，亦进位为大将军。尽管杨素驭军严厉，动辄杀人，但他对将士有功必赏，毫不吝惜钱财，所以士兵也愿意随他征战。

大败突厥之后，杨素又在朝廷中增加了政治资本，势力直逼高颎。

## 以一己之力废掉太子

开皇二十年，杨素迎来了一生中最为关键的时刻。这年夏天四月，晋王杨广出任灵朔道行军元帅，杨素在他麾下担任长史，二人有了密切的交往。

杨广凭着他的狡猾，知道杨素是个难以寻觅的可用人才；杨素凭着他的灵敏政治嗅觉，感到杨广有夺嗣的野心，宫廷中已出现派系分裂，太子杨勇的地位岌岌可危。

二人彼此心照不宣。

杨素在政治上投下最大的赌注，把宝押在了杨广身上。

策划宫廷阴谋，废黜太子杨勇，拥立杨广。杨素工于心计，势焰煊赫。

隋文帝信守了与独孤皇后结婚时的誓言，他共有 5 个儿子，都是独孤皇后所生。

长子杨勇，初时封为博平侯、长宁郡公，文帝即位时立为皇太子，参决军国大事。他为人宽厚仁和，但生活奢侈，多有内宠。

次子杨广，初封雁门郡公，开皇元年 13 岁时立为晋王。他聪慧机敏，矫情饰诈，早就窥视着兄长的位置，企图取而代之。

三子杨俊，开皇元年立为秦王，后来逐渐失去文帝的欢心，免官闲居，忧惧成疾，开皇二十年病死。

四子杨秀，立为越王，领兵出镇蜀地。他有胆气、多武艺，但奢侈成性，文帝始终对他存有戒心。

五子杨谅，立为汉王，开皇十七年为并州总管，甚得文帝宠爱。

杨勇早早被确立为太子，又有亲家高颎辅助，所以地位比较稳固。但他生活奢侈，受到文帝的训斥。又因不爱独孤皇后为他选定的元妃，却宠幸云妃，得罪了独孤皇后，渐渐失宠。善于察言观色的杨广看出了其中的苗头，乘机施展种种阴谋手段，以求取而代之。他装作只同萧妃相处，概不接近别的姬妾的样子，车马侍从也很俭朴，恭敬地接待朝臣，极讲礼节，以博得父母的欢心。这些手段虽然管用，但毕竟是些小伎俩，关键是要收揽重臣，取得强有力的支持，以便与高颎相抗衡。

而当时唯一能与高颎相抗衡的，就是杨素。

杨广猜测杨素与高颎不和，且功名心极重，可以借他的手击垮太子杨勇。他经过一番观察之后，便将这种想法透露给了杨素。

杨素虽已预感到杨广的企图，但当杨广明言说出时，他还是多少有些犹豫。夺嗣可不是一件小事，万一失败了，不但权势尽失，恐怕连命也保不住。也许可以冒冒险，可是究竟有多少胜算呢？

一向独断专行的杨素，此时也不得不慎重考虑，征求异母弟弟杨约的意见。

杨约小时候爬树堕下来，被树桩扎坏了睾丸，因此竟成为"太监"。他表面上性情沉静，内心却阴鸷诡诈。听了杨素的话后，他分析说："兄长功名盖世，长期以来执政当权，得罪了不少人。高颎对你心存不满，皇太子怎会对你有好感？虽然你取信于皇帝，但想搞你下台的人还是有很多啊！一旦皇帝百年之后，谁还能保护你呢？现在皇太子失去皇后的欢心，皇上也有废黜太子的念头，你若能抓住时机，拥立晋王，就能长保富贵，永获平安。如果迟疑不决，一旦有变，让太子杨勇掌握了大权，那你就要大祸临头了！"

杨素点头称是。但是为了保险起见，他还是决定亲自出马，探听一下皇后的想法。

一次，杨素进宫侍宴，委婉地称赞晋王杨广孝悌恭俭，很像文帝。独孤皇后听后，垂泣说道："你说得对。我的二儿子十分孝顺，每次听说皇帝和我派去的使者到了，必定到境外迎接，临走时每次都流泪惜别。不像他哥哥，只知道与那个云妃相对而坐，终日酣宴，亲近小人。我是越来越喜欢二儿子了，常替他担心。"杨素知道了皇后的意图，便大谈太子没有才德。皇后高兴之下，赠送给杨素许多金钱，示意他去操办废立之事。

杨素吃了定心丸，向杨广宣誓效忠，二人结成同盟。于是，种种诬陷杨勇的阴谋，有条不紊地渐次出笼了——

杨广捏造事实，在独孤皇后面前哭诉自己将被杨勇暗害；

杨素收买了杨勇的近臣姬威等人，在文帝面前罗织罪名，说杨勇怨恨文帝，恐怕要发动叛乱；

有人奏报高颎的隐私，说他托疾不朝，有意效法司马懿，图谋不轨；

有人向文帝说：杨勇养马千匹，准备在文帝离开长安去仁寿宫时，在京发动政变，诛杀大臣。

这些谣传，弄得文帝终日疑神疑鬼，吓得晚上和衣而卧，不敢入睡。

到了开皇二十年十月，在独孤皇后的一再催促下，文帝终于下定决心，下诏逮捕并审讯杨勇，废为庶人。

杨素自告奋勇，负责鞫审杨勇。可怜的杨勇哪里是杨素的对手，被无端安上了一大堆罪名。审讯结束后，文帝赏赐给杨素布帛三千匹，以表奖励。宣读废黜诏书的，是杨素的文友薛道衡，那诏书即便是出自薛道衡之手，可能也经杨素润色修改过。

一个月之后，伴随着京师的一场大风雪，文帝诏告天下，以杨广为皇太子。

杨勇无罪遭废，多次请求拜见皇上，当面申诉冤屈。杨广、杨素竭力阻拦，不让文帝闻知。杨勇急得爬到树上大声喊叫，路过的朝臣听到后奏知文帝，文帝希望召见一下杨勇。杨素进言说："杨勇神志混乱，身上有鬼怪附体，皇上不宜再见他，以免龙体受损。"文帝信以为真，终生未再见杨勇。

废黜太子毕竟是一件大事，文帝心里很不痛快，决定明年改元为仁寿，借改元来换换新气象。

## "提前"病死是一种福气

仁寿元年，高颎被免职，杨素代替他出任尚书左仆射。杨勇被废，高颎自然要下台；策划废立的首要功臣是杨素，现在他成了"二人（文帝、杨广）之下，万人之上"的实权人物了。照例还要任命一位尚书右仆射，杨素提议苏威出任。这是个一箭双雕的好主意，既显得自己大度，又虚设了一个没有实力的人来与自己一道"共"掌朝政。

杨素的权势炙手可热。他的弟弟杨约，叔父杨文思、杨文纪，都是尚书列卿；儿子杨玄感、杨玄奖、杨玄纵等都位至柱国、刺史。家有奴仆数千，后庭身着绫罗绸缎的妓妾有一千多人。府宅华侈，规模同皇宫不相上下。亲戚故吏，无论有没有才能，都沾光受惠得到提拔。

杨素并不满足，对立有功勋的一些大臣，如贺若弼、史万岁、李纲、柳彧等人，时常暗中予以中伤。杨广当上皇太子后，担心大臣不服，便依靠杨素来"清理门户"。

杨素首先拿杨广的弟弟开刀，造谣诬陷，说越王杨秀对杨勇被废心怀不平，聚兵图谋造反。文帝不辨真假，令杨素审讯杨秀。杨广、杨素又设了一个歹毒的冤案，把杨秀废为庶人，幽居内宫。

就这样，文帝的 5 个儿子，死的死，废的废，只剩下太子杨广和汉王杨谅了。杨谅虽得文帝欢心，但远在外地，又无羽翼，所以不足为虑。

杨素下一步考虑的是如何实现终极目标，让杨广由皇太子升变为皇帝。

杨广当了皇帝，杨素小心应付，总算得以寿终正寝。

仁寿二年（公元 602 年）八月，独孤皇后病死于永安宫，杨广、杨素失去了一个重要的靠山。但杨广的太子名分业已确立，杨素又羽翼众多，大权在握，所以不会有变故发生。

不过，功高震主，文帝也开始防备杨素，兵部尚书柳述、大理卿梁毗等大臣亦上书指责杨素作威作福。文帝遂采取了一些措施，外示优崇，实则削夺杨素的权力。

杨素心里自然明白，他表面上装出追求享乐、迷恋诗酒的样子，暗中却与杨广密谋加快夺位，因为内宫早已传出消息，60 多岁的文帝身体欠安。

仁寿四年春天，文帝身体不适，把政事交付给太子杨广，自己离开皇宫大宝殿，迁居仁寿宫。

初夏四月，文帝病情日渐加重，召唤杨素和兵部尚书柳述、黄门侍郎元岩入阁侍疾。这时，杨广的种种伪诈，已渐渐传入文帝耳中。文帝召来杨素，本来是想切断他与大宝殿的联系，但想不到却为时已晚，自己反而受制于杨素。杨素隔几天就发一封书信，向杨广密报仁寿宫的情况，决计将文帝软禁起来，伺机行动。

然而千密难免有一疏。初秋七月的某一天，杨素写的书信被宫人误送到文帝身边，文帝读后，极为恼怒。他终于证实杨广要抢班夺权，便想恢复杨勇的太子之位，对柳述、元岩说："把我儿叫来！"柳述、元岩问叫哪个儿子，文帝说："长子杨勇！"柳述、元岩出屋后赶紧草诏，杨素安插的耳目立即将此事报知了杨素。

杨素大吃一惊。一旦杨勇受诏即位，后果不堪设想。他当机立断，火速告知杨广，让他派人迅速动手；同时封锁仁寿宫大小宫门，阻止文帝召唤杨勇的诏书送出。

杨广担心夜长梦多，当夜带兵驰往仁寿宫，在杨素的配合下弑杀了文帝。

《隋书》之《杨素传》、《后妃传》等，都暗示是杨广、杨素杀害了文帝。一些野史更明确记载：当时"血溅屏风，冤痛之声闻于外"。

事不宜迟，杨广即位于仁寿宫，是为炀帝。

杨素终于长长呼出一口气：十几年的"心血"没有白费。

炀帝即位后，先逮捕了知情的柳述、元岩，接着杀死了杨勇以免后患。

当年八月，汉王杨谅料知皇兄不会放过自己，干脆主动举兵造反，想杀开一条生路。

杨素正愁无法再立功勋，当即率兵镇压杨谅。稚嫩的杨谅哪里是杨素的对手，兵败如山倒，被迫投降认输了。炀帝把他废黜为民，囚禁而死。至此，文帝的5个儿子，只剩炀帝"一枝独秀"了。

第二年，炀帝改元为大业。夺位之功，首推杨素，当然要加以酬谢、安抚。二月，任命杨素以尚书左仆射兼任尚书令。

三月，炀帝决定迁都洛阳，令杨素负责营建新都。杨素有修建仁寿宫的经验，此时又权势大增，于是大兴土木，尽力讨取炀帝的欢心。

七月，炀帝又提升杨素为太子太师。

对这一连串的提升，杨素不但不感到高兴，反而隐隐约约感受到危机。他饱读诗书，知道物极必反的道理，懂得"狡兔死，走狗烹"的规律。多年的相处，使他深知炀帝的脾性，一旦皇位坐稳之后，必然要向功臣开刀。现在这些看似平常的提升，透露出一种"反常"：炀帝心怀猜忌，表面上礼敬有加，实际上是明升暗降。

大业二年六月，当炀帝又拜杨素为司徒、改封为楚国公时，杨素更加如芒刺在背、忐忑不安了。身为臣子，即便再有权势，也无法与皇帝抗衡，杨素只有小心应付，巧妙周旋，尽量减缓炀帝的猜忌和杀心。

幸运的是，没有多久，杨素就身染重病了。他不再上朝理事，专心卧床静养。炀帝假惺惺地派来名医诊候，赐予上等药物，暗中却询问医生，常担心杨素不死。

杨素当然知道炀帝的心思，便不肯服药，悄悄等待死神降临。七月，杨素病死，炀帝赠谥曰景武，隆重安葬。

第二年，隋朝的开国功臣如贺若弼、高颎等人，被炀帝定罪杀死；后来，连文人薛道衡也未逃脱杀身之祸。比较起来，杨素的"提前"病死，实在算是一种福气。

但是，隋炀帝与杨素及其家族的矛盾是不可消除的。大业九年（公元613年），杨素的儿子杨玄感举兵反叛炀帝，虽然失败了，但也加快了隋炀帝的覆灭。


# 李德裕：玉杯破碎无复全


李德裕是唐武宗会昌年间名相，为政六年，内制宦官，外平幽燕，定回鹘，平泽潞，有重大政治建树，曾被李商隐誉为"万古之良相"。在唐朝那个写诗的时代，他同时又是一位诗人。

## 出谋划策排挤武元衡

中唐宪宗元和（公元806—821年）初年，赵郡李氏共有三人被拜为相：南房李蕃，西房李吉甫，东房李绛，成为中唐显赫一时的阀阅之家。到了唐文宗（李昂）大（太）和（公元827—836年）、开成（公元836—841年）年间，又有三人拜相：李蕃之从弟李国亨，李绛之近从李钰，另一个就是李吉甫之子李德裕。

尤其值得一提的是西房这一支曾经出过一位特殊的人物，即李德裕的曾祖李栖。据唐代李肇《国史补》记载，李栖这个人经常带鹰携妓，驾车出猎，呼朋唤友，当街而过，目若无人，连请他做官他都不肯，在他的身上有一股燕赵豪侠之气，地方官吏仍把他当做不可轻视的特殊势力。也许，在那个时候，他留给子孙的除了政治、经济、文化上的特殊权力外，给李德裕影响最大的恐怕是这种相当潇洒而又特殊的掌权方式！

由于传统的旧观念作怪，李德裕虽然潜心苦学，却耻与庶族为伍，不肯通过科举求取功名，而希望靠门荫（子孙凭借世族荫庇而被推恩授官）入仕。宪宗元和元年（公元806年），在他20岁的时候，授为校书郎。第二年正月，父亲李吉甫拜相，同时拜相的还有武元衡。为了避嫌，李德裕不得不离开京城，游宦地方，在方镇幕府中任职数年。

虽然离开京城，但李德裕的眼光始终关注着最高层的人事变动。和父亲一起拜相的武元衡，本来和李吉甫在大政方针上有许多相同之处，特别是对待藩镇叛乱上，两人都主张严厉镇压。平素武元衡气质高雅，论事有风采，在朝中深孚众望。李吉甫看在眼里，心中闷闷不乐，视武元衡为自己仕途上的拦路者。李德裕深知父亲心事，于是积极出谋划策排挤武元衡。在李德裕的安排下，李吉甫引用狄仁杰（武则天时的著名宰相，武后革命的功臣）的后代，时为襄阳从事的狄兼谟为拾遗，自己亲自草拟制词，引武后革命之事，盛赞狄仁杰，要求修狄仁杰祠庙，借狄兼谟之手而上书宪宗，想通过吹捧狄仁杰来影射武元衡，从而达到排挤他的目的。由于宪宗头脑还算清醒，没有冷落武元衡，但也未觉察李氏父子的阴谋。李氏父子联手，共同排挤武元衡，虽是一个小小的插曲，但李德裕善于耍弄权术的"天赋"已初露端倪。

元和三年（公元808年）二月，李吉甫晋封赵国公，日益受宠于宪宗。这年的四月发生了一桩著名的制科案。在策试贤良方正直言极谏科中，担任考官的杨于陵、韦贯之、王涯（其外甥皇甫湜被定为上第等级）等人被指控科场舞弊，因此丢了乌纱帽。李吉甫被认为是发难者之一。城门失火，殃及池鱼。参加考试并且临场发挥甚佳被评为上等的牛僧孺、李宗闵等人，本来深得宪宗嘉许，飞黄腾达指日可待，此时也被兜头浇了一盆冷水，断了升迁之路。牛、李等人因此对李吉甫恨之入骨。"父债子还"是中国的传统，这次策试风波为日后的牛李党争埋下了伏笔。

围绕科场案，牛、李第一次正面交锋，李德裕小胜一局。正当李德裕得意之际，父亲的对手李逢吉给了他当头棒喝。

元和九年（公元 814 年）正月，深得宪宗信任，二度为相，正走向权力巅峰的李吉甫暴病身亡。李德裕当年丁忧守制，未任任何官职。元和十一年，李德裕被辟为河东节度使掌书记，后因受李逢吉等人压抑，长期未得调用。

## 受李逢吉排挤八年不得升迁

元和十五年正月，宪宗被宦官杀害，穆宗登基。李德裕与李绅、段文昌、柳公权等同除翰林学士。翰林学士在唐初只不过是类似俳优的文人，到中唐以后，其职权相当特殊，时称"内相"。因为像宰辅的任命、皇储的废立等关涉国家前途的重大机密的草诏需要有一些有文采而又是心腹的人来起草。这个任务就落到翰林学士的头上，翰林学士成为深得皇上信任的荣誉职位。接着又改任屯田员外郎、中书舍人等机要秘书之职。

穆宗登基之初，政事荒怠，皇亲国戚交结宦官，刺探宫中机密，暗中和大臣来往，于政治危害极大。李德裕向穆宗建议：以后驸马等皇亲如有公事需见宰相，可在中书省相见，不准私自到家中去，其忠心耿耿深得穆宗赞赏。

穆宗长庆元年（公元 821 年）三四月间，国家举行科举考试，右补阙杨汝士与礼部侍郎钱徽掌贡举，西川节度使段文昌、翰林学士李绅各修书一封，向钱徽推荐才俊（这在唐代科举考试中是正常的）。可是到了放榜时，段、李所推荐的人一个也不在榜。相反，一些不学无术的权贵子弟倒榜上有名，他们是郑朗，前宰相郑覃之子；裴之巽，前相裴度之子；苏巢，牛党首领李宗闵的女婿；杨段士，则是主考官杨汝士的亲弟弟。显然，这是一起"科举舞弊案"，段文昌、李绅等人对此十分不满，上书要求复试。穆宗问起此事，李德裕证实了这一点，并建议由中书舍人王起等人主持复试。于是郑朗等数十人纷纷落马，穆宗贬钱徽为江州刺史。李宗闵为剑州刺史，杨汝士为开江令。与李德裕同称翰林"三俊"的李绅、元稹也与李德裕相呼应，上书指斥李宗闵等结党营私，一时牛党羽翼纷纷落马，朝中牛党只剩下御史中丞牛僧孺一人茕茕孑立，形影相吊。

长庆二年二月，李德裕迁中书舍人，接着又为御史中丞，握有实权。

此前李逢吉因阻挠李吉甫、裴度对淮西用兵，不合宪宗意，罢相出为襄州刺史、山南东道节度使。及穆宗立，李逢吉因侍读穆宗有恩，于是派人秘密交结宦官，在穆宗前游说，不久即调入朝中任兵部尚书。此时，裴度也从太原入朝，与工部侍郎元稹相次拜相。"人心不足蛇吞象"，李逢吉拜兵部尚书之后，还想谋求相位，就利用裴度与元稹个人之间的不和，挑拨是非，制造矛盾，使二人俱罢相位。长庆二年六月，李逢吉如愿以偿，登上相位。李逢吉在宪宗时因为李吉甫的原因丢了相位，因此对他恨之入骨，现在便迁怒于李德裕。本来李德裕和牛僧孺均有当宰相的声望，李逢吉就拉牛打李。同时又害怕李绅阻止其事，又制造了李绅与韩愈的矛盾，贬李德裕为浙西观察使，以李绅为御史中丞，这样他们离开内阁后就便于进一步排挤。九月，李德裕任浙西观察使（主管军事、财赋、风俗习惯等），从此八年不得升迁。第二年，在李逢吉的推荐下，牛僧孺由户部侍郎拜相。这年八月，裴度出为山南西道节度使；九月，元稹由同州刺史改为越州刺史、浙东观察使，离京城愈来愈远。李党前辈和羽翼此时也是失意颇多，特别是李德裕，初次尝到了父亲留下的恶果。

李德裕贬到浙西后并未消沉，他注意改革旧弊，破除迷信。当时浙西民间迷信鬼怪，有父母兄弟患病，不但不积极治疗，反而丢弃不养。李德裕到任后，选择那些乡中有名望的明智之人，动之以情，晓之以理，对不听从者，则绳之以法。几年时间便革除了陋俗。当时还盛行建造庙宇，除了那些历代名臣贤士的祠庙外，李德裕把其余的均视为淫祠，全部拆毁，减轻了老百姓的经济负担。穆宗知道后，大为赞赏，下诏予以表扬。然而还未来得及提拔，长庆四年正月，素对李德裕有好感的穆宗因服"长生药"而暴亡，幸运之神再次与李德裕擦肩而过。

二月，敬宗即位。李逢吉勾结宦官王守澄，进一步打击李党，贬李绅为端州司马。而牛党人物则纷纷得到升迁。四月，李逢吉封凉国公；十二月，牛僧孺晋封奇章郡公。而敬宗只有十六七岁，十分贪玩，根本不懂政治，朝政完全掌握在牛僧孺和李逢吉二人手中。

李德裕身在浙西却心系朝廷，献上六首《丹扆箴》，对敬宗不坐朝议政，不纳忠言，任用群小，沉溺于酒色，一一提出诚恳的批评和劝诫。敬宗虽不能一一接受，倒也十分欣赏他的忠诚，听说他是名相李吉甫之子，很有召回京城、委以重任的意思。恰逢此时，牛僧孺害怕因进谏而得罪敬宗，请求外任为武昌节度使。这对李德裕来说不啻天赐良机，但又因李逢吉从中作梗，宰辅的职位再次与他失之交臂。

仕途险恶，距宰相位仅一步之遥的李德裕忽遭厄运，但一贬再贬却使他积累了雄厚的政治资本。

## 借朋党之事打击牛党

宝历二年二月，裴度因声望甚高，并以山南西道节度使身份入朝拜相。而李逢吉党则大为惊恐，屡次放出谣言诬陷裴度。敬宗虽然年少，却能看出李逢吉的阴谋，反而益加倚重裴度。十一月，李逢吉罢知政事，出为山南东道节度使，出镇襄州，从此以后，再也没有入朝执政。十二月八日，敬宗被害，宦官拥立文宗。朝中党争，在此之前是李吉甫、裴度与李逢吉之间的斗争。从文宗大和年间起就变为李德裕与李宗闵、牛僧孺之间的斗争。

文宗即位之初，裴度与另一宰相韦处厚相得益彰，注意革除前朝之弊，大和初唐的政治大有可称之处。大和三年（公元829年）八月，李德裕应召入朝，任兵部侍郎，结束了长达八年的贬谪生涯，似乎预示着一个美好的前景。加上裴度的推荐，李德裕正准备入相。而此时的李宗闵为吏部侍郎，勾结宦官，抢在李德裕之前当上了宰相。裴度虽然为宰相，可是年高体弱，已经无所作为。李宗闵觉得李德裕在朝中始终是一个威胁，九月，李德裕便被李宗闵排挤到滑州担任刺史。此时正值滑州刺史李昕兵败之际，滑州"物力殚竭，资用乏荒"，李宗闵可谓"用心良苦"。可是李宗闵觉得滑州还是不够偏远，于是借剑南西川节度使因病求代之机，十一月份调李德裕去接替，企图让李德裕永世不得翻身。

第二年正月，李宗闵引另一个牛党核心人物牛僧孺自武昌节度使入相，同时援引的还有杨虞卿等党人。杨虞卿因结党营私，利用科试舞弊纳贿而臭名昭著。

李德裕新任的剑南西川，南接南诏，西邻吐蕃。唐朝经过安史之乱国

223

力大衰后，西蜀人民的生命财产安全受到严重威胁，百姓惶惶不可终日。李德裕赴任后，痛矫前弊，在军事设施和军队建设方面花了不少心血，这些给吐蕃和南诏以极大震慑；维州守将、吐蕃大将军悉怛谋自愿投降。李德裕对他的诚意悉心考察，接受了，不费一兵一卒占领了西川扼守吐蕃的重镇维州，文宗得知惊喜不已。李德裕建议乘机直捣吐蕃心腹。大多数大臣赞同李德裕的意见，他们很希望借此机会洗雪长期以来国家所蒙受的奇耻大辱。但牛僧孺反对，认为这样有弃信义。但文宗听从了牛僧孺的建议，命李德裕将维州和悉怛谋等三百多降兵一并交付吐蕃，李德裕连连上书表示反对，可是在牛僧孺的干涉下，文宗严厉命令执行，李德裕只好照办。果不其然，这些降兵皆遭凌辱残杀。南诏又趁机攻占了三个县。西川监军宦官回朝后，将悉怛谋等人惨遭杀害的情况告诉了文宗，还说从此以后再也不会有人来投诚了。文宗听了十分懊恼，迁怒于牛僧孺，大和六年，罢牛僧孺相，出为淮南节度使，同时召李德裕入朝为兵部尚书。大和七年二月，擢为中书侍郎。六月，李宗闵亦被罢，出为山南西道节度使。李德裕借文宗问朋党之事的机会，大肆渲染朋党的危害，一一打击牛党骨干成员。

大和七年，郑注、李训结纳宦官头子王守澄，密谋攻击李德裕。原来李训是肃宗朝宰相李揆族孙，李逢吉是其从父。为了帮助李逢吉，李训与他人合谋，制造冤狱来中伤裴度，但被人揭发，流放岭南，遇赦返回洛阳。而此时的李逢吉为东都留守，贼心不死的他想再度入相。于是派李训持金帛珍宝数十万，贿赂郑注，郑注又把李训推荐给王守澄，王守澄又荐引给文宗。几个人狼狈为奸，沆瀣一气，利用李宗闵以与李德裕为敌，召李宗闵自山南西道节度使为相。李宗闵一上任，李德裕立即厄运降临，复为他曾经当了八年的浙西观察使，此后七年如浮萍飞蓬，辗转飘零于各地。

排挤李德裕，实际上是以王守澄为首的宦官集团和以郑注、李训等擅权的朝官与牛党三方联手共同策划的阴谋。他们为了抵制并排挤李德裕，又擢李训为翰林侍讲学士。同时将李德裕的老朋友御史大夫郑覃左迁秘书监，李绅也遭排挤。

大和九年三月，左丞王瑶、户部侍郎李汉（这几个人都是牛党人员）在李宗闵的授意下诬告李德裕，妄图置李德裕于死地。事情是这样的：李德裕初任浙西观察使，奉诏安排宫人杜仲阳于道观，供其衣食。而杜仲阳正是漳王的养母，因为漳王的原因，放逐杜仲阳于润州故里。李汉、王瑶趁机诬告李德裕厚赂杜仲阳，结托漳王，图谋不轨。严禁大臣与诸王交结，这是玄宗以来不可更改的祖训，因为这对皇帝来说最具威胁。文宗知道后大怒，于蓬莱殿召来王涯、路隋、王瑶、李汉、郑注等当面对质，幸亏路隋以命担保，才免李德裕一死，但左迁李德裕为太子宾客，分司东都，没有一丝一毫实权。四月，李德裕又因对文宗所谓"大不敬"而贬为袁州刺史。

## 终于有了施展政治才干的良机

李德裕被贬后，反对他的三方势力相互倾轧，演绎了一幕更为惊心动魄的权力斗争。"狡兔死，走狗烹"，郑注、李训借李宗闵之手排挤了李德裕后，又借杨虞卿案于本年六月贬李宗闵为明州刺史。七月，又告发李宗闵交结宦官求为宰相，再贬为处州刺史。八月又贬为潮州司马，李宗闵的党徒杨虞卿、李汉等都被贬黜。这实际上是有志于除去朋党的文宗借郑注、李训之手，将牛、李两党各打五十大板。驱逐了牛、李两党后，郑、李准备趁热打铁，铲除宦官集团。十一月二十一日，发生了震惊天下的"甘露之变"，郑注、李训等人事败被宦官所杀，文宗也被宦官软禁起来。

武宗即位，李德裕如鱼得水，"错综万务，应变开阔"的政治才干，使他成为"唐中世第一等人物"，踏上了政治权力的巅峰。

开成五年（公元840年）正月，宦官头目仇士良拥立穆宗的儿子、文宗的弟弟为帝，是为武宗。武宗之立并非宰相本意，于是武宗即位后首先便罢了杨嗣复、李钰的宰相，杀了文宗所宠爱的刘弘逸、薛季棱，这样无意中为李德裕扫除了部分政治上的绊脚石。七月，李德裕被召入朝，九月拜相，翻开了他一生中最为辉煌的一页。

李德裕在拜相谢恩时，就朋党、藩镇和宰相之权三个问题向武宗进言：一、要辨群臣的邪正，这是针对文宗朝朋党纷争而言的，要防止小人为了一党私利而交结宦官。二、朝政要归中书，即宰相和下属机构，以防止宦官专政。三、宰相任职时间不宜过长。急于想有所作为的武宗十分赞赏李德裕的主张，更加信任他了。朝外，李德裕拜相后，李绅由宣武节度使改淮南节度使。第二年因汉江发大水，毁坏民居多不可数，李德裕借此削去山南东道节度使牛僧孺的实权，改为太子少师，而牛党另一重要人物李宗闵此时为太子宾客，分司东都，不为武宗喜欢，不足为惧。这样，朝中有武宗信任，朝外有同党相应，李德裕因此有了施展政治才干的良机。

会昌元年（公元841年）九月，幽州镇守军叛乱，统帅史元忠被逐，牙将陈行泰为留后，上书朝廷，要求封为节度使。李德裕向来对军中擅自拥立统帅深恶痛绝，但他也没有断然拒绝。他对武宗说："河北事态，我很熟悉，以往朝廷急于安稳局势，才急忙下诏应允，但终不得长久稳定，不如放一放，幽州军必再发生变乱。"果然不久，陈行泰在变乱中被杀，张绛又自请节度使之职，朝廷听李德裕安排，又置之数月不理。闰九月，雄武军节度使张仲武派特使吴仲舒到京城，要求讨伐张绛。这时李德裕生病告假，但仍在家中接见了吴仲舒，详细询问张仲武的军力并考察其为人，认为张仲武确实效忠朝廷，于是全力支持。结果张仲武以极少兵力讨平了张绛，并在后来征讨回鹘中立了战功。在这件事上，李德裕处乱不惊、静观其变，表现了过人的远见卓识和善于审时度势、把握机会的政治才干。

## 被朝廷倚为重臣

会昌二年，李绅由淮南节度使拜相，李德裕的力量更加壮大。他得以集中精力着手来解决回鹘问题。回鹘是西北地区古老的游牧民族，和唐朝时战时和，加上各民族的分裂、融合、迁徙，关系十分复杂。武宗登基后，另一个部落黠戛斯击溃了回鹘部落，使之分裂为马介部和温没斯部，游荡在唐廷边境，对唐构成严重威胁。而此时的唐朝经过安史之乱后，国力大衰，如何有效地抵御这些散兵游勇，实在是一件棘手的事情。

李德裕审时度势，一方面不拘一格选人才，提拔英勇善战但遭贬谪的将领积极备战，在军事上对敌人起到一定的威慑作用；另一方面不主张轻

历史的博弈 帝道与臣道的较量

率用兵，对有意倾心于唐朝的温没斯部厚待有加，济以粮食，授予温没斯官爵。这样不至于树敌太多，减少唐朝边境的敌对力量，以便集中力量打击顽固不化的马介部。会昌三年正月，马介率兵进逼振威，唐军出兵反击，大破回鹘，马介受伤窜逃，后被族人杀掉。剩余之敌来幽州投降，回鹘对唐朝北部边境的威胁得到彻底解决。

会昌三年，李德裕进位司空、司徒，想急流勇退，但武宗不许："你每次请求辞相位，都使我无所适从。现在国家大事没有处理完，你怎么能一走了之呢？"由此可见武宗对他的倚重。

武宗所谓"国家大事"就是指昭义镇节度使叛乱问题。昭义镇地处唐廷心腹，与河北连横。早在文宗时，李德裕就奏请改其节度使刘从谏为宣武镇节度使，防止他在一个地方经营太久，易与河北藩镇勾结，但这个奏请未被采纳。武宗即位不久，刘从谏死，其侄刘稹冒充其子，仿照河北藩镇要求朝廷承认他承袭父位。众大臣认为国力不济难以讨伐，主张姑息迁就。李德裕从政治角度考虑，认为昭义镇和河北诸镇不同。河北诸镇几代皇帝都被迫应允其子嗣袭位，而昭义地处中原，如开先例，则其他诸军会纷纷仿效，中央集权则名存实亡，后果不堪设想。

以前唐朝命各道兵马合剿叛军的时候，各道兵马为了向国家多要经费，经常故意拖延，或者暗中与叛军商定，借其一县一地虚报战绩。鉴于此，李德裕命令各道只许占领州城，不要县邑。对于那些逗留观望者，李德裕命令各道互相监督，或派监军。这些都收到了良好的效果。

战斗正艰难进行，突然又节外生枝，派出剿灭刘稹的副将杨弁发动叛乱，与刘稹勾结。许多人认为应该罢兵，李德裕对武宗说："杨弁绝不可饶恕！如果两处用兵军力不支，宁可赦免刘稹，也要剿灭杨弁。"这才坚定了武宗用兵的信心。会昌四年二月，官军收复太原，杨弁被斩。七月，支持刘稹的邢、洺、磁三郡被收复，刘稹处境危急，部将郭谊杀掉刘稹，投降邀功。如何收拾这样的局面，武宗束手无策，李德裕不愧为一个精明的政治家，他洞悉其奸，认为："刘稹不过是一个乳臭未干的小子，所谓谋求袭位，全是郭谊阴谋指使的。现在郭见大势已去，刘稹灭亡在即，又杀掉刘稹，只不过是在搞政治投机罢了，不杀掉他，将来必为后患。"于是假装接受郭谊的投降，趁机处决了这个动乱的幕后主使。

昭义镇的叛乱被平定后，朝廷的威信大大增强，地方藩镇再也不敢轻举妄动。李德裕因功晋封为卫国公。

## 已经坐到了火山口上

会昌灭佛，是李德裕政治生涯中最后一篇杰作，如同划过天际的巨星作最后一闪，从此便陨落海角天涯，使人不由得想起了那句谶语："玉杯破碎无复全!"

李德裕在集中精力剿灭昭义镇叛军的时候，仍然没有忽视自己的老对手。会昌三年，李德裕借口李宗闵、牛僧孺与刘从谏交结，不宜置之东都（洛阳），由太子宾客分司贬为湖州刺史，扳倒了这只匍匐在自己卧榻之侧的老虎。刘稹败后，李德裕得到李宗闵与其交结的证据，再贬之为漳州长史，又流放封州。到宣宗即位，内迁李宗闵郴州司马，调令虽下，但未来得及离开贬所便去世。同时，在诛杀叛将郭谊的同时，又杀刘从谏父子所欣赏的人物李仲京、王渥等十二家，甚至株连其子侄甥婿，连襁褓中的小孩也不能幸免。其中李仲京是李训之兄，王渥是王瑶之子，他们的父辈、祖辈都曾排挤过李党。甘露之变后，他们都逃亡到刘从谏帐下，苟延残喘，刘氏父子兵败，他们已是丧家之犬，根本构不成威胁，可是李德裕实在是在党争中吃够了牛党的苦头，便决计斩尽杀绝，不让一个人漏网。

会昌年间，在武宗的支持下，李德裕主持全国的灭佛工作，一共拆毁佛寺4600多所，没收寺院上等良田数千万顷，强令僧尼还俗26万多人，解放寺院奴婢15万多人。除幽州、成德、魏博、泽潞等闹独立的藩镇节度使拒不执行中央命令外，其余地区都认真执行，并取得了良好效果，佛教同国家争夺政治、经济利益的矛盾有所缓和，历史上称为"会昌灭佛"。

但是，再高明的政治家也要根据实际情况实事求是。当时佛教赖以生存的社会条件依然存在，移风易俗不是一蹴而就的事情。26万多僧尼突然失去了民间施舍，衣食住行全无着落，他们流散社会，到处抢劫财物，造成社会的极大不稳定，有的甚至跑到没有灭佛的藩镇当兵，为虎作伥，对国家的安全构成极大威胁。"会昌灭佛"这副漂亮的大手笔上多少有些瑕疵：谁能想

历史的博弈
帝道与臣道的较量

到，就是这小小的瑕疵成为那些日夜伺机反扑的政敌们再好不过的借口。

其实，在李德裕权力鼎盛、在朝中说一不二的时候，处于劣势的牛党成员也并非缄默不语，他们已发出过不同的声音。会昌五年，宦官及牛党后期代表人物白敏中就攻击李德裕专权，怂恿韦弘质上书言宰相权太重。只不过此时李德裕是棵大树，加上有武宗的支持，以牛党的力量难以撼动。此时的李德裕根本没有意识到他正坐在火山口上。

会昌六年三月二十三日，33岁的武宗因服用金丹而死。三天后，宣宗即位。宣宗是宪宗的第十三子，是武宗的叔父。武宗在位，根本不把这个叔父放在眼中，多有不敬。所以宣宗一直对武宗心怀忌恨，并对武宗所器重的李德裕也心怀不满，当李德裕在宣宗登基仪式上奉册完毕，宣宗对侍臣说："刚才走近我的就是李太尉？他每一次看我都令我毛骨悚然。"李德裕功高震主，却不知功成自退。"卧榻之侧，岂容他人酣睡？"四月上旬，宣宗即位，罢李德裕相，出为江陵尹、荆南节度使。接着宣宗宣布复兴佛教，实际上否定了武宗及李德裕的所有功绩。五月，白敏中拜相，牛党东山再起。第二年二月，白敏中令其党羽李咸诬告李德裕执政时所犯错误，李德裕再贬为太子少保，分司东都。六月，白敏中推荐牛党后期另一重要人物令狐绹为考功郎中、知制诰。十二月，李德裕被贬为潮州司马。一朝天子一朝臣，宣宗王朝，已经没有任何一个人能为李德裕说话，他只有被动挨打的份儿了。

大中二年（公元848年）九月，62岁的李德裕由潮州司马再被贬为崖州司户。崖州即今海南琼山县，那里是瘴气遍野的荒蛮之地，且必须渡过琼州海峡。以62岁的老病之躯远谪此地，牛党之用心，路人皆知。

第二年正月，李德裕才辗转到达任所。这时的李德裕已是众叛亲离，形单影只，以前的朋友早没有音信，一人孤苦伶仃，如大海中漂浮的一叶扁舟，甚至缺衣少食。屋漏偏逢连阴雨，相依为命的妻子此时也冻馁而死，连儿子要求来奔丧，也被牛党断然拒绝。

十二月初，已经卧病在床三个多月的李德裕，饱受心灵的创伤和肉体的折磨，终于凄凉地离开了人世。

当初，有位风水先生曾为李吉甫和牛僧孺相宅卜地，说过一句谶语：

"玉杯破碎无复全。"长达几十年的牛李党争偃旗息鼓了，它给人们留下了关于权力的无穷无尽的思索！

# 胡惟庸：还没充分享受权力就被诛九族

胡惟庸，在明朝乃至整个中国历史上都是个不能回避的名字。在汗牛充栋的论述中国官制的论文中大家经常可以看到：朱元璋一手炮制的"胡党"谋逆大案，使得丞相这个古老的官名在历史长河中彻底消失，也使皇权统治在明朝达到了顶峰。顶着"造反"罪名而死的胡惟庸，细数起来，其实也蛮可怜的。

## 李善长带他直达权力巅峰

胡惟庸和李善长是同乡，他在反元建明斗争中没有留下过什么值得大书特书的事迹，在洪武三年进入中书省担任参知政事以前，当过知县、通判等小官，最高做到太常寺卿，只是个分管礼仪祭祀的清水衙门的长官而已。从清水衙门进入政务中枢，胡惟庸的飞跃速度简直像是坐上了直升飞机，而带他飞上天的人，正是他的老同乡李善长。

洪武三年过半的时候，李善长身体很不好，不得不在家病休，而此时的中书省大权都掌握在杨宪的手里。杨宪可不是淮人，而是检校的成员，作为淮人首领的李善长不能不为自己身后的小集团利益打算。大概李善长也从什么地方知道了朱元璋和刘基论相的事情，在痛恨刘基的同时，也了解到朱元璋看好胡惟庸。正好胡惟庸是自己的老乡淮西人，于是李善长就向朱元璋上书保举，一来迎逢圣意，二来也能将淮人继续安插在政府最高机关里，可谓是一举两得。

洪武四年正月，李善长正式离开中书省，汪广洋升到右丞相的高位，胡惟庸则接替了汪某原本中书左丞的职位。史书上说胡惟庸在杨宪死后，"以曲谨当上意"，因此"宠遇日盛"，从此更加不把汪广洋放在眼里。

若说李善长是淮西集团的首领，那么胡惟庸就是这个把持朝政的小集团的第二把手。李善长本人虽然离开了宰相位置，但在朝堂上的影响力没有丝毫减退，各个部门的头头脑脑大多是他的旧部，要想搞好朝政，就必须和李善长搞好关系。胡惟庸本身就是淮人，他又极力结交李善长，相比之下，汪广洋这个非淮西集团出身的右丞相实在不好开展工作，也难怪他只能"无所建白"了。

胡惟庸可不打算放过汪广洋，胡惟庸和杨宪一样，一门心思要爬到权力顶峰，成为中书省的宰相第一人。杨宪被干掉以后，胡惟庸前面的绊脚石就只剩下汪广洋一个人而已，又岂能轻易放过？不过汪广洋的错处可不好找，此公小心谨慎，对于大小政务从不擅专，简直就是"尸位素餐"这个成语的最好体现。然而就在胡惟庸郁闷没招的时候，朱元璋却替他解决了这个难办的问题。

朱元璋也实在忍受不了汪广洋的碌碌无为，叫你压制杨宪，你反而被赶出京师；叫你主持政务，你把活儿都推给胡惟庸，我还用你干什么？——洪武六年（公元1373年）正月，朱元璋以"无所建白"的理由罢免了汪广洋右丞相的职务，让他去遥远的广东行省当参政，转而让胡惟庸以中书左丞的职务把中书省的工作全都名正言顺地抓起来。这回汪广洋以为真正离开权力中心，可以保全性命了，但朱元璋并不准备让他如此逍遥，过了没多久，就又把他召回朝廷，让他做了左御史大夫。让这么懦弱的人当监察部门的最高负责人，对于炙手可热的胡惟庸来说，正是皇帝对他信重的表现。果然，汪广洋在左御史大夫任上和他以前在中书省毫无区别，一无建树，丝毫没有影响到胡惟庸的相权。

且说汪广洋被派往广东后没过多久，胡惟庸的侄女与李善长的侄子就商定婚姻，结为了夫妻，这样一来，胡、李二人就变成了间接的儿女亲家。有了这层亲戚关系，胡惟庸俨然已成了李善长在朝堂上的代言人，支使起李老大人在朝的旧部来如臂使指，顺手顺心。大概也因为这层姻亲关系，使得胡惟庸和朱元璋的关系也更加密切，洪武六年七月，胡惟庸升为中书右丞相，实至名归地主持中书省的政务。此时的中书省，自从李善长退休以后，左丞相的位置一直空缺着，而徐达虽然一直兼着右丞相的头衔，但他为人谨慎，加上常年带兵在外，政务方面是一点也不可肯沾，就这样，胡惟庸这个新的右丞相就变成了独相。

死了杨宪，走了汪广洋，又和李善长结了亲家，胡惟庸可谓是志得意满。随着权势的增大，此公日益纵横跋扈，对于胆敢挑战他权威的人是一个也不放过。

## 害死了刘伯温

胡惟庸第一个要对付的人，就是已经退休在家的刘基。朱元璋和刘基论相的对话，本来应该是极为机密的，但不知怎么回事，竟然弄到举朝皆知的地步——日后等到胡惟庸案发后，才有人想到可能是皇帝派检校故意传出的消息——别说刘基本就是淮西派的对头，单只这次论相，就足以使胡惟庸对刘基深恶痛绝了。

刘基自从洪武四年告老还乡以后，就一直安养在老家浙江青田，他深知检校无处不在，而朱元璋猜忌之心更是从无休止，为了证明自己完全放弃朝廷之事，他从来不见当地官员。有一次，青田知县以布衣身份去见他，和他相谈甚欢，分别之时说自己是青田知县，对先生仰慕已久才来拜会，刘基一听马上下跪，口称小民，并从此再不见客，其幽居如是——可即便是他这么小心谨慎，但却仍没办法跳出混浊世事。

浙江和福建交界处有一个叫谈洋的地方，这地方离刘基的家乡不远，他不愿意这里不服王化，一向被盐枭所占据，就向朱元璋奏请设立巡检司进行管辖。盐枭不服，聚众作乱，刘基派大儿子刘琏将写清这件事情原委的奏章带到京师，没有经过中书省，而是直接送到了朱元璋的手里。刘基是聪明人，他知道胡惟庸和自己一向不对付，如果通过正常渠道，朱元璋很有可能看不到这份奏章——中书省有权在皇帝之前先拆看大臣的奏章，如果落到胡惟庸手里，这份文件肯定会被截留在中书省内。刘琏此时还没有功名，只是一介平头百姓，他只身来到南京城，怎么能把奏章交到皇帝的手里呢？大概是刘基过去认识的检校从中帮的忙吧。

然而胡惟庸马上知道了这件事——也不知哪位检校的功劳。绕过中书省直接向皇帝上书，这件事对于新官上任的中书执掌人来说，实在是太丢脸了，于是新仇旧怨一齐涌上胡惟庸的心头。胡惟庸立刻指使刑部尚书吴

历史的博弈
帝道与臣道的较量

云上书弹劾刘基："刘基曾经说谈洋这个地方有王气，他看中了，想死后把墓建在这里，当地百姓不肯让地，这才请求朝廷设立巡检司驱逐百姓，好拿到这块好地方。"——说看中一个地方有王气而把墓建在那里，这是封建时代对一个臣子最大的诬陷方法之一，王气只能皇帝本人有，做臣子的图谋这个就是要造反啊。古人迷信得很，祖宗坟地建在哪里是会影响子孙后代的大事，而王气这种东西来无影去无踪，却是诛心之论——你刘基不是以能掐会算出名吗？我们就用你拿手的法宝来坑你，况且这种玄而又玄的东西你还真不好辩解。

朱元璋不愧为一代雄主，他虽然也敬天祭天，但并非一个绝对迷信的人，当年李善长之所以能得到他的信重，不是因为说自己的老家和汉高祖刘邦的老家离得近所以有王者之气，而是李善长利用刘邦的故事激励了自己的缘故。因此朱元璋看到奏章后并没有如胡惟庸所愿的那样按造反罪逮捕刘基，当然，这种事情也不可能完全无视，于是象征性地处以了夺俸的处罚。但刘基在老家却坐不住了，他不顾老病之躯，千里迢迢赶到南京城，向朱元璋当面谢罪。

这一下无异于羊入虎口。

刘基进京之后就病倒了，这一病经年，而胡惟庸并没有忘记他，也不会就此放过他。据说胡惟庸曾派医生到刘基那里去看病，刘基吃了医生开的药，"有物积腹中如拳石"，反而导致病势加重。到洪武八年三月的时候，这位能掐会算的刘伯温先生已经到了油尽灯枯的地步，朱元璋派人护送他返乡，当年四月，他就死在了自己的家乡。

这一番争斗，朱元璋只在一旁看着，胡惟庸上蹿下跳的表演在他眼里和小丑没什么两样。此时的朱元璋，心里已经渐渐有了改组中书省、废除宰相制度的想法，但如此大动作非得有人祭血才行。胡惟庸做中书右丞相以后，收受贿赂、任意处分官员、截留奏章都是有的，但靠这些把柄来定他的罪，朱元璋觉得分量还嫌不够。

## 叫汪广洋彻底死了心

虽然也有人弹劾胡惟庸，但朱元璋不但不去追究，反而将这样的官员

233

交给胡惟庸自己处理——朱元璋钦点的状元吴伯宗时任礼部员外郎，举朝逢迎胡惟庸的时候，他头脑十分清醒，始终不肯阿附，不仅如此，还向朱元璋上疏告发胡惟庸的种种不法行为。胡惟庸一怒之下把他贬了官，差点没把他整死。

到了洪武九年（公元1376年）的时候，胡惟庸在右丞相的位置上已经坐了三年。而朱元璋仿佛是为了让他更好地专权似的，这一年，中央政府撤销了中书省编制中的平章政事和参知政事这两个职位——平章政事就是副宰相，虽说多年空缺，位置此前可一直没有废除。同时，在地方上废除了元朝实行的行中书省制度，改由承宣布政使司担任地方行政长官，直接向中书省负责。本来在中书省的编制中，左、右丞相最高，其下分别为平章政事，左、右丞和参知政事，如今废除了平章政事和参知政事的职位，中书省只剩下了左、右丞相和左、右丞的编制，其下虽然增设了几个和地方布政使司相联系的位置，但不过是辅助丞相而已。这一来，胡惟庸在中书省，进而在整个大明朝，都可以说是获得了真正一言九鼎的权力。

仿佛是故意拉拢淮西派官僚似的，朱元璋也并没有忘记已经退休的首功之臣李善长——他把自己的女儿临安公主嫁给了李善长的儿子李祺，两人从此结成儿女亲家。为了给儿子办喜事，李善长喜洋洋地来到了南京城，这时候，沉寂多年的汪广洋突然跳了出来。

要说汪广洋此人在明朝初年担任地方官时还是颇有政绩的，对他的评价也不低——"廉明持重"。但不知怎么回事，每当他在中央任职时，就完全看不出当地方官时的智慧，从最早被杨宪排挤，到后来受胡惟庸的气，他都没有任何反击的意思，一直都老老实实的任人宰割。他这个左御史大夫，本来有着监察百官的权利，但他这几年似乎完全忘了自己还有这种权利似的，由着胡惟庸结纳百官、专横跋扈。但泥人也有土性子，到了洪武九年，临安公主和李祺完婚后，汪广洋突然发飙，他联合御史大夫陈宁上疏进言："李善长恃宠而骄，十分放肆，陛下前些日子生病，有近十天没有临朝视事，他却不问候一下陛下的病情。驸马都尉李祺有六天不上朝，把他召到大殿，他也不肯谢罪，这是对陛下的大不敬。"——竟然直接把矛头对向了胡惟庸的总后台，朝中人人皆知的皇帝的大功臣、韩国公李善长。

真不知道汪广洋是怎么想的，按说这些年胡惟庸贪赃枉法的事情其实不少，他身为御史大夫，又和胡惟庸不对付，应该握有不少过硬的证据，找准时机一举将胡惟庸赶下台才是正事。结果他竟然以皇帝生病时李善长没有问候、驸马六天不上朝这种鸡毛蒜皮的小事跳过胡惟庸，直接去挑战李善长！或者，他是在用这种小事试探朱元璋对于李善长的态度吧。

其实朱元璋等这样的奏章很久了，奏章的形式是对的——弹劾功臣，但内容却实在不足以论罪——里边都是些鸡毛蒜皮的小事，如果因为这种事降罪于亲家，那也实在太说不过去了。不过在朱元璋眼里，好歹这回汪广洋总算是开窍了。

于是，李善长被扣去年薪一千八百石以示惩戒。不过，没几天又给他兼上"总中书省大都督府御史台、同议军国大事、督圜丘工"的差使，这几项的薪水加起来，比起被扣掉的年薪只多不少，更何况所谓"总中书省大都督府御史台、同议军国大事"，虽然不是宰相，但将国朝三大中枢机关一网打尽，党政军一手抓，根本就是荣宠到了极点……这一下任谁也看得出来，皇帝对于李善长的信重没有丝毫褪色，那些本来想跟着汪广洋后边跃跃欲试的人们立刻就沉默下来。

当然也不能凉了敢于告发功臣不法行径的汪广洋的心，转过年来的洪武十年（公元1377年），汪广洋再次进入中书省，升任中书右丞相。然而这次升官才真正寒了汪广洋的心——这个右丞相的位子是胡惟庸腾出来的，胡惟庸在当年正式被任命为大明朝最高行政长官的职务——中书左丞相。昔日自己的辅佐官，现在爬上去当自己的顶头上司，这回汪广洋彻底死心，再也不敢搞任何触怒胡惟庸或李善长的花样了。

## 权力被架空，密谋造反

胡惟庸终于位极人臣，而朱元璋的网也渐渐开始收紧。

洪武十年六月，朱元璋对着以胡惟庸为首的大明朝新政府领导班子训话："凡是清明的朝廷，都是上下相通，耳目相连；凡是昏暗的朝廷，都是上下隔绝，聪明内蔽。国家能否大治，其实和这点有很大的关系。我经常担心下情不能上达，因此不能知道治政的得失，所以要广开言路，以求直言。"听到这话的新任中书左丞相胡惟庸还以为这只是每个开国皇帝的老生常谈而已，他并不在意，反正再怎么上下相通，广开言路，所有的表章奏疏中书省都是有权先过目的。

然而到了七月，一个大棒突然打到他的头上——通政使司正式宣告成立。这是朱元璋新创立的一个部门，所谓通政，乃是朱元璋将政务比作水，认为水需要流通才好，所以起名为通政使司。这个通政使司最重要的职能是"凡在外之题本、奏本，在京之奏本，并受之，于早朝汇而进之"。——所有的奏章必须先经过这个通政使司收纳整理，再转交相关职能部门。

这个新的通政使司的横空出世，正是朱元璋开始在制度上削弱相权的开始。明承元制，所有奏章都先进中书省，一般的小事就由中书省直接处理了——宰相给出意见后发往吏、户、礼、兵、刑、工这六部以及大都督府和御史台等各相关职能部门；若是大事，再呈给皇帝裁决。与此同时，所有奏章都不能直接呈给皇帝，什么东西能让皇帝看到什么东西不能让皇帝看到，都由中书省来决定。这，就是宰相制度最大的权力所在，也是朱元璋最不能容忍这个制度存在的根本原因。

通政使司的成立，宣告了朱元璋改变旧有制度的决心，给胡惟庸当头浇了一盆冷水。胡惟庸不是笨蛋，大概就是在这个时候，他逐渐意识到了朱元璋不会允许宰相再有以往的大权。先前废除平章政事和参知政事，原来不是为了自己，而是为了给设立通政使司铺路，这下将最能谋私的"奏事不许隔越中书"的老规矩改了，以后自己的日子怕是不好过了……

制度虽然改变，但旧的习惯一时很难完全扭转，何况虽然成立了通政使司，但宰相制度并没有消失。通政使司收上来的奏章还是要送到中书省，由丞相大人决断，朱元璋要想知道朝臣们的奏章都写了些什么，最终还是得依靠检校。

通政使司在最初成立的时间里基本上是作为中书省的秘书处存在的。朱元璋当然不能容忍这种情况，他在洪武十一年跟六部的人说："做皇帝的人深居独处，能明见万里，主要是由于他兼听广览，了解民情。胡元之世，政令都出于中书省，凡事必先关报中书，然后才奏闻给皇帝，元朝又多昏君，所以民情不通，以至大乱。这是我们要深以为诫的。"于是下诏，诸司奏事无须经过中书省，直接奏报皇帝。

这一下对于宰相权力来说是致命的打击，从根本上动摇了宰相专权的基础。胡惟庸之所以能够打压众臣，剔除异己，靠的就是旧制"奏事不许隔越中书"，这个制度方便他扣压奏章，欺下瞒上。六部长官本来有事情都是通过中书省和皇帝联系，但这道诏书使六部直接和朱元璋联系上了，若果真如此，则宰相的权力就会被完全架空。

扳倒那么多敌人，好不容易从建国初年的地方小官爬到国家最高行政长官的位置上，还没怎么好好享受呢，就眼睁睁地被皇帝一点一点削弱手中的权力，这是胡惟庸所不能接受的。与其坐以待毙，不如起而争之，反正都是个死，干脆铤而走险。

于是，胡惟庸开始策划谋逆，到了洪武十三年，他觉得时机成熟，准备行动了：

洪武十三年（公元 1380 年）夏天，胡惟庸向朱元璋汇报："臣的家里出现了醴泉，此乃祥瑞之兆，希望陛下驾临臣的家中观赏。"所谓"醴泉"，乃是说泉水清香馥郁，如同好酒一般，胡惟庸说他家里中有一口井，井水突然变化，涌出的全是美酒。

闻听此事，朱元璋大感好奇，于是就在五月初二日从西华门摆驾出宫，前往胡府。然而皇帝的车队走了没有多远，突然看见一个人从道路旁边直冲出来，拦住了御驾。卫士们害怕此人是刺客，急忙冲上前去将其围住，拳打脚踢。然而这个人一手扳着马车，一手直指胡府，满脸是血也不肯松手。朱元璋觉得奇怪，仔细一看，原来此人是西华门内使，一个名叫云奇的宦官。

朱元璋让人把云奇架到自己面前来详加询问，可惜这个时候云奇已经被打得奄奄一息，说不出话来了。朱元璋见云奇一直指着胡府，料想此事必定与胡惟庸有关，于是转身返回西华门，登上门楼远远望去。

胡府距离西华门并不遥远，登高而望，亭台楼阁尽收眼底。不望还好，这一望可把朱元璋吓了一大跳，只见胡府中有很多披坚执锐的武士，全都埋伏在走廊两旁和墙壁后面。

"胡惟庸想造反！"朱元璋急忙分派士兵前往围剿，很快就捉住了那位一人之下，万人之上的中书左丞相，随即将其押赴市曹正法。

这就是"云奇告变"的故事——至于那位忠心耿耿的宦官云奇，据说因为伤势过重，没过多久就咽了气……

# 第七章　浴血功臣：兔死狗烹，鸟尽弓藏

对于皇帝们来说，开疆拓土、攻城拔寨，少不了大臣将士们的浴血奋战。然后一旦政权到手，江山稳固，皇帝们就开始怀疑起那些曾经为他们拼死效命的功臣们来，功臣们的遭遇可谓凄惨。

## 吴起：才胜于德的"西河战神"

在先秦文献中，吴起作为军事家与孙武齐名，是一名"将三军，使士卒乐死，敌国不敢谋"的优秀将领，后世论兵，莫不称"孙吴"。作为改革者，他与商鞅并称，是一位"治百官，亲万民，实府库"（《史记·孙子吴起列传》）的杰出政治家。吴起一生在鲁、魏、楚三国出将入相，显示了卓越的军事才能，对后世用兵有着深远的影响。然而，吴起也是历史上德薄才高的一个典型人物。

### 其狠毒叫人不寒而栗

吴起的家庭出身史书上并没有记载，但从"其少时，家累千金，游仕不遂"的文字看，他家极有可能是"富而不贵"的平民。吴父早逝，连名字也未留下。春秋战国时期，列国纷争，战乱不已，各国统治者都摆出"礼贤下士"的面孔，想方设法招揽天下的贤才为自己服务，世卿世禄制度已无法维持。于是身怀一技之长的文士和武士都风尘仆仆于列国道路间，四处游说诸侯，推销自己，猎取功名富贵，这在当时已是一种时代风尚。

吴起从小胸怀大志，曾周游四方，以舞刀击剑为乐。青年时期的吴起

并不满足于做个平凡的富家子弟，一心想要入仕从政，希望在政治上有一番作为。为此，他不惜耗尽家财，结交权贵，疏通关节，希望跻身统治集团。然而，由于他不擅长官场奉迎之术，关于这一点可以从其遭遇中看出，不仅没有打开仕途之门，反而搞得家财荡尽，为此乡邻都笑他。吴起一怒之下，挥剑而起，杀了三十几个嘲笑过他的人。这些人尽管说话刻薄了一些，但毕竟罪不至死。吴起仅是为出一口窝囊气，使这么多人喋血利剑，横尸堂前，视人命如草芥，其狠毒实在叫人不寒而栗。

杀人之后，吴起知道自己不会有好结果。于是他迅速潜出卫都外城东门，决定远走高飞。在与白发苍苍的老母诀别时，吴起咬着臂膀发誓说："我吴起不做卿相之类的大官，决不再回到卫国。"谁料，吴起这一别，竟是与老母的永诀。以后吴起虽两度位极人臣，威风八面，但却再也没有回到父母埋骨的故乡。

吴起逃出卫国后，到鲁国拜大儒曾参为师学习仁义道德。当时，鲁国"三桓"的势力已大大削弱，公仪休、孔伋等儒者主政，鲁国作为一个小国艰难地维持着。吴起白天研究、夜里背诵，非常努力。这时，有个叫田居的人，他曾经在齐国担任大夫，非常赏识好学不倦的吴起，于是经常和他在一起讨论学问。吴起雄姿英发，高谈阔论，田居很喜欢，于是便把自己的女儿许配给他。

吴起在曾参那儿整整学习了一年，曾参听人说他家中还有老母，于是问他："你已经出来这么久了，为什么一直不去看望母亲？你这样能够安心吗？"吴起说："我有誓词在先，不当大官，这辈子不入卫城。"曾参说："在别人的面前可以发誓，在自己的母亲面前发誓有什么用？"于是心里就非常讨厌他。

不久，传来吴起母亲病逝的噩耗，吴起想起母亲的抚育之恩，悲痛欲绝，但念及与母亲诀别的誓言，顾忌返乡后仇家报复的危险，决定不回去奔丧，只是仰天干号了三声，然后继续读起书来。曾参就对他说道："母死不葬，就是忘本之人；水没有源头就会枯竭，木头没有根就会折断。你连母亲都可以忘记，一定不会有好结果的。从现在开始，你再也不是我曾参的弟子了！"于是，命人把他赶出学校。

吴起在曾参门下的学习，使他对儒家的仁、义、礼、智、信等内容有了初步的认识，这对他后来的政治实践活动产生了不小的影响。但是在儒家门下的学习，也使吴起意识到儒家学说"迂阔而远于事情"的一面，感到这种学说难以适应时势的需求，因而他弃儒学习兵法，并最终跻身兵家之中。

## 为了名利而不惜杀妻求将

吴起弃儒学习兵法，三年后学有所成，便到鲁国去求官。鲁相公仪休经常跟他讨论兵法，发现他确实具有过人的本领，于是把他推荐给了鲁穆公。这样，吴起很快就当上了大官。

公元前412年，齐宣公派大将项子牛率兵向鲁国的莒和安阳发动了进攻。当时齐强鲁弱，身为小国的鲁国君臣自知不是对手，十分恐慌。想战，兵力悬殊，怕打不过；想和，必然签下丧权辱国之约，丢失大量土地；想走，那更成了亡国之君。此时环顾朝野，全国很难遴选出一个统兵御敌的将军。危急关头，鲁国的相国公仪休又向鲁穆公推荐说："您要想打退齐兵，非任命吴起为将军不可。"穆公虽然口头上答应了，但心中却充满了疑虑。经公仪休再三催促，穆公才说："我虽然知道吴起有能力打胜仗，但是他的妻子却是齐国高官的女儿。俗话说'真爱莫如夫妻'，你能保证他不会存在观望心理吗？这才是我一直犹豫不决的原因啊！"

公仪休听了，无话可说。他回到相府时，吴起早已等候多时。吴起急急地问道："齐国已经打进来了，主公现在得到良将了吗？我不是夸口，如果让我为将，我一定会让齐兵有来无回。"公仪休说："我已经为你向主公说了很多次了，可是主公因为你的妻子是齐国人的缘故，所以一直迟迟下不了这个决心。"

吴起说："原来如此。要想释去主公的疑惑，这太容易了。"

吴起回到家里，便拔剑一挥，他妻子的人头就落地了。这就是史上吴起的"杀妻求将"，指他为了追求名利而不惜做灭绝人性的事。

杀了老婆，吴起一声也不吭，草草用帛裹了老婆的人头，去见鲁穆公，说："臣有报国的志向，而您却因为我的妻子是齐国人而怀疑我。今天我把妻子的脑袋割下来给您，就是为了证明我是为了鲁国而不是为了齐国。"

鲁穆公见状，脸色发青，惨然不乐，他对公仪休说："吴起杀妻求将，心不可测啊！"公仪休回答说："吴起不喜欢他的妻子，是因为他喜欢的是功名利禄。如果您不用他，他必然会反过去帮助齐国了。"鲁穆公虽然一百个不情愿，也不得不听从公仪休的话，任命吴起为大将，率兵二万抗齐。

吴起挂帅出征，立即显示出了他过人的军事才能。在敌强我弱的不利形势下，他充分激发了鲁军卫国保家的高昂士气，并利用齐军自恃强大、骄傲轻敌的弱点，故意将破甲瘦马、老弱残兵置于阵前，而将精选的五千精卒埋伏起来。当齐军被面前的老弱鲁军迷惑，以为鲁国不堪一击，放心大胆地追击时，吴起纵两翼精兵巧妙包抄了齐军后方，打了一个以少胜多、以弱胜强的漂亮仗，既使鲁国转危为安，也使自己跻身名将之林，闻名列国。

吴起虽赢得了战争，但是，他的政敌这时跳出来四下散布谣言。因为吴起是卫国在逃的杀人犯，而且他杀妻求将的行为实在是人神共愤，连鲁国国君都觉得他居心叵测，所以，在吴起打了胜仗回来之后，鲁君还是将吴起辞退了。

## 为士兵吮吸脓血来让他为自己卖命

当初，吴起离开鲁国后，听说魏文侯贤明，想要侍奉他。文侯问大臣李悝说："吴起是个什么样的人呀？"李悝说："吴起贪婪而且好色，但是非常会用兵，即使司马穰苴在世也不见得比他强。"于是魏文侯便以吴起作为将帅，攻打秦国，攻下秦国五座城池。

吴起治军号令严明，军纪森严，认为若法令不明，赏罚不信，虽有百万之军亦无益。他曾斩一名未奉令即进击敌军的士兵以明法。更为难能可贵的是，他处处以身作则，为人表率，和最下层的士兵同衣同食，睡觉时不铺席子，行军时不骑马乘车，亲自背负干粮，坚持与士卒一起步行，所以士兵们都乐意为他卖命。吴起统率魏军攻打中山国时，有一个士兵身上长了毒疮，辗转呻吟，痛苦不堪。吴起巡营时发现后，毫不犹豫地跪下身子，把这位士兵身上毒疮中的脓血一口一口地吸吮出来，解除了他的痛苦。这个士兵的母亲知道这件事后大哭起来。别人说："你儿子仅仅是个普通士兵，却得到将军为你儿子吮脓，应是光荣之事，你为什么还要哭呢？"士兵的母亲说："不是这样，前几年吴将军为他父亲吮吸疮口，结果他的父亲直到战死也决不回首。现在吴将军又为我的儿子吮脓，我真不知我儿子要死在哪里了，所以我哭。"

魏文侯因吴起善于用兵，能得到士卒的拥护，便让他在西边守护黄河西岸的魏国土地，同时抵御韩国和秦国的入侵。

吴起镇守西河期间，展露了其身为军事家另一方面的才华，对魏国的军制进行大刀阔斧的改革。

首先，将魏国沿用的春秋时代的动员兵制改革为募兵制，开始实现兵农分离的政策。其创立的"武卒制"是将细化后的专业士兵作为魏国军队的基础，并逐渐替代了战时的临时动员兵。"武卒制"的核心内容就是精兵战略，以真正意义上的精锐士兵来代替原来的雇佣兵及动员兵。所有的士兵都必须接受严格的军事考核，一旦通过考核，作为专业士兵，可以享受免除全家徭役的待遇，甚至出色者立刻就能被提拔为中下级军官。其考核标准如下：士兵全副甲胄，执 12 石之弩（12 石指弩的拉力，一石约今30 公斤），背负矢 50 枚，荷戈带剑，携三日口粮，半日内能行军百里。这是选拔标准之一，但这样的装备，理论上就应该是魏军的标准，从中不难看出吴起的用兵思路之领先。不仅如此，他还以士兵在考核中的表现，将之编入各种不同作用的战术分队，如惯于近战的编为一队，擅长弓箭的编为一队，善于攀爬的编为一队。临战时，将各个战术分队按需要的不同临时搭配使用。把魏国的军队改造成"居有礼，动有威，进不可挡，退不可追"的无敌劲旅。

战术、战略方法上的领先，使吴起成为真正意义上的常胜无敌之将。

据载，吴起在魏与各路诸侯大战 76 次，全胜 64 场，其余均解，无一败绩。"秦兵不敢东向，韩、赵宾从。""辟土四面，拓地千里。"更值得一提的是，公元前 389 年的阴晋之战，吴起以 5 万魏军，击败了 10 倍于己的秦军，成为我国战争史上以少胜多的著名战役，也使魏国成为七雄之首。

## 在政治上的表现无比拙劣

面对任何战场上的敌人，吴起可以做到临机应变，深知虚实之道。而在另一个战场上，在庙堂之高，吴起显然是不知如何自处。据《史记》载：文侯死后，武侯即位，他置田文为相国。吴起很不高兴，当面对田文说"请与子论功"，并举出了"将三军，使士卒乐死，敌国不敢谋"、"治百官，亲万民，实府库"、"据西河而秦兵不敢东向，韩赵宾从"三大功勋，并得意扬扬地问田文"子孰与起"，田文承认在这些方面确实不如吴起，但他立刻反驳："文侯刚死，年少的武侯才即位，大臣没有亲附，百姓还不信赖，在这危急关头，是由你来任相合适，还是由我来任相合适？"吴起考虑了很久，很坦率地承认了自己确实不如田文。当然，吴起的这种坦率是近乎可爱的，但他的这种行为确实充满了稚儿之气，在政治斗争上，吴起的表现确实是拙劣无比的。而后，武侯巡视河西，顺流而下，一时兴起，对吴起说："美哉乎山河之固，此魏国之宝也！"吴起立刻过去大敲警钟："在德不在险。"接着引古人之训，说当年三苗氏左有洞庭，右有彭蠡，然德义不修，被大禹灭之。夏桀左邻河济，右傍泰华，伊阙在其南，羊肠在其北，然修政不仁，被汤放之。殷纣之国，左居孟门，右离太行，常山在其北，大河经其南，修政不德，武王杀之。以此警告武侯，若不修德政，"舟中之人尽为敌国也"。对自己的主公如此危言教诲，虽然当时武侯口中称善，但心中必然不快，说不定还以为此人恃功自傲，眼里一点都没有这个大王。精明至极的吴起，竟不知求取功名亦应积德吗？司马迁说他"以刻暴少恩亡其躯"，实属实话。

吴起于魏国树敌无数，当初文侯对他信任有加，自然无人敢言语，但到了武侯时，武侯和吴起日渐疏远。小人们又岂会不落井下石，续田文任魏相的武侯女婿公叔，便有诬害吴起之心。此人用了一个十分巧妙的计策，他先建议武侯将公主下嫁吴起，以笼络人心，并暗示武侯，如果吴起拒绝婚事，就说明此人必有异心。同时，他又有意让自己的妻子当着吴起的面侮辱自己。吴起见武侯之女如此无礼，当武侯提起婚事时，自然一口回绝。如此一来，武侯纵使本来毫无疑心，现在也由不得不怀疑了。吴起的西河郡守之职，很快就被免除了，吴起发觉在魏国已没有出头之日，遂在 20 多年后，再次出奔，离开了苦心经营数十年的魏国，到楚国去了。

## 利用国君的尸体来杀死仇人

吴起的才干，楚悼王早已有闻，今日得吴起，实是相见恨晚。吴起刚到楚国来，即被任命为"宛（今河南南阳市）守"，防御魏、韩。不到一年，就被提升为令尹，成为楚国历史上仅有的非王族出身的四位宰辅之一。

作为一个极其著名的军事家，吴起在楚国还证明了其作为政治家的才能。楚悼王将国政大权尽皆下放，吴起权倾一时，"为楚王立法，为楚国定政"。在将自己的抱负和事业推上顶峰的同时，也为这个老大帝国注入了最后的生机。

吴起以其军事家、政治家兼而有之的敏锐，很快便看出了楚国疲敝的要害，即太过庞大的贵族势力。于是他以其特有的果敢的军事作风，迅速下令废除所有的宗族领地；凡是已经受封了三代以上的封君，全部剥夺领地；并同时将国内的贵族领地进行大范围移封，将大量贵族领地转移到地广人稀的边疆之地去。吴起以这种极其激进的方式，使楚国的国政在一年时间内便焕然一新，王权势力也得到前所未有的加强。同时，由于革除了大量贵族，皇室的领地得到了大大的扩张，从而解决了财政问题。吴起再次贯彻其在魏国形成的精兵战略，组建起了一支强大而有战斗力的常备军。

在吴起变法的过程中，虽然有国君的支持，但他大范围打击，几乎触动了楚国所有的既得利益者，当时"贵人甚苦之"。吴起完全抛弃人情，只遵循自己设定的正义，他的这一系列改革执行得极为坚决，凭借着楚王给予的绝对权威及信任，以铁腕手段残酷地镇压了那些敢于反抗的势力。

虽然此次变法在历史上仅是昙花一现，但就那一点而言，这位天才横溢的将军确实创造了无限的辉煌。太史公如是记载："于是南平百越；北并陈蔡，却三晋，西伐秦，诸侯患楚之强。""兵威天下，震服诸侯。"短短几年时间，楚国国力顿时强大，一时国势称盛，诸侯刮目，不敢来犯。

正当吴起改革以摧枯拉朽之势节节取胜的时候，命运之神再次戏弄了他，楚悼王突然病逝。悼王一死，在改革中失去了权势的贵族们愤然而起，甚至率兵包围了王宫，不顾一切地追杀吴起。吴起见无处可逃，就趴到先王的遗体上痛哭，那些射杀吴起的箭也射到了楚悼王身上。吴起虽然不免一死，但那些射箭的人因为亵渎先王尸体，都被判了死刑，吴起也算是间接为自己报了仇。这是最后悲壮而别出心裁的谋略。毫无疑问，吴起是个智者，在毁灭在即之际，竟然能想到利用国君的遗体来使仇人与自己同归于尽的办法，实在是前无古人、后无来者！

吴起治军严明，能与士卒同甘共苦，又深得部众之心。但其为博取功名而杀妻求将的做法，一直被后人所不齿。

# 李靖：对李世民的江山没有野心

李靖军功卓著。上元元年（公元760年），唐肃宗把李靖列为历史上十大名将之一，并配享于武成王（姜太公）庙。他才兼文武，出将入相，为唐朝的统一与巩固立下了赫赫战功。他有能力夺取李世民的天下，但却没有那样的野心。

## 在玄武门之变中保持中立

消灭各路反王后，唐朝的天下并没有太平，北方的突厥在定襄城立杨广的后人杨政道为天子，声称为隋朝复仇，不断对唐发动进攻，严重威胁着唐朝的统治，甚至让李渊害怕到要放弃长安避难。武德八年，突厥大举进攻太原，李靖就在此时奉命率江淮精兵一万人北上参战。由于突厥兵战斗力太强，这次参战的各路唐军多有损伤，甚至连督战的中书侍郎温彦博都不幸被俘。只有李靖所部保持不败，得以全军而还。由于李靖在对付突厥时表现优异，李渊任命李靖担任安州大都督，留在前线防御突厥。武德九年四月，突厥颉利可汗亲自领兵进犯，李靖率部在灵州与颉利血战一

历史的博弈
帝道与臣道的较量

日，迫使颉利退兵。因为这次战功，李靖调任灵州大都督。

武德九年六月，李世民与李建成的政治斗争达到顶峰，李世民发动玄武门事变，杀太子建成、齐王元吉，控制了唐朝军政大权。事发之前，李世民的心腹长孙无忌、高士廉、侯君集、尉迟敬德等人日夜鼓动他发动兵变，李世民仍犹豫未绝。为争取更多的人，李世民派人去"征求"李靖和李世勣的意见。不料二李竟然均拒绝响应，对太子之争采取中立态度。总之，李世民当上太子，李靖并无拥戴之功。

不过，李世民登基后，李靖还是服从其领导的，李世民也没有因为他不参与兵变而歧视他。李世民甚至认为李靖和李世勣不参与兵变密谋是有操守的表现，登基以后对二李好生敬重。分析李世民的心态，排除为收买二李拉拢人心的成分后，可能还是有些真实性在内，长孙无忌等人是自己的心腹，所以要对自己负责；而二李是国家的大将，所以只对国家负责，这种拒绝参加政治斗争的大将是最让统治者放心的，可以视为国家栋梁，当然必须加以珍重。

## 为了灭突厥不惜牺牲一个外交官

八月，李渊退位，李世民登基，就是后来的唐太宗。此时突厥颉利可汗、突利可汗以倾国之兵南下，直打到长安城外渭水之北。李世民迫不得已，摆了空城计，只带了高士廉、房玄龄等六人亲自前往渭水便桥与颉利和谈，侥幸将颉利吓住，双方结盟，突厥撤兵。李世民刚称帝就遭到突厥来袭，其愤怒之情可想而知，从此日夜练兵，图谋报复。

不用多久，回击突厥的机会就来了。李世民登基后突厥地方连年灾害，牲畜战马损失极大，颉利可汗又不善于内政，弄得突厥人心离散，连当年一起进攻长安的突利可汗都投降了唐朝。眼看主动进攻的时机已经成熟，李世民下令发动进攻。

贞观四年正月，李靖只带了精锐骑兵三千人从马邑出发，夜袭定襄城。突厥一直不承认隋朝的灭亡和唐朝的正统地位，于武德三年二月立杨广的后人杨政道为隋朝傀儡"皇帝"，以此与唐朝抗衡，杨政道的都城就是定襄。突厥没有料到唐军会在天寒地冻的正月发动进攻，这次奇袭非常

247

第七章 浴血功臣：兔死狗烹，鸟尽弓藏

成功，定襄被一举攻克，杨政道被俘虏。颉利可汗不知李靖只有三千骑兵，以为唐朝必定以倾国兵力进犯，不然李靖这种大将不会出现，草木皆兵之下，颉利不敢迎战，主动向北撤退。李靖发现了颉利的判断失误，索性就冒充唐军主力的样子在后追击，同时派人恐吓收买突厥各路小诸侯、小可汗，令他们投降唐朝，弄得颉利众叛亲离，身边只剩下几万部队。李世民评价李靖此战说，当年李陵以五千人进攻匈奴，即使是战败投降也仍能名留青史，如今李靖只用三千人进攻突厥，而且还大获全胜，这个功劳"古今所未有，足报往年渭水之役"。

颉利可汗眼看已无力与唐朝为敌，于是遣使求和，愿意举国内附，甚至同意自己亲自到长安朝见，那等于是宣布投降了。李世民准予接纳，派李靖带兵前往"迎接"，又派了大臣唐俭做外交使节去颉利那里"抚慰"他。当时颉利手下还有数万战士，这数万人的忠心是无可怀疑的，其战斗力仍不可忽视，应该还没到穷途末路要主动投降的地步，可能颉利的所谓求和只是一种缓兵之计。

不过颉利的缓兵之计其实要了自己的命。本来唐军在前线只有李靖的三千人，趁着和谈这段时间，唐军的主力在李世勣的带领下终于赶到，与李靖会合了。

二李合兵后，决定利用颉利自以为得计防御懈怠之时，以精骑突袭颉利大帐。李靖的部将张公谨提出反对意见，认为皇帝已经同意和谈，两位大将再发动进攻就有自作主张的嫌疑；另外皇帝派去的外交使节正在突厥处，如发动进攻就必然会威胁使节的安全。李靖答复说，这一战是立千秋功业的良机，机不可失，至于那个外交使节唐俭"何足惜也"。李靖这话的确没错，一个大将看到可以消灭敌人的良机，哪里还会顾虑那么多。而这个唐俭也并非小人物，他是李渊在太原起兵的首义功臣，一直是李渊的心腹。其最大的功劳是揭发李渊的表弟独孤怀恩密谋造反，当时李渊正要动身去独孤怀恩营中视察，唐俭的密报及时赶到，真正是有救驾之功。虽然李渊已经退位，唐俭的地位已没以前重要，但李靖如此大大得罪此人，实在是担了很大的风险。

计议已定，李靖亲领一万精锐连夜奔袭颉利大帐，李世勣率主力随后进发。为保证行动机密，唐军将路上遇到的所有人都裹胁随军，以免他们给颉利报信。突厥方面，颉利正在热情款待唐朝使节，以为停战协议已经生效，唐军不会进攻，眼前的难关可以渡过，防御自然松懈。唐军直逼近到颉利大帐十五里处，突厥哨兵才发出警报。以唐军骑兵的速度，十五里眨眼即到，突厥军根本来不及组织任何有效抵抗。整个作战过程就是一面倒的屠杀，连颉利的妻子隋义成公主也死于乱军之中。颉利可汗第一时间上马逃走，幸免于难，但最后仍在逃跑途中被唐军俘虏。后来李世民饶了颉利不死，将他软禁在长安。

这一仗全歼了东突厥最后的军事和政治力量，灭亡了东突厥政权。突厥兴起于北朝末年，为东魏、西魏、北齐、北周、隋、唐数朝之患，尤其在隋唐之交，突厥更是乘机扩张。唐朝自建立起就一直生活在突厥威胁之下，当年李渊起兵时，为了得到外援不得不向突厥称臣，后来突厥又支持刘武周进攻唐朝，甚至直接对唐动武，唐朝受突厥欺压可谓由来已久。如今这个大敌竟然就这样被李靖灭了，李渊、李世民父子的欣喜可想而知。

## 经受住了李世民对自己忠诚心的考验

得知李靖大破突厥的消息后，李世民下旨大赦天下，李氏父子又召众王、功臣在宫中夜宴狂欢。

李靖一回来，御史大夫萧瑀、温彦博就上书弹劾他，其罪名是"治军无法，突厥珍物，掳掠俱尽"，说李靖的部下私分了战利品没有上缴国库。

李世民的处分很有学问，收到弹劾文书后，他驳回了将李靖交司法机关审查的提议，但又当面把李靖狠狠地责备了一番。李靖的心中想必十分委屈，所谓珍物自己根本就没染指，是不是自己部下拿了也不清楚，有如此大功不但不奖赏，还抓住小辫子大做文章……不过心中委屈，嘴上是不能说的，李靖毫无辩解之词，只是叩头请罪，随后回家待罪。过了一段时间，李世民下诏说："隋将史万岁破突厥有功，不但没得奖赏反而因犯法被杀，我不能学隋炀帝，李靖的功劳照赏，过错就赦免了。"于是封李靖为左光禄大夫，赐绢千匹，食邑通前五百户。又过了一段时间，李世民召见李靖，跟着又赐绢二千匹，还让李靖担任尚书右仆射。

看来李世民是把这事件当成了对李靖忠诚心的一次考验。

这次"突厥珍物案"中，李靖表面上是胜利了，皇帝亲自为他洗刷罪名，还升其为尚书右仆射。这个职位相当于丞相，有权参与国家大政，但据记载，他"每与时宰参议，恂恂然似不能言"，凡事三缄其口。至于原因，《旧唐书》认为是因为李靖"性情沉厚"。

## 以实际行动表明自己绝对没有野心

李靖在贞观八年十月上表告老，李世民准其奏，于是李靖退出政坛。李靖一辞官，唐朝与吐谷浑就发生了严重的军事冲突，吐谷浑可汗伏允公然不服唐朝领导，"兴兵作乱"。李世民于十一月下令调集大军远征吐谷浑。终于李靖的存在又变得重要了，李世民希望李靖重新回来为他领兵。李靖毫不犹豫地接受了任务，挂帅出征。吐谷浑的国力和军力自然不能与大唐同日而语，何况对手又是李靖这样的沙场老将。到贞观九年五月，吐谷浑的军队被全歼，国人被迫杀掉伏允向唐朝投降，李靖凯旋而归。

不料"突厥珍物案"的历史居然又重演了，李靖一回来，他的部下岷州都督高甑生就密报他拥兵自重，意图谋反。这个罪名比上次的私分战利品要严重多了，李世民因此又大大地查问了一番，后来终于发现，原来这个高甑生在跟随李靖进攻吐谷浑时曾因违反军纪被李靖处分，为泄私愤才诬告李靖。事件的结果当然是诬告者被从重处罚，而李靖也从此闭门不出，以示再不理世事。

为了不让李靖的军事才能白白浪费，李世民派了心腹侯君集（此人也是凌烟阁功臣，排第十七）到李靖处向他学习兵法。不久侯君集就向李世民抱怨，说李靖只挑些基本知识传授，请教他高深些的就不肯教，说不定是有什么贰心。李世民找到李靖要他解释，李靖答复说："我教给侯君集的部分已经足以安定国内、震慑四邻，侯君集一再要学更高的东西，只怕侯君集才真是有贰心。"当然李世民没有因为李靖之言而去追究侯君集是否有贰心，不过事实证明李靖是正确的，侯君集后来密谋杀李世民拥立太子李承乾即位，最后事泄被杀。

李靖在贞观二十三年去世，享年 79 岁。一代名将，终于在寂寞中辞

历史的博弈 帝道与臣道的较量

世。虽然寂寞，但毕竟是寿终正寝，得享天年，这也许是名将最好的归宿。为纪念他的战功，仿汉朝卫青、霍去病的故事，他的陵墓被筑成铁山（突厥境内）和积石山（吐谷浑境内）的形状……

# 汤和：朱元璋手下乞身归第唯——人

明朝洪武年间，做官可能是"高危行业"。历经胡惟庸案和蓝玉案，明朝被杀官员多达三万余人。洪武开国功臣，几乎被一网打尽了。徐达、常遇春等人，若非早死，恐怕也难逃灭门之灾。然而，也有一个名人，位至信国公，一生富贵，亦一生谨慎，最后得以"功名终"。这个人就是汤和，是乞身归第的唯——人。

## 朱元璋参加农民起义的引路人

汤和（公元1326—1395年），字鼎臣，濠州（今安徽凤阳）人。《明史·汤和传》说："与太祖同里闬。"也就是说，汤和同朱元璋不仅是同乡，而且在一条小街上长大。汤和"幼有奇志，嬉戏尝习骑射，部勒群儿，及长，身长七尺，倜傥多计略"。这段话，至少说明几层意思：一是汤和从小有抱负；二是善骑射、会武功；三是有领袖欲，是个"孩子王"；四是高大英俊且有智有谋。显然，这是一个不同凡响之人。

据说，汤和还是明太祖朱元璋参加农民起义的引路人。郭子兴起事之时，胸有大志的汤和已"率壮士十余人归之"。他因作战勇敢而得升一小官，"以功授千户"。此时的朱元璋，仍然待在皇觉寺里。汤和念及旧情，曾写信给他的发小朱元璋，请他出来共谋义举、同享富贵。然而，《明史》之中却没有提及此事。《太祖本纪》只记载了朱元璋"卜神"之事："太祖时年二十四，谋避兵，卜于神，去留皆不吉，乃曰：'得毋当举大事乎？'卜之吉，大喜，遂以闰三月甲戌朔入濠见子兴。"意思是说，那年，朱元璋正在皇觉寺，思量去他乡躲避战乱。于是，他在菩萨像面前占卜。可是，去和留的卦相皆不吉利。怎么办？朱元璋自言自语："难道是要我干一件大事吗?"于是再卜,结果是大吉签。当晚,朱元璋便投奔了郭子兴的起义军,"子兴奇其状貌,留为亲兵",朱元璋从此发迹。这样的描写,无非是想说明,朱元璋参加农民起义完全是自觉的。

不过,史料之中还是留下许多有意思的细节。比如,《汤和传》记载:"从取和州。时诸将多太祖等夷,莫肯为下。和长太祖三岁,独奉约束甚谨,太祖甚悦之。"朱元璋受郭子兴重视,其原因仅仅是"奇其状貌"也。看来,郭子兴也是一个会看相的人,他后来居然还将自己的养女嫁给了朱元璋(即马皇后)。但是,诸将根本不服。唯有这个汤和,自有先见之明,似乎早已看出朱元璋将来是要做皇帝的料儿,"独奉约束甚谨"。朱元璋自然十分高兴。对汤和的诸多好感,估计就是那个时候留下的。从此,汤和鞍前马后,为朱明天下戎马一生。以汤和之功,位列徐达、常遇春之后,功莫大焉。对这位功盖一时且资格最老的大功臣,朱元璋怎么就放下一百个心了呢?史书说他为人低调、小心谨慎等。也有人说这是性格决定的,他不贪功、不图利、识相知趣等。但是,这些说法都不准确。汤和之善终,盖因其做人的大智慧。

## 酒鬼即是糊涂之人

汤和毕生好酒。自古以来,酒可乱性,酒可坏事。史料之中,曾多有记载,说汤和"颇有酒过"。不过,汤和喝酒,虽常有过,但有些事似乎是刻意装出来的。《汤和传》曾记有一事:"守常州时,尝请事于太祖,不得,醉出怨言曰:'吾镇此城,如坐屋脊,左顾则左,右顾则右。'太祖闻而衔之。"

这件事,史家们似乎都是为了映衬汤和之过而写的。殊不知,此时的汤和,脑子清醒得很呢。当时,汤和镇守常州,曾经有事请示朱元璋,没有得到批准,郁闷之中,他照例是要喝酒的,然后说出了这一段怨言。以汤和之功大,何须主动表白之?其实,汤和的用意是清楚的。他只是想向朱元璋表明,我汤和不过是一个胸无大志之人,为一点小事,可以酒后胡言,而且酒话中要争的,仅仅是一点点功劳而已。

有一个旁证,似乎可以说明问题。常州民间,有个"人口团子"的传说。大抵与此事有关。当年，汤和镇守常州，其时朱元璋诛杀功臣，人心惶惶。大将汤和也感到自危。因此，汤和常常借酒自隐。他往往酒后理政，错杀无辜。汤和的副将为避免错杀，便做了几个假人头，染上血色。每当汤和酒醉发怒要杀人时，便把假人头当堂一献。汤和醉眼惺忪，掀髯大笑，第二天便把事情全忘了。即使看到他要杀的人，也无事一般。因此，其副将暗暗传令，家家都用米粉做几个假人头，以防被汤和错杀，保人口平安，因此称"人口团子"，并流传为过年的习俗之一。汤和之所为，想证明什么？无非是想说明，他是一个酒鬼，是一个糊涂之人耳。

对汤和之醉酒，朱元璋是不是已看透？恐不好推断。不过，朱元璋乐得顺水推舟。当年论功行赏之时，他还将汤和之过拿出来说事儿，居然找碴，故意贬其功。其他的人，封为公爵，汤和只得了个侯。"伐蜀还，面数其逗挠罪"。数年之后，汤和被封为信国公，朱元璋还不忘此事，历数其过失，并将其镌刻在免死铁券之上。这种做法也叫"牵头皮"。其实，朱元璋此举也是做给其他人看的。以汤和功劳之大，我朱某尚且可以如此，况他人乎？汤和怎么办呢？他更聪明，"顿首谢"，一副战战兢兢、自我反省的样子。汤和和朱元璋一块长大，多年共事，知之深恐无出其右者。但是，虽然看透了，汤和还决不能让朱元璋有所洞察，糊涂就要糊涂透顶，这才是最高的境界，可见其心智之高了。汤和告老之后，曾应朱元璋之请，重新出山在东南沿海"备倭"，共筑卫城计59处，使"倭寇多年不敢轻犯"。在此期间，汤和为官，亦在地方之上留下诸多名声。但是，事情一完，他即回家，决不恋位。

## 独善其身是一种能力

朱元璋大杀功臣的理由很简单，无论是先立的太子朱标（可惜因为脑瘫而死亡），还是后来立的太孙朱允炆，都为人仁厚，性格偏软，朱元璋不放心自己死后，还留下一帮战功赫赫的老臣，怕因此而自己的传人无法力压群雄。因此在自己交班之前，想方设法把那些旧臣除掉，为子孙后代的江山永固扫平道路，防止再出来个陈桥兵变的赵匡胤。

有一次，太子朱标进谏说："父皇您杀大臣杀得太多，恐怕会伤了君

253

臣间的和气。"朱元璋听了以后不说话，沉默很久。第二天，朱元璋把太子叫来，将一根荆棘扔在地上，命令太子去捡起来，面对长满刺的棘杖，太子迟迟未动，觉得有所为难。朱元璋就把那根荆棘拿起来，用手紧抓把上面的刺狠心地磨去，手上满是血迹，于是说："这根荆棘你因为惧怕而拿不起来，我替你将刺磨干净了，难道不好吗？现在我所杀的人，都是将来可能威胁到你做皇帝的人，我把他们除了，都是在为你今后着想造福啊！"

然而汤和独善其身的功力可圈可点，是幸运还是能力，这个就有待历史的考究。汤和从来不争功，能以平常心对待不公待遇，也能为了迎合皇帝的心思而思谋自保。

其实，汤和是何等聪明之人。他从小就有雄心壮志，也深知"飞鸟尽，良弓藏；狡兔死，走狗烹"的道理。洪武一朝，功臣纷纷被诛杀，特别是胡惟庸案发，牵连无数。他知道，朱元璋的最大心病，乃功臣手中所握之权。于是，他作出重大决定，主动辞官，回家养老。明史记载说："帝（朱元璋）春秋浸高，天下无事，魏国（徐达）、曹国（李文忠）皆前卒，意不欲诸将久典兵，未有以发也。"于是，汤和"以间从容言：'臣犬马齿长，不堪复任驱策，愿得归故乡，为容棺之墟，以待骸骨。'帝大悦"。照理说，朱元璋应该有点挽留之意才是。毕竟，既是儿时伙伴，又是"起义引路人"。他的反应是大悦，然后"立赐"，居然立即准奏了，马上在凤阳替他修建府第，予其赏赐。在朱元璋看来，还是汤和明白自己的心意。如果满朝功臣都如汤和一般，还用得着他痛下杀手吗？不过，朱元璋仍然是猜忌心很强的人。洪武一朝，告老还乡之人，依然有人逃不脱被杀的命运。因此，处处尽忠，处处小心，仍然是回家养老的基本原则之一。验校出没，又有谁逃得出朱元璋的视线呢？因此，聪明的汤和，辞官之后仍然处处约束自己，最终令朱元璋解除了警惕之心。《汤和传》说："和晚年益为恭慎，入闻国论，一语不敢外泄。媵妾百余，病后悉资遣之。所得赏赐，多分遗乡曲，见布衣时故交遗老，欢如也。"他从不以功臣自居，束缚子孙家奴，遵守法纪，避免授人以柄。对朝廷之事，他也守口如瓶。特别是其"妾百余"，他重病之后，全部给钱遣散回家，所得的朝廷封赏，也分送乡亲。最最重要的一条，据史料记载，汤和回乡之后，信守一条准则：从不结交地方官员和过问政事。他的生活，就是整天喝酒下棋、游山玩水、含饴弄孙，给人一种只贪图安逸、百事一概不问的印象。这一点，朱元璋非常满意。

正因为汤和的沉稳，他令人难以置信地活到了洪武二十八年，以70岁的高龄而逝，是明初少有的几个能善终的老臣，死后追封为东瓯王，谥襄武，可说是备极哀荣。

洪武二十三年正月初一，汤和上朝给朱元璋拜年，突得急症，不能言语。洪武二十七年，汤和病重。此时，朱元璋听闻之后，自然感慨万千。明史说："帝思见之，诏以安车入觐，手拊摩之，与叙里闬故旧及兵兴艰难事甚悉。和不能对，稽首而已。帝为流涕。"朱元璋命人将汤和送到南京，手执汤和而抚摸之，不禁谈起儿时的情景，以及兴兵起事时候的艰难之处。此时的汤和，早已不能说话，只是点头。"糊涂"了一辈子的汤和，即使有什么肺腑之言，恐怕也说不出来了。其心之痛，只有他自己知道。之前，他的长子汤鼎随沐英入滇平乱不幸战死，其长孙汤晟、曾孙汤瑜皆死；他的老部下颍国公、开国功臣傅友德也刚刚被朱元璋赐死。汤和同傅友德可是儿女亲家，他还能说什么？朱元璋也是老泪纵横。儿时伙伴，故旧之人，杀的杀，死的死，只剩下一个汤和了。这份伤感，可以理解。

洪武二十八年（公元1395年）八月二十八，汤和死去，享年70岁。朱元璋追封其为东瓯王，谥襄武，埋葬在凤阳曹山（今属蚌埠市龙湖公园）。

# 第八章  窃弄权柄：阉寺恶盈伏天诛

历史上，宦官当权大多都导致亡国或者是朝政腐败。当一个王国的最高领导者或者领导阶层开始堕落，那么由于对群臣的不信任和对宦官的放纵，宦官就会逐渐掌握实权或者干涉朝政，大臣和宦官的争权也就开始了，于是更加速了国家的破灭。应该说，宦官只是"催化剂"，单凭一个宦官阶层是不可能推倒一个封建王朝的，只有出现了内部斗争和外部威胁，王朝的中枢才可能损坏。毕竟，宦官的权力只有统治者才能给予，他们是不可能依靠自己的力量夺取权力的。

## 李辅国：宦官首为相，暴死无完尸

在中国历史上，以太监的身份爬上宰相高位的只有两个人，一个是赵高，一个就是李辅国。赵高阴险毒辣，在历史上臭名昭著。李辅国比起赵高来，一点儿也不逊色。他阿谀奉承，溜须拍马，不学就会；他翻云覆雨，落井下石，无所不能；他谋害同类，残杀异己，从不手软。他的臭名自然也不在赵高之下，当然，死得也比赵高惨。

### 从太监到"护国元勋"

李辅国本名叫李静忠，出生于武则天长安三年（公元703年）。他的家庭并不显贵，属于比较贫苦的一般市民家庭。迫于生计，他被人阉割，送入宫中当了太监。

李静忠的出头与一匹马有关，这匹马就是太子李亨的宝马。最初，李静忠在皇家的马厩里干活，又脏又累，被人呼来唤去，连皇家的那些牲口也不如。因为他念过几天私塾，有一点文化，脑子又机灵，不久就让他做了马厩的记账员。李静忠在经营账目的同时，把皇家的那些马养得又肥又壮。他的上司认为他是个人才，便推荐给太子李亨，让他喂养李亨的那匹宝马。李静忠为了赢得太子的欢心，对那匹马倾注了很大的心血，每天把那匹马梳洗得干干净净，喂养得膘肥体壮，打扮得漂漂亮亮。太子李亨非常高兴，就把李静忠调到了东宫，跟随自己左右，负责自己的外出安排。天长日久，李静忠越来越得到太子和太子妃张良娣的赞赏。

唐玄宗天宝十四载（公元755年）十一月，"安史之乱"爆发后，玄宗于第二年六月逃出长安，到巴蜀避乱。太子李亨在大儿子广平王李俶（后改名为李豫，即唐代宗）、三儿子建宁王李倓以及李静忠等人的拥戴下，北上朔方，最后到达灵武（今甘肃灵武县）。李静忠根据当时战争的形势，决定力谏太子即位，挽救危局。他把自己的想法告诉了太子妃张良娣。这时，跟随的大臣们也一次次上书，希望太子即皇帝位，带领军民消灭叛军，收复失地。但是，太子李亨却死活不同意。他觉得，父皇现在远在巴蜀，自己岂能自立为皇帝？站在一旁的李静忠不顾自己的身份和地位，对李亨说："殿下，人心所向是成败关键。皇上自出京城，大事皆委于你。马嵬坡以来殿下战功显赫，已是众望所归，天下皆唯殿下马首是瞻，请太子殿下以国事为重，为社稷着想。等收复失地，平定反贼，再迎皇上回京。"

太子李亨是个聪明人，虽然仁孝，但也是建功立业之人。他在推让一番之后，于这年八月正式登基，顺理成章地当了皇帝，把远在巴蜀的玄宗尊为太上皇。李静忠一下子成了肃宗皇帝的"开国元勋"，从幕后堂而皇之地走到了台前，与大臣们享受一样的礼遇，甚至超过了他们。

九月，肃宗听从李泌的建议，任广平王李俶为天下兵马大元帅，统兵东征，李静忠判元帅府行军司马事，军政大事都委任于他。为了感激李静忠的拥戴之功，李亨特地赐李静忠名"护国"，凡是四方表奏，御前符印发布军令，统统交给李静忠办理。

李静忠虽然从幸灵武，拥戴肃宗有功，被授予太子家令、判元帅府行军司马事、太子詹事，终日伴随肃宗左右，掌握了内草诏书、外宣军令的特权，但他自知势力不济，党羽不多，所以做事比较谨慎，不敢轻举妄动。为了找到坚实的靠山，他对张良娣极力巴结，低声下气，阿谀奉承，终于赢得了她的信任。他们一个在朝中，一个在后宫，结成了一个利益共同体。

## 排斥李泌，毒死肃宗的儿子李倓

李泌是肃宗小时候的朋友和老师，深得玄宗的赏识和太子李亨的尊敬。后来，李泌遭到杨国忠的迫害，被贬出京城，隐居颍阳。李亨当上皇帝后，派人千里迢迢去请李泌，李泌碍于情面，只得来到了灵武。

肃宗坚持和李泌同吃同行，对榻而眠，彻夜长谈，情谊不减当年。所有军国大事，包括战争决策、将相的任免都一一与李泌商量。肃宗打算封李泌为右丞相，但李泌坚辞不受。肃宗知道他的脾气，也就不再勉强。

李泌的出现彻底打破了肃宗和李静忠原先的良好关系。也就是说，李静忠的位置完全被李泌取代了。为此，李静忠在感到失落的同时，对李泌产生了极大的嫉恨心理。

肃宗在灵武即位的消息传到西蜀，玄宗便遣使到灵武，并赐给张良娣一副七宝马鞍以示奖励。马鞍上镶嵌着很多奇珍异宝，张良娣十分喜欢。正好被李泌看到了，李泌不愿意让肃宗步玄宗的后尘而使国家继续衰落下去，于是建议肃宗将七宝马鞍纳入国库，以备战事，肃宗同意了。

李静忠把这件事告诉了张良娣，张良娣对李泌非常不满，她与李静忠商量，一定要把李泌从肃宗身边赶走。李静忠又怂恿张良娣向肃宗哭诉，要求立她为皇后，肃宗有所动心，便与李泌商议。李泌从国家大计出发，建议肃宗暂时不要册立皇后，要集中精力收复长安，稳定大局。肃宗权衡利弊，痛快地答应了。张良娣知道了这件事，就更加痛恨李泌了。她和李静忠勾结起来，处处为难李泌。

李静忠和张良娣的行为，引起了建宁王李倓的极大不满。李倓性格直爽，爱打抱不平。他把李静忠和张良娣狼狈为奸、处处排斥李泌的行为告诉了父皇，要求父皇处置二人。但是，肃宗没有马上表态，让李倓退下。

张良娣和李静忠知道了李倓在肃宗面前启奏之事，就决定对李倓进行报复。

有一天，前线传来的捷报让李俶（唐肃宗长子）欣喜万分，他一高兴，竟喝了个酩酊大醉。半夜，他从睡梦中惊醒，发现床前有个身影正举剑向自己刺来，他急忙用臂一挡，剑刃刺进了他的肩膀，刺客仓皇逃走了，李俶由于失血过多而昏迷了过去。

肃宗得到这一消息后大惊，连夜赶去看望儿子，并命令李静忠务必要捉拿刺客。很快，李静忠把一个蒙面人带到了肃宗面前。肃宗也不问话，举起宝剑就要杀那刺客，吓得刺客连连求饶："皇上，不是小人的罪过，是建宁王派小人干的。建宁王还说，不刺死广平王，小人也难活命啊！"

肃宗听了，心如刀绞，他没想到自己的儿子竟会对其兄长下此毒手，所以半天没有说话。一旁的李静忠故意为难地说："皇上，这可怎么办呢？"

肃宗眼里终于冒出了一道凶光，说："杀！王子犯法与庶民同罪！"

远在军中的建宁王李倓根本不知道发生了什么事，忽然接到了父皇派人送来的圣旨和一杯毒酒。不容他赶回去向父皇申诉，就被李静忠的心腹强行按住喝下了那杯毒酒。

广平王李俶清醒过来之后，见到了闻讯从军中赶回来的李泌。李泌知道这件事肯定是李静忠和张良娣干的，心里很悲愤。连皇子他们都敢杀，何况是自己呢？因此，李泌决定在适当的时机离开这是非之地。李俶知道内幕后，决心要为弟弟报仇，除掉这两个恶人。

## 假传圣旨逼宫架空肃宗皇帝

公元757年九月，唐军收复长安后，为了躲避随时都可能发生的灾祸，也由于平叛大局已定，李泌便执意离开权力斗争的旋涡，进衡山修道去了。李泌一走，李静忠终于去了一块心病。

这时候，肃宗没有大规模东讨，而是深居皇宫，大封功臣。十一月，改封李俶为楚王，立张良娣为淑妃，授李静忠为殿中监，总掌宫中大政。十二月，肃宗从成都迎回了玄宗，安置在长安城南的兴庆宫居住。

乾元元年（公元758年）二月，肃宗又封李静忠为太仆卿，三月改封李俶为成王，立张淑妃为皇后。李静忠上奏肃宗，请求将自己的名字改为李辅国，肃宗同意了。从此以后，李静忠就叫李辅国了。

自从回到长安后，李辅国不仅成为皇宫总管，而且掌握了禁军。他深居皇宫，每日侍奉在肃宗左右，凡是肃宗发布的军政诏令，都必须经过他签字才能施行。除非正式朝会，平时宰相百官上朝奏事，肃宗一般不出朝，均由李辅国代替接奏，发布号令。李辅国大权在握，不是皇帝，胜似皇帝，就是深居皇宫的宦官也不敢直呼其名，而是尊称他为"五郎"。

张皇后有个儿子叫李侣，才几岁，被封为兴王。她为了将来能当上皇太后，就勾结李辅国，威逼肃宗要立自己的儿子李侣为太子。肃宗征求大臣李揆的意见，说："成王李俶跟随朕出生入死，功劳极大，朕欲立为太子，卿意如何？"

李揆马上跪下，双手作揖："陛下此次决定，实在是社稷的福气，恭喜陛下。"

肃宗又想起李泌临走时的嘱咐，就高兴地说："我意已决，任何人不能改变。"

于是，肃宗没有答应张皇后和李辅国的要求，而是很快将成王李俶立为太子，并改名为豫。

张皇后对李豫更加痛恨，一心想陷害他，但却抓不到太子的任何把柄。

唐玄宗被肃宗迎回长安后，住在兴庆宫，整天花天酒地，寻欢作乐。为了显示太上皇的威风，他还经常在长庆楼设宴，款待一些将军和大臣。玄宗曾劝肃宗不要重用李辅国，李辅国知道后，对玄宗怀恨在心，就在肃宗面前造谣说："太上皇居住在外面，与外人多有联系往来，他们恐怕要对陛下动手，不如把太上皇迁入皇宫来。"肃宗听了，虽然感到吃惊，但没有同意。

李辅国并不甘心，他假传圣旨，请太上皇到太极宫赴宴，实际上是强迫唐玄宗移居到太极宫去。唐玄宗移居到太极宫的第二天，肃宗才知道事情的真相。他龙颜大怒，立即召见李辅国，想给他点颜色看看。没想到，李辅国到来，还带着六军统帅和各位大将，威风不可一世。

肃宗说："你们可知罪？"

李辅国却不慌不忙地说："禀皇上，臣是迫不得已才出此下策，不如此，皇上您地位不保，六军不安啊。"

肃宗害怕马嵬坡兵变的闹剧重演，只得忍着气说："好了，你们都回去歇息吧。"

李辅国完全把肃宗皇帝架空了，完全取代了皇帝决定朝政大事的权力。从此，肃宗对李辅国已经由原来的信任而变成仇恨了。

## 与皇后的矛盾到了水火不容的地步

上元二年（公元 761 年）八月，李辅国被封为兵部尚书，依然掌握兵权。但这些官位仍然满足不了他那颗贪得无厌的野心，他向肃宗提出了更为苛刻的要求，要担任宰相职务。

肃宗对李辅国的无理要求非常生气，但又不敢横加拒绝，只是微微一笑，婉转地说："以您的功劳，做什么官都可以，只是怕文武百官不同意。"

李辅国碰了软钉子，并不死心。他暗中活动，拉拢朝臣，让百官上表推荐自己。肃宗对李辅国的阴谋了如指掌，他暗中召见宰相萧华，对萧华说："李辅国想当宰相，如果百官大臣的推荐奏章递上来，那么就不得不让他当宰相了。"萧华知道肃宗的苦衷，就联络仆射裴冕，坚决不能推荐李辅国。裴冕是肃宗的旧臣，非常正直，他说："李辅国找过我了，让我推荐他当宰相，我没有答应他。现在即便砍断我的双臂，我也不会推荐他当宰相。"

由于肃宗有萧华和裴冕等大臣的支持，李辅国的宰相梦彻底破灭了。因此，李辅国对萧华和裴冕恨之入骨，准备伺机报复。

肃宗宝应元年（公元 762 年）三月，求相不得的李辅国首先对宰相萧华开始了报复。他多次在肃宗面前诬陷萧华专权，请求罢免他的宰相职务。肃宗知道李辅国是在报复萧华，就没有答应。李辅国坚持要罢免萧华，软弱的肃宗没有办法，只好下诏罢免了萧华，降为礼部尚书，让李辅国的亲信元载接替了萧华的相位。四月，李辅国又串通元载，诬陷萧华不轨，再贬萧华为峡州司空，逐出了京师。接着，李辅国利用同样的手段，把裴冕贬为冕州刺史，逐出了京师。这样一来，李辅国更加目空一切了。

宝应元年四月，肃宗皇帝病重不能上朝，便把军国大政交给了皇太子李豫，令其监国。张皇后原先威逼肃宗立自己的儿子李侗为太子，肃宗没有答应，而是把李豫立为太子。后来，她的小儿子不幸夭折了，但她并不死心，便打算立肃宗的二儿子越王李系为太子，以换掉李豫。肃宗病重后，张皇后就加快了要废掉李豫的步伐。

李辅国的发迹，与张皇后的暗中支持有很大关系。张皇后和李辅国为了各自的利益而互相利用、互相勾结，表面上相处得很好。但现在不同了，肃宗皇帝久病不愈，李辅国专权跋扈，对张皇后就不那么恭敬了。张皇后想垂帘听政，李辅国想独霸天下，二人之间的矛盾不断激化，最后发展到水火不容的地步。

要废掉李豫，必须先除掉李辅国。张皇后使出了借刀杀人的手段，想利用李豫杀掉李辅国。她找到李豫，历数李辅国罪状，要李豫当机立断。没想到，李豫听后却吓得哭了。张皇后知道李豫不能成事，就又找到肃宗的二儿子越王李系，一心想当皇太子的越王李系一口答应下来。他选拔了宦官二百多人，埋伏在长生殿后，准备在李豫进宫看望肃宗时发动兵变，杀死李豫。

张皇后的阴谋不想被李辅国的亲信程元振觉察了，他立即将此事报告给李辅国。李辅国果断采取行动，控制了宫中的各个大门，阻止李豫进宫。张皇后见事情败露，一筹莫展，只好站在已经不能说话的肃宗面前等待死亡的到来。

晚上，李辅国和程元振带着羽林军包围了皇帝的寝宫，他们见人就杀，见好东西就顺手牵羊拿走，并直接冲进了肃宗的卧室，当场抓住了张皇后。肃宗经受不了如此的打击，惊吓而死，年 52 岁。

肃宗一死，李辅国的胆子更大了，他下令将张皇后、越王李系等人一同斩首。受牵连的一百多人也全部被杀，并株连九族。

第二天，李辅国让李豫穿上孝服，与大臣们相见。在李辅国的拥戴下，李豫在肃宗的灵前即位，这就是唐代宗。

## 被自己的心腹取而代之

李豫即位后，虽然对李辅国专权不满，但因为他有拥戴之功，也不敢对他怎么样。宝应元年五月，代宗加封李辅国为司空兼中书令，李辅国就成为唐代第一个以宦官身份入主宰相的人，实现了他多年梦寐以求的愿望。

不仅如此，代宗还尊李辅国为"尚父"，食邑八百户。然而，李辅国仍不满足，他比以前更加骄横跋扈，甚至公然对代宗说："大家（唐时宦官称皇上为大家）只管坐在宫中，外边的事情尽听老奴处置好了。"气焰嚣张到了极点。代宗虽然不高兴，但惧于李辅国的权势，再加上自己刚刚继位，政局不稳，只得忍气吞声，任其摆布。

李辅国的专权，终于引起了一个人的不满，这个人就是李辅国的心腹程元振。程元振自认为对李辅国有功，不满于现有的地位，他的野心是取代李辅国，成为政治的核心人物。于是，程元振就在代宗面前历数李辅国的罪状，恳请代宗加以制裁。代宗本来就对李辅国不满，现在有程元振的支持，他正好将计就计，利用程元振这个宦官来除掉李辅国这个宦官，达到一箭双雕的目的。

这一年六月，代宗和颜悦色地对李辅国说："李公公，你是三朝老臣，为我大唐王朝立下了很大功劳。朕念你劳苦功高，年龄大了，该好生休息，军务太繁重，就交给程公公吧。你也应该回家享福了。这么多年来，真是辛苦你了。"

这样，李辅国稀里糊涂地被解除了元帅行军司马和兵部尚书的职务，由程元振担任，并且命令他搬出皇宫，居住到自己的府第去。

百姓闻听罢免了李辅国，人们奔走相告，长安城一片欢腾。李辅国这才感到了事态的严重，在举国上下的一片唾骂声中，他不得不上书请求辞职。代宗求之不得，趁机罢免了他的中书令之职，封他为博陆王，允许他进京朝拜。李辅国真是哑巴吃黄连，有苦难言。

李辅国被罢免了中书令，想最后一次到中书省写一封谢表。他刚步入中书省的门槛，值班的官员大声喝道："您已被罢免宰相，不能再进入此门。"李辅国没办法，就气呼呼地跑到代宗面前，说："我这个老奴侍候不了您这个小皇帝，我只好去侍候九泉之下的老皇帝了。"代宗知道他心中有怨言，只好下了一道诏书，对他进行安慰并准备送他出京。

正当李辅国准备动身出京的时候，宝应元年十月十八日晚上，一个刺客翻墙进入李辅国的府第，把睡意朦胧的李辅国杀死，并割走了他的脑袋和右臂。多行不义的李辅国终于结束了自己罪恶的一生，时年59岁。

李辅国死后，代宗下令有司追捕刺客，并用木头做了一个脑袋，安在李辅国的无头尸上，加以安葬，并追赐他为太傅。

# 童贯：断送北宋

童贯（公元1054—1126年），字道夫（一作道辅），开封人。北宋权宦，"六贼"之一，性情巧媚。初任供奉官，在杭州为徽宗搜括书画奇巧，助蔡京为相，蔡京荐其为西北监军，领枢密院事，掌兵权二十年，权倾内外。时称蔡京为"公相"，称他为"媪相"。宣和四年，攻辽失败，乞金兵代取燕京，以百万贯赎燕京等空城而回，侈言恢复之功。宣和七年，金兵南下，他由太原逃至开封，随徽宗南逃。钦宗即位，被处死。《宋史》列为"奸臣"。

## 与贬居时的蔡京过从密切

童贯为人有度量，能疏财，出手相当慷慨大方，很像《水浒传》上同时代那些仗义疏财的好汉。只是，他仗义与疏财的对象具有极强的选择性，后宫妃嫔、宦官、宫女、能够接近皇室的道士、天子近臣等等，时不时可以从他那儿得到不少好处。因此，皇帝耳边经常可以听到关于他的好话，称得上好评如潮。更重要的是，这样一个阳刚外形的人，却性情乖巧，心细如发，对皇帝的心理具有极强的洞察力，每每能够事先预知皇帝的意趣意图，于是说话做事很少荒腔野板，从而大得欢心。

童贯净身入宫时，是拜在同乡宦官李宪门下做徒弟。李宪是神宗朝的著名宦官，在西北边境上担任监军多年，颇有些战功。童贯读过四年私塾，有些经文根底；跟随李宪出入前线，又打下了军事上的根基。加上他曾经十次深入西北，对当地的山川形势相当了解。这使他在宦官中很不寻常。

从时间上推算，徽宗入继大宝时，童贯已经48岁。这个年龄，正是人生经验、阅历、精力臻于巅峰之际。徽宗以内廷供奉官的名义，派他到杭州设明金局收罗文玩字画，第一次为他打开了上升的通道。一般说来，内廷供奉官并不是一个多高的职位，却是一个很有油水的肥差。童贯没有满足于捞取好处，他对这次机会的利用，称得上老谋深算。

在杭州，童贯与贬居此地的蔡京过从密切，朝夕相处。此次，据说蔡京很巴结，将自己珍藏的王右军的字给了童贯；又帮助他把杭州民间收藏的几件珍品字画器玩弄到了手。在民间传说中，有不少关于他们俩巧取豪夺的故事。自此以后，蔡京与童贯结下了彼此援引的深厚交情。

此次杭州之行，童贯特别热心地按照自己对皇帝的理解，指点蔡京创作了一批深受徽宗喜爱的书画作品，通过童贯源源不断地送到皇帝手中。回京后，他又出手极为豪爽地向宫中妃嫔、曾经预言赵佶能够当皇帝的道士、皇帝身边的近臣和另外深得皇帝信任的宦官梁师成之属馈赠厚礼，为蔡京回京打通了关节。

果然，不到一年，蔡京便坐到了宰相的位子上。这一点对于童贯具有深远的意义。

## 谁说阉人无能

蔡京主持国政之后的一项重大举措，就是推荐童贯监军西北，意在收复青海、甘肃地区的四州之地。当时，发生了一件事情，颇能看出童贯的性情。

童贯担任监军后，随大军进发到湟川。他们在此地杀牲祭旗，召开誓师大会，正在行将开战之际，突然接到皇帝手诏。原来皇宫失火，皇帝认为是不宜征战之兆，急令止兵。童贯看过手诏后，若无其事地折起来塞进靴筒。军中主将问他皇帝写了些什么，童贯回答说："皇帝希望我们早日成功。"

在这次战争中，童贯表现低调，他支持、配合领军将领，打了一连串漂亮仗，平息了西北部族的叛乱。在收复四个州的庆功大会上，将领们兴高采烈地领功受赏，童贯则做了两件事。

在庆功宴会上，他慢悠悠地拿出皇帝的那份手诏，传示军中将领们观看。大家一看之下，无不大吃一惊。领军主将相当惶恐地问他为什么要这样做。童贯回答说："那时士气正盛，这样子止了兵，今后还怎么打？"主将问："那要是打败了可怎么办？"童贯说："这正是我当时不给你们看的原因。打败了，当然由我一人去领罪。"当时众将领对之感激佩服。

与此同时，童贯还做了另外一件事。开战后，阵亡了一位很是奋不顾身的将领。当时，这位将领的妻子已经去世，他战死后，他的独生儿子流落街头，成了乞讨儿。童贯下令将他找回来，当众认这孩子为义子，并声明一定如对己出般地善待遗孤，将他抚养成人。这令那些整日里在生死场上搏杀的将领们十分感动，认定童贯是一位值得为之卖命的上司。从此，童贯在西北军队中牢牢树立起了威望。可惜，这个改名童师闵的孩子，长大后帮着童贯干了不少坏事。公元 1127 年之前一年，诛除"六贼"时，与童贯同时被新皇帝下令斩首。

这次战胜，对于大宋王朝极其重要。大宋王朝已经许久没有军事上的光荣与辉煌了，自从"澶渊之盟"，大宋王朝与辽国结成"兄弟之邦"以后，东北、北部地区好歹平静下来了，西北军事就成了大宋王朝心头长久的痛。

嗣后，童贯常年出没西北，主持该地区军事。并率兵连打几次胜仗，相继收复了积石军（就是今天的甘肃贵德）和洮州（就是今天的甘肃临洮）。

### 一举将蔡京拉下相位

当此时，大观二年即公元 1108 年，童贯与蔡京之间发生了一次严重的龃龉，起因是皇帝下令授童贯为"开府仪同三司"。时人称这一官职为"使相"，一般是在宰相外放为节度使时加官所用，极为尊贵，其含义是待遇、地位、荣耀已经相当于宰相。过去，这一官职从来没有授给过宦官。

蔡京说："童贯以一个宦官之身受封节度使已然过分，使相尊位哪里是他所应该得到的？"蔡京作为宰相拒绝奉诏委任，皇帝也就此不了了之。

实际上，蔡京对童贯的不满已经很长时间了。他认为童贯侵犯了自己作为宰相的尊严与权力。原因是，相当长一段时间以来，童贯在选拔西北地区将校官吏时，已经不通过政府程序，而是直接从皇帝那里取旨任命。有的干脆就是他自作主张，先任命了再说。这使宰相蔡京的自尊心大受伤害。因此，决定示之以颜色。

童贯当然也很恼火。不过，他不动声色，相当冷静地观察着情势。第二年，大观三年，即公元1109年，童贯三管齐下，一举将蔡京拉下相位。这一次，他策动了三个方面的力量：宫中是内廷总管包括自己的徒弟为一路，功夫下在妃嫔和皇帝身上，将蔡京干的坏事在他们耳边不停地吹风；朝中是寻找与蔡京素有怨隙的官员为一路，功夫下在台谏官的身上，最后由中丞和殿中侍御史出面弹劾蔡京；第三路最是剑走偏锋，却也杀伤力最大，由皇帝最为宠信的道士出面，密奏皇帝，说是太阳中出现黑子，主在斥退大臣，否则不祥。徽宗相当惊恐，蔡京屡次求见均被拒之门外。于是，蔡京上表求退，皇帝立即下旨，同意他以太师致仕，贬为太一宫使，并进而将其贬居杭州。至此，童贯大获全胜。但是，很有可能他并没有享受到多少胜利后的果实。原因是继任宰相张商英为政持平，多次劝皇帝"节华侈，息土木，抑侥幸。帝严惮之"，时称其忠直。实际上，徽宗皇帝初政时，张商英就曾经当过宰相，当时，青年皇帝就有点怕他，所以，在修缮宫室时，特别嘱咐工头，看见宰相过来就和工匠们躲开，不要让宰相看到他们。后来，张商英被蔡京列入奸党名录中，实际上人们都知道这是蔡京借此排斥竞争对手而已。因为，张商英拥护变法是众所周知的。如今，将近十年过去，张商英却是一点没变，一以贯之地以自己的忠直匡正皇帝与国事，闹得皇帝仍然"严惮之"，特别畏惧他。显然，这与童贯的做事风格差别极大。

## 皇帝以他为骄傲

政和元年，即公元1111年，童贯晋升为检校太尉，获得武官最高一级职位。同时他以副大使的身份，代表皇帝与国家出使辽国。据说，这件事情是童贯策划的。原因是此时西线无战事，童贯静极思动，想到东北方向的辽国去看看是否有什么机会。

尽管此时童贯的声望如日中天，然而，毕竟这是代表皇帝与国家出使别国。因此，还是有大臣提出疑义，认为以一个生理不健全的人代表皇帝出使，实在有碍观瞻。

谁知，徽宗皇帝不作如是想，他相当以童贯为骄傲："契丹人听说我国有一个童贯，屡屡打胜仗，很想见识一下。正好就此派他去考察考察辽国的情形。"于是，把他的官职加为检校太尉，以端明殿学士郑允中为正使，以太尉童贯为副使，前往辽国。

不久，童贯终于得到了开府仪同三司这个崇高的职衔。又过了不久，童贯受命领枢密院事，成为全国仅次于皇帝的最高军事首领，开了宦官主持枢密院之先河。然后，拜太傅，封泾国公爵。就此，童贯位极人臣，辉煌灿烂。当时，人称蔡京为"公相"，称童贯为"媪相"（"媪"是老年妇人的意思）。

在此以后，童贯与蔡京二人再次狼狈为奸。童贯、蔡京二人在随后的十几年里，配合默契，再也没有发生过直接的利益冲突。

政和二年二月，即公元1112年，皇帝将罢相三年多一点的蔡京重新请回朝廷。五月，蔡京再执相权，皇帝下令，允许这位年届七旬的老宰相在家处理公务。

蔡京的此次复出，对于大宋王朝真正是灾难性的。徽宗一朝劳民伤财的浩大工程，大多是在这个时期陆续动工兴建的。如许多朝代不敢轻易修建的明堂，如延福宫，如艮岳等等。在此期间，花石纲也蔓延成灾，荼毒全国。

就是在此期间，蔡京与童贯高度默契，怂恿皇帝宋徽宗赵佶，策划、组织、实施了在中国历史上掀起滔天巨浪或者巨祸的事件。这就是意图收复燕云十六州的联金灭辽事件。从此，将大宋王朝推进万劫不复、血流成河的深渊。导致大宋王朝覆灭，导致千百万人流离失所、家破人亡，导致一部大宋王朝历史，从此变得支离破碎，满目疮痍，满纸血泪，读来令人倍感凄凉。

## 听信马植的建议与金订立"海上之盟"

事情起因于童贯出使辽国。

此次赴辽，只是依照两国约为兄弟之邦后的外交惯例，前去祝贺辽国天祚皇帝的生日而已。童贯也无非是留心沿途山川形势，考察一路风土人情。除了辽国一方在接待规格上不算特别崇高隆重，令童贯稍感怏怏之外，一切行礼如仪，没有特别值得讲述的新鲜事儿。进了辽国首都临潢府后，他们看到大街上人流如织，市面相当繁华。再进一步留心，发现原来契丹人与汉人是分地而居的：城北，房屋高大豪华，为契丹人之居住区；城南则低矮简陋，多是以手工、商贩为业的汉人居住。

一个意外的重大收获发生在回国途中。

童贯一行走到卢沟地方，就是今天北京西南郊外的卢沟桥附近时，一位辽国汉人马植深夜来访，向大名鼎鼎的童贯太尉贡献了一条收复燕云、搞垮辽国的奇计。从而，揭开了宋朝历史上一个翻天覆地大事件的序幕。

此刻，童贯面对马植所献的灭辽复燕之策，大为兴奋。他终于找到了一个可以大有作为的天地，在那片天地里，他将创下震烁古今的伟大事业。

对于马植正式叛归大宋的日期，史家历来众说纷纭，许多人采用的一种说法认为，马植此次就被童贯带回了汴梁。就是说，马植来投的日期，应该是在政和五年，也就是公元1115年。此时，完颜阿骨打举兵叛辽已经两年时间，并在一年前创立了金国政权。而辽国国事日非的衰颓景象业已日甚一日，无可挽回。当此时，马植所说的联金灭辽复燕之策方才顺理成章。如果这种判断成立，那么，四年前卢沟桥畔的会晤，很有可能只是达成了某种共识或者意向。当时，阿骨打还没有继承完颜部落首领的职位，局势并不明朗；另一方面，一国使团将被访问国家的叛臣夹带出境，也势必惹起两国关系上的轩然大波。于是，可能的情况是：童贯与马植约定，让他与宋辽边境上的宋朝雄州知州保持联系，以待时机。

从马植的嘴里，徽宗君臣肯定已经了解到了，这些年来，发生在辽国国内的各种问题。事实上，此时辽国的国政不修，和大宋的君昏臣奸一样，的确是已经称得上一塌糊涂。只不过大宋王朝君臣不自知，而且自我

269

感觉良好而已。

于是，双方互换了由各自皇帝亲笔书写的国书，约定于次年，即公元1121年实施此项联合灭辽的计划。这就是中国历史上极其著名的宋、金"海上之盟"。

当年九月，盟约订立。此时，联金灭辽复燕的关键人物童贯，已受命担任征伐主帅，调兵遣将，准备出兵北上。然而，进入十月不久，方腊起义爆发了。宰相王黼试图向皇帝隐瞒消息。但是，这次起义的势头实在过于猛烈，一个多月时间，已经将东南江浙一带数百万人口席卷进去，举国为之震撼。万般无奈之下，朝廷只好将童贯本来预备北上的十几万大军，改派为南下，前去镇压方腊起义。

从时人记载中可以看出，导致方腊起义的原因，主要是花石纲浩劫和朝廷的横征暴敛，致使东南膏腴之地民不聊生，景况相当悲惨。童贯了解了个中缘由之后，十分果断地以皇帝的名义，下令罢废苏杭等地的应奉造作局及花石纲运送之类弊政，对起义军形成釜底抽薪之势。结果，第二年八月，就将声势浩大的大起义镇压下去。但是，此时，已经错过了与金国约定的夹攻辽国时间，造成大宋王朝第一次失约的事实，为金国后来的毁约败盟留下了借口与伏笔。

此时，发生了一个小插曲。镇压方腊起义的硝烟还没有完全散尽，王黼对皇帝说：方腊闹事是因为茶盐法造成的，和各地应奉局与花石纲没关系；童贯中了别人的奸计，把责任都推到陛下您的身上来了。徽宗听了，对童贯颇为不满。立即下令恢复各地应奉局和花石纲事务。童贯没有办法，于是放出风去，说是要劝皇帝更换宰相，请蔡京回来。王黼知道后，赶紧回过头来安抚童贯，表示愿意全力支持童太师收复燕云。童贯这才罢手。其实，王黼对于灭辽复燕如此热衷，在很大程度上也是受到辽国军队在金兵面前连吃败仗的鼓舞。

## 误国误身

宣和二年（公元1120年），徽宗遣童贯以宣抚制置使率兵15万，镇压方腊农民起义军，作战450余日，杀起义军7万多人。童贯因功封太师。

宣和七年（公元1125年），童贯因收复全燕之境，封广阳郡王，统率大军重镇边疆，驻扎太原。那时，金已灭辽，大举兴兵南侵。童贯见大势已去，由太原遁归汴梁，且不听钦宗令他留守汴京的命令，而随徽宗南巡。于是，大学士陈东等上书劾蔡京、童贯等六人为误国六贼。童贯的主要罪名是"结怨辽金，创开边隙"。其实辽金之怨非童贯所结，边隙亦非童贯所创。童贯握兵20年，在与夏、辽、金战斗中，有胜有负，但还算尽力，并无投敌误国。北宋之亡，根本在于朝廷腐败，经济崩毁。童贯为众矢之的的一个重要原因是他出身宦官，加上童贯骄恣，上下结怨。徽宗禅位，钦宗登基，童贯失恃，靖康元年（公元1126年）被一连三贬。七月贬吉阳军（今之海南崖县），又诏数童贯十大罪，命监察御史张澄追而斩之。

童贯"状魁梧，伟观视，颐下生须十数，皮骨劲如铁，不类阉人"（《宋史·列传二百二十七》）。虽然童贯被贬谪，人们仍畏他诡诈，畏他勇力，所以，张澄奉诏追斩童贯，不敢轻意动手。张澄一路追到南雄州，先派人上门"拜谒"童贯，假称有圣旨赐给茶叶、药物，要童贯回京担任河北宣抚，明天中使即可到来传旨。童贯信以为真，拈须而笑："还是少不了我！"并留下张澄派来的人。第二天上午，张澄来了，童贯欣然出迎，跪接圣旨。张澄当即宣诏，申童贯十大罪状。待童贯省悟过来为时已晚，被张澄派来的人一刀砍下头颅。

第二天清晨，监察御史张澄一行数骑，由南雄州衙门出发，押着一只木匣，内装童贯血淋淋的头颅，越过梅关向汴京疾驰而去。九月初七日，张澄押回的童贯的人头已在汴京城头高高挂起，一时观者如堵，轰动京城内外。从此，这位长着胡须的"媪相"便消失在太监的方阵之中，同时也使北宋"六贼"从此少了一贼，也应了当时的那句民谣：

打了桶（童贯），泼了菜（蔡京），便是人间好世界。

## 刘瑾：被千刀万剐的明朝酷宦

明朝的宦官以专权而著名，最贪婪专权的是号称"立皇帝"的刘瑾。

他当权共五年，排斥异己，陷害忠良，最终落得个凌迟处死、千刀万剐的下场，从一个极端走到了另一个极端。这正应了那句话"多行不义必自毙"。

## "你们尽管弹劾"

刘瑾原姓谈，因靠一个姓刘的宦官的引见得以入宫，此后便改姓为刘。

刘瑾在明孝宗在位时侍奉太子朱厚照，他对这个难得的机会很知道珍惜，因为他知道太子将来要继承大统，于是，便使出浑身解数笼络当时只有十多岁的太子。

在公元 1505 年，即弘治十八年，明孝宗因病去世，太子朱厚照顺利即位，这就是明武宗。正像刘瑾预想的那样，他时来运转了，他和马永成、高凤等七名太监得到了新皇帝的宠爱，被称为"八虎"，刘瑾则是"八虎"之王。在刘瑾的领导下，这些宦官想方设法地鼓动武宗游玩享乐，他们则专横跋扈，背着皇帝干坏事。刘瑾最受武宗的信任，在内宫任职，而且掌管着京城的精锐守卫部队。

第二年，为国忧虑的大臣们见武宗被宦官们搞得不理朝政，便纷纷劝谏。开始武宗听不进去，直到被告知天象有变，是上天在警示他，武宗这才有所表示，并打算将刘瑾先贬到南京。

但大臣们则坚决要求杀掉这个祸根。为了让皇帝下决心除掉刘瑾，大臣们联合了当时京城的主要官员，准备第二天一起劝谏。但吏部尚书焦芳当天晚上就跑到了刘瑾家。

焦芳见他这个样子转身就往外走，边走边说："明天，我就不用来了，这里指不定是谁家了呢！"刘瑾一听心里"咯噔"一下，连忙说："你说什么？回来！"

焦芳把大臣们明天一早的行动计划一五一十地告诉了刘瑾，刘瑾一听，大惊失色，连夜到武宗面前哭诉求情。

武宗看刘瑾哭得挺可怜的，又想到他以前对自己的忠心照顾，就说："行了，别哭了，我知道了，明天别人说什么我都不会听的！"

历史的博弈
帝道与臣道的较量

第二天，大臣们上殿弹劾刘瑾，武宗就说："挨个说，想说什么说什么，你们尽管揭发！"大臣们开始还挺高兴的，以为这回刘瑾肯定完了，于是纷纷揭发刘瑾的罪行。等到大家揭发完了，就等着皇上下旨杀刘瑾呢，武宗却说："好了，你们说得都挺累的，回去歇歇吧！"

大臣们的这次行动以失败告终。

武宗不但继续宠信刘瑾等人，还将司礼监、东厂、西厂也让他们分别掌管。同时，将另一个正直的太监送南京充军，后又在半途截杀。糊涂的武宗由于不知好歹，给明朝带来了很大的灾难。

## 掌权后对言官一个也不放过

司礼监在当时是很重要的内宫官署，有掌印太监一名，秉笔太监八九名。在明朝，百官向皇帝上书，要先送内阁，由内阁辅臣做出初步的处理意见，叫做"票拟"，再交给皇帝批阅。皇帝用朱笔（即红笔）在奏章上批示，叫做"批红"。

有的皇帝如果不勤于政事，便让司礼监宠信的太监代笔，这就给太监的胡作非为提供了条件。另外，司礼监的太监还有一个其他部门无法比拟的特权：传达皇帝旨意。有时由秉笔太监记录下皇帝说的话，然后让内阁起草，或者由太监口头传达给有关大臣。这种制度直接给宦官创造了篡改圣旨的机会。刘瑾就是司礼监的主管，这是他专横跋扈的重要资本。

对于曾经联合起来想置他于死地的大臣们，刘瑾当然是恨之入骨。在自己掌握大权之后，便向这些大臣开刀了。他用的方法很多，一是处罚，即罚米供应边境。因为罚的数目很大，有的竟达到几千石之多，使很多大臣被罚得倾家荡产。其次是身体处罚，最狠毒的是脱掉衣服进行廷杖。明朝原来的廷杖仅仅是对大臣的一种人格侮辱，并不是身体处罚，所以允许大臣用毡、毯以及棉衣垫在身上。但刘瑾却要大臣脱衣受刑。行刑期间又授意执行的锦衣卫加力责打，结果大臣们常被当场打死。还有，刘瑾造了一种大枷，有 150 斤重，被他迫害的大臣戴上这种枷后，没几天便被拖累致死。

刘瑾知道负责劝谏的言官们对他的威胁很大，在掌权后，对言官也不放过。除了借故进行罢免、廷杖以及诬陷定罪外，在平时还制裁威胁这些言官：命令他们在早晨寅时（三点到五点）入朝，一直到下午的酉时（五点到七点）才让走。一天办公时间竟达 14 个小时左右，刘瑾的目的就是让他们不得休息，让他们没精力弹劾自己。

刘瑾打击异己时随心所欲，对于在平时只对他作揖而没有磕头行大礼的翰林院的官员，他也不放过。找了个借口一次就把 20 人赶到南京去任职，有的还削职为民。

在将异己的大臣们都清除后，刘瑾便随心所欲地专权了，他很会控制皇帝为他所用。先用打球跑马、带鹰抓兔等缠住爱玩的武宗，然后，专门在武宗玩得高兴的时候向他请示政事，武宗总是心烦地说："怎么什么事都来找我，你们这些人都是吃闲饭的吗？"刘瑾装出灰溜溜的样子退下，心中美滋滋地专权误国去了。通过这一手，刘瑾很容易地将内阁的大权也握在手中了。

为了彻底掌握内阁，他还将原来向自己告密立功的焦芳安排在内阁任职，焦芳则什么事都看刘瑾的眼色行事，这就开了内阁辅臣听从太监指挥的恶例。

除了内阁，政权机关就是六部了，刘瑾又将自己的手下同党安排进了六部。有时，他仅在纸上写谁做什么官，六部便要照他的意思安排。那些地位很高的公侯们见了刘瑾也得跪拜，连头都不敢抬一下。

刘瑾的水平有限，为了批阅奏章，他就将大臣的奏章拿回家里，让在礼部做官的妹夫替他批阅，再拿到内阁让焦芳修改。所以，当时的人们都在暗地里叫他"立皇帝"。

为了增加自己的权势，刘瑾还建立了另外的特务组织"内行厂"，权力在锦衣卫和东厂、西厂之上。通过特务来监督官吏和百姓，制造恐怖气氛，维持自己的专权。有了权势之后，刘瑾和很多贪官一样也开始敛财。他的手法也没有什么创新，索贿、受贿、贪污，都是一般的手法。只不过他的胆子比一般的贪官大了很多，因为并没有人对他进行制约。

有个叫刘宇的人，刚当上巡抚时，用万金向刘瑾行贿，使刘瑾喜不自禁。后来刘宇又先后给了刘瑾几万两银子，结果一直升迁到兵部尚书的位子上。其他的官员多数是害怕刘瑾对自己打击报复，进京朝拜述职时总是要向刘瑾行贿，叫做"拜见礼"。少则上千两，多则 5000 两。有一年，考察地方官时，竟有人贿赂两万两银子。如果升了官要立即使用重金"谢"刘瑾，叫做"谢礼"。送少了还不行，否则会马上撤职，但如果赶紧追加银子，官职又能马上恢复。官位基本上成了刘瑾手中卖钱的商品。

接受别人的贿赂之后，刘瑾还枉法行事，甚至制造冤狱。御史葛浩原来因为触犯了刘瑾，被杖责后贬为平民，刘瑾却收下了葛浩仇人的贿赂，找借口又将葛浩押进京城，处杖三十。

刘瑾的专权不但使朝政混乱不堪，他的索贿受贿也直接导致了地方矛盾的激化。官员们向他行贿后，必然要加重剥削百姓，逼得百姓走投无路，只好反抗。在刘瑾被处死后仅仅几个月，京城地区便发生了刘六、刘七起义。

## 想当皇帝

刘瑾的权势越来越大，最后竟还想当皇帝。他私自刻了印玺，暗造弓箭，企图寻机夺位。但是，螳螂捕蝉，黄雀在后，刘瑾只顾自己作威作福，没想到其他的七虎正注视着他的一言一行。因为他们向刘瑾要权办事时，刘瑾总是不肯照顾，时间一长，矛盾逐渐激化。

公元 1510 年四月，武宗派都御史杨一清和七虎之一的太监张永去平定安化王的叛乱。叛乱平定之后，杨一清在向武宗报告战况时，同时揭发了刘瑾的 17 条大罪，其中包括谋反。

武宗对别的事情不在意，一听有人要谋反不禁大吃一惊，命令将刘瑾抓捕审问。第二天，武宗亲自出马，去抄刘瑾的家。结果发现了印玺、玉带等禁止百姓和官员私自拥有的禁物。在刘瑾经常拿着的扇子中也发现了两把匕首，武宗大怒，终于相信了刘瑾谋反的事实。

当年八月，刘瑾被处以凌迟，也就是千刀万剐，共行刑三天。在封建社会，除非谋反、杀父母亲等属于"十恶"的大罪，一般的死刑犯要等到秋天的霜降以后，在冬至以前才能处死。这是顺应天时（季节变化），而春天万物生长的时候禁止行刑，也禁止捕杀幼小的鸟禽和走兽。但刘瑾属于谋反的第一重罪，所以不等到秋天的霜降到来就行刑了。

明朝的宦官专权使清朝政府充分总结了教训，所以在清朝对太监管束很严，没有出现过太监专权的情况。